역사의 비교

역사의 비교

김대륜 지음

2018년 11월 30일 초판 1쇄 발행
2020년 3월 20일 초판 2쇄 발행

펴낸이 한철희 | **펴낸곳** 돌베개 | **등록** 1979년 8월 25일 제406-2003-000018호
주소 (10881) 경기도 파주시 회동길 77-20 (문발동)
전화 (031) 955-5020 | **팩스** (031) 955-5050
홈페이지 www.dolbegae.co.kr | **전자우편** book@dolbegae.co.kr
블로그 imdol79.blog.me | **트위터** @dolbegae79 | **페이스북** /dolbegae

주간 김수한 | **편집** 라헌
표지디자인 임진성 | **디자인** 이은정 · 이연경
마케팅 심찬식 · 고운성 · 조원형 | **제작 · 관리** 윤국중 · 이수민 | **인쇄 · 제본** 한영문화사

ISBN 978-89-7199-918-9 (03900)

책값은 뒤표지에 있습니다.

이 도서의 국립중앙도서관 출판예정도서목록(CIP)은 서지정보유통지원시스템 홈페이지(http://seoji.nl.go.kr)와
국가자료공동목록시스템(http://www.nl.go.kr/kolisnet)에서 이용하실 수 있습니다.
(CIP제어번호: CIP2018037746)

이 책은 DGIST의 '융복합교재개발사업'의 지원을 받아 집필되었다.

시민이 읽는 비교 세계사 강의

민주주의·자본주의·민족주의 편

비교의 역사

김대륜 지음

돌베개

언젠가 역사를 공부하게 될
사랑하는 채원과 주원에게

이 책은 역사를 공부하려는 젊은이들을 위한 비교역사학 입문서
다. 그런 만큼 먼저 비교역사학의 지향을 소개하는 것이 좋을 듯
하다. 필자가 소속된 대구경북과학기술원DGIST에서는 국내외 대
학에서 진행하는 개설 수준의 역사 교양 강좌에 대한 대안을 제
시하려는 취지로, '비교역사학'이라는 강좌를 몇 년 전부터 진행
해 왔다.

　대학의 역사 교양 강좌, 특히 저학년 학생을 위한 입문 강좌
는 크게 두 부류다. 한편에는 자국사, 즉 한국이라면 한국사의 특
정 시기를 개괄하는 여러 문화사 강좌가 있다. 다른 한편은 동양
과 서양을 나누어 각 지역의 오랜 역사를 빠르게 훑어 내려가는
문화사 강좌다. 비교역사학 강좌는 이런 구분을 피하려 했다. 한
나라의 역사를 온전히 이해하려면 오직 그 나라의 역사만 알아서
도 곤란하거니와, 오늘날의 책임감 있는 세계 시민으로서 갖추어
야 할 소양은 세계사를 폭넓게 이해하며 과거와 현대 사이의 깊
은 연관성에 주목하는 역사의식이라 믿은 까닭이다.

　이런 목적을 위해 연대순의 통사通史보다는 비교사比較史,
comparative history에 주목했다. 서로 다른 시공간에서 일어난 역

사적 현상들 사이의 유사성과 상이성, 더 나아가 그 복잡한 연관성을 주목하는 이 방법이야말로 한국과 세계를 폭넓게 바라보는 유용한 길이라 여겼다.

전통적인 문화사 강좌와 새로운 비교역사학 강좌는 각각의 장단점이 있다. 기존 역사 강좌의 큰 장점은 한 지역의 역사를 연대순으로 비교적 자세히 살펴본다는 것이다. 특정한 역사적 공간에서 시간이 흐르며 나타나는 변화와 지속의 양상을 더 분명히 보여 주기도 한다. 하지만 이런 접근법을 택할 때 치러야 할 대가도 있다.

이 단점은 특히 한국사 강좌에서 뚜렷해진다. 대부분의 한국사 교양 강좌는 지리적으로는 한반도, 정치적으로는 대한민국을 사실상 필연적인 역사 분석 단위로 전제함으로써, 대한민국이 역사적 구성물이라는 자명한 사실을 외면한다. 책에서 좀 더 자세하게 살펴보겠지만, 대한민국은 근대적인 국민 국가다. 즉 주권자인 국민으로 구성되어 정해진 영토 내에서 배타적인 권리를 행사하는 국가인데 이러한 정치 체제는 서양에서, 그것도 아무리 빨라야 18세기 말에나 제 모습을 드러낸 근대적 현상이었다.

다른 나라의 역사에서도 마찬가지지만 근대적 개념을 근대 이전까지 소급해 적용하는 것은 몰역사적이다. 더욱이 국민 국가가 분석의 중심이 되면서, 국경을 가로지르며 활발히 일어났던 물자와 사람, 지식과 정보의 이동 및 교류는 부차적인 문제로 전락한다. 하지만 이런 교류와 그에 따른 갈등과 타협을 빼놓고서, 한 나라의 역사를 제대로 이해할 수 있을지 의문이다. 흔히 생각하는 것과 달리, 역사는 엄밀하게 정해진 경계가 없다. 역사 공부는 여러 시공간과 인물들이 복잡하게 얽히며 만들어 내는 지극히 다양한 양상을 이해하는 것이다. 그렇다면 한 국가, 또는 특정 지역만 살펴본다고 해서 역사를 제대로 알기는 어렵다.

필자는 비교역사학 강좌로 '비교'라는 방식을 전면에 내세워 연대기 중심, 특정 지역 중심의 강좌가 당면하는 난점들을 극복하고자 했다. 한 국가 또는 지역에만 시선을 고정하는 대신, 역사의 내러티브가 마땅히 제기해야 할 유사성과 상이성, 변화와 지속, 상호 연관성의 문제에 주목한 것이다.

물론 이 시각에도 어려움이 전혀 없지는 않다. 시중에 나온 역사 개설서 중에는 비교사를 표방하는 책들이 제법 있다. 그런데 여기서의 비교는 시기별로 한국에서 일어난 주요 사건들과 나머지 세계에서 발생한 굵직한 변화를 각각 나란히 배열하는 단순한 방식이다. 이런 병렬적인 서술로는 특정한 역사 현상에 내재된 상호 연관성을 제대로 조명하기 어렵다는 점은 쉽게 짐작할 수 있을 것이다.

역사 현상 간의 유사성과 상이성을 분석하는 것도 간단하지는 않다. 우선 비교의 대상을 잘 설정해야 한다. 서로 다른 역사적 시공간 속에서 비교 대상을 선정하는 근거가 무엇인지, 이렇게 선정한 비교 대상이 역사의 큰 흐름을 이해하는 데 어떤 도움이 되는지 살펴보지 않은 채 사실만 나열하는 것은 무의미하다.

이 책은 이런 난점들을 염두에 두면서 '개념과 주제 중심의 비교 세계사'를 제안한다. 특정한 역사적 개념이나 현상을 중심으로 시공간을 종횡하며 여러 지역의 역사적 경험을 폭넓게 조망하려는 것이다. 거대하고 복잡한 역사 속에서, 어떤 개념이나 현상에 주목해야만 하는지 의문이 당연히 제기된다. 비교 대상의 선정 기준과 근거가 분명해야 한다. 여기서 가장 중요한 고려 사항은 이 책의 독자가 누구인지와 독자에게 전달하고자 하는 가장 중요한 메시지는 무엇인지였다. 이 책의 독자는 일차적으로 20살의 대학 신입생이다. 이들은 성인으로서 여러 권리와 의무를 가진 완전한 의미의 시민이다. 그렇다면 20살의 한국 시민에게 역사 공부는 어떤 의미일까?

역사를 배우는 이유는 다양하다. 그저 역사가 재미있기 때문에 공부하는 사람들이 있다. 지적 호기심과 만족은 일반 독자는 물론 전문 역사학자에게도 가장 강력한 동기가 된다. 또한 과거 인물의 삶이나 특정한 역사적 사건에서 교훈을 찾고자 하는 이들도 있다. 좀 더 시선을 넓혀서 자신의 현재를 과거에 비추어 봄으로써, 지금의 현실을 더 잘 이해하게 되기를 기대하는 이들도 있다. 모두 옳은 말이다.

그러나 역사가의 생각은 조금 다를 수도 있다. 어떤 역사가들은 과거는 그 당시의 역사적 문맥 속에서 이해해야지, 현재의 관심을 과거에 투영하면 위험하다고 생각한다. 또 역사에서 얻은 교훈이 현재의 문제에 즉시 적용된다고 보지도 않는다. 시대마다 역사적 조건이 다르기 때문이다. 하지만 이렇게 조심스러운 역사가에게도 현재의 인간들이 어디에서 출발해 어디쯤 도달했으며, 앞으로 어디로 향할 것인가와 같은 큰 질문은 중요하다. 단편적인 사실을 모은 것이 역사가 아니라면, 이 시대의 역사적 기원을 찬찬히 살펴보면서 다양한 가능성 가운데 왜 하필이면 어떤 하나의 길이 선택되었는지 이해하고, 그로부터 더 나은 미래를 상상해 보는 일이 필요하기 때문이다. 물론 역사가 현재 직면한 문제에 즉답을 제공할 것이라는 순진한 믿음이나, 과거에서 현재에 이르는 길은 단 하나라는 목적론은 피해야 하겠지만 말이다. 이 이야기는 전문 역사가는 물론 성숙한 시민 모두에게 해당된다.

이렇게 생각하면 이 책에서 탐구할 주제와 개념을 선정하는 일이 그리 어렵지는 않다. 출발점은 바로 지금, 21세기 대한민국에서 살아가는 '나와 우리'여야 한다. 현재의 한국 시민들은 자유민주주의를 바탕으로 한 민주공화국 속에서, 또 전 세계적으로 확장된 자본주의 세계 체제 내의 비교적 성공한 국가에서 살고 있다.

잘 알다시피 불과 한 세기 전, 아니 반세기 전만 해도 사정은 전혀 달랐다. 가까운 시대의 선조들은 엄혹한 식민 통치 속에서 세계 대전을 거쳤고, 해방 후에는 어떤 국가를 세울 것인지를 두고 참혹한 전쟁을 치렀다. 경제 사정도 참담했다. 대개의 한국인은 현재의 아프리카나 아시아 최빈국과 비슷할 정도로 가난한 농업 국가에서, 살아남기도 버거운 처지였다. "우리도 한번 잘 살아보세."라는 노래 가사만큼 그 시대의 어려움을 잘 말해주는 구호도 없다. 먹고사는 문제의 해결에 골몰하는 가운데, 민주주의 이념과는 양립하기 어려운 강력한 권위주의 체제를 감내하기도 했다. 이것이 지금으로부터 불과 한 세대 전의 이야기다.

구구절절한 역사적 경험이 한국만의 이야기는 아니었다. 식민 지배는 수백 년, 아니 수천 년 전까지 거슬러 올라가는 역사 현상이며, 민주주의, 자유주의, 자본주의, 산업화 같은 문제도 최소한 수백 년 전으로 거슬러 올라가는 문제이니 말이다. 한국 근현대사의 보편성과 특수성을 이해하려면, 적어도 이런 역사적 현상들을 좀 더 폭넓은 시야로 바라보는 일이 선행되어야 하지 않을까?

시야를 더 넓혀야만 하는 현실적 이유도 있다. 현재의 시민들은 경제는 물론 정치·사회·문화도 세계화globalization가 지배하는 시대에 살고 있다. 그런데 매일같이 세계화에 대해서 이야기하지만, 이것이 20세기 후반에 갑자기 등장한 역사적 현상이 아니라는 중요한 사실은 모르는 경우가 많다. 조금만 따지고 들어가 보면 한국의 식민지화부터 분단, 경제 성장, 민주화까지 모두 세계화와 밀접하게 연관되었는데도, 이것을 역사적 문제로 인식하지 못하는 셈이다. 오히려 세계화가 진전될수록 한국의 역사적 경험은 독특하다고, 더 나가서 특별히 우월하다고 바라보려는 (국수주의라 해야 더 어울릴) 민족주의적 시각이 힘을 얻고 있다.

지난 수년간 동아시아를 강타했던 역사·영토 분쟁에서 알 수 있듯이, 민족주의의 강화는 한국만의 문제가 아니다. 공격적 민족주의는 세계화의 영향력에서 자국과 자국민의 역사적 정체성을 보호하려는 노력과 무관하지 않기 때문이다. 그러나 민족주의는 너와 나의 구별, 나아가서 나와는 다른 너에 대한 차별과 배제를 전제한다. 그러므로 민족주의를 강조할수록 자칫 국가 안에서 외국인은 물론 소수자에 대한 차별이 강화되고, 국가 밖의 수많은 민족·인종과 한데 어울려 살아가기도 어려워진다. 그들에 대한 이해 없이 다수의 기준을 고집하고, 강요하게 된다.

세계화가 비단 자본과 노동의 자유로운 이동뿐만 아니라, 지식과 정보의 자유로운 소통에 바탕을 둔 상호 이해의 증진이라는 새로운 가치를 구현하려면 배타적인 민족주의를 극복해야 한다. 더욱이 세계 속에서 한국의 정치·경제적 위상이 높아질수록 인권의 확산과 실현, 지속 가능한 발전, 환경 위기의 극복과 같은 시급한 과제를 해결하려는 세계적인 움직임에 동참해야 할 필요성도 높아진다.

그러므로 이 책에서는 한국의 역사를 중심에 놓고, 세계사의 주요 사건을 병렬적으로 나열하는 서술을 피했다. 대신에 현재의 한국과 세계를 이해하는 데 반드시 필요한 몇 가지 개념과 주제를 선정하고, 그 역사적 기원과 전개 과정을 추적하면서 필요할 때마다 그것이 한국의 역사와 어떻게 맞닿아 있는지 살펴보았다.

위에서 잠깐 언급한대로, 이 책은 지난 몇 년 사이 필자가 DGIST에서 진행한 '비교역사학 강좌'의 일부를 단행본으로 다듬은 것이다. 비교역사학 강좌는 동양과 서양은 물론, 한국의 역사 경험을 대학 과정의 교양 수준에서 일별해 보자는 취지로 기획되었다. 동서양 문화사나 한국 문화사 같은 교양 강의를 통합해 보자는 취지였다. 이런 목표를 제대로 성취하려면 새로운 방법론이 필요했다. 요즘의 역사학계에서 널리 유행하듯, 전통적인 국민국가 중심의 역사 내러티브를 버리고, 상품이나 이념, 지식, 정보가 국경을 가로지르며 이동할 때에 드러나는 상호 연관성을 조명하는 것이 최선이라고 보았다. 하지만 한 학기 강좌에서 전부 해내기는 어려웠다. 한국어로 번역된 교과서들이 있었지만 대부분 정보량이 너무 많았고, 무엇보다 학생들이 살아가는 21세기 한국과 세계의 역사적 연관성을 명쾌하게 드러내지 못했다.

궁리 끝에 생각해 낸 방법이, 역사를 이해하는 데 필요한 '개념'에 관심을 기울여 보자는 것이었다. 어엿한 시민인 20살 대학생들이 과거와 현재의 연관성을 더 분명히 파악할 수 있도록, 바로 지금의 한국을 이해하는 데 필요한 몇 가지 개념을 역사적 맥락 속에서 살펴보았다. 그 과정에서 이런 접근법을 택한 책들이 있기는 해도 한 권으로 적절하게 정리된 교양서는 없으니, 책을 본격적으로 써 보자는 생각까지 하게 되었다. 만용이었을지는 모르지만, 한국의 근현대사를 이해하는 데 반드시 필요한 개념들을 뽑아 부지런히 원고를 쓰고 수년간 학생들과 함께 읽으며 이야기를 나누었다.

그 가운데 필자가 생각하기에 한국 근현대사에 중요한 영향을 미친 세 가지 역사 현상인 민주주의와 자본주의, 제국주의와 민족주의를 중심으로『역사의 비교』첫 권을 엮었다. 한반도에서 영향력을 넓히기 위해 각축하던 여러 제국 사이에서 민주적인 국민 국가와 근대적인 자본주의 경제를 세우는 일은, 19세기 말 이후 한국인이 성취하고자 했던 가장 중요한 과제였기 때문이다. 주지하다시피 이 과업의 수행은 너무도 험난했다. 여기서 그 고된 시절을 일일이 기록하지는 않았다. 한국인들이 추구했던 목표가 본래 무엇이었는지 세계사의 넓은 문맥에서 되돌아보면서, 그 성취와 한계를 따져 가면서 미래를 조망하는 시야를 얻고자 했다. 결국 더 나은 미래를 향한 전망을 찾기 위해서 역사를 되돌아보는 것이라고 믿었기 때문이다.

이런 일은 한 사람의 힘만으로는 할 수 없다. 한국 사회가 나아갈 방향을 잡는 일은 모든 시민이 때로는 갈등하고 또 타협하며, 대화로 풀어 나가야 한다. 강의 또한 쭉 이런 마음가짐으로 진행했다. 학생들에게 일방적으로 정보를 전달하기보다는 대화를 나누려 했다. 이 책도 독자 여러분과 대화를 나누듯 썼다.

두려운 마음으로 작은 책을 세상에 내놓는다. 이 책을 쓰며 여러분께 도움을 받았다. DGIST의 여러 동료들은 언제나 필자의 작업을 응원해 주었고, 특히 신성철 총장님과 손상혁 총장님, 배영찬 부총장님의 격려가 큰 힘이 되었다. 집필 작업을 시작할 때 DGIST 출판부의 김현호 선생이 세심하게 비평해 주어 많은 도움을 얻었다. 원고를 책으로 묶는 데는 돌베개의 김수한 주간과 라헌 편집자가 살뜰히 편집 과정을 챙겨 주었다. 학술서가 아닌 교양서여서 필자가 생각을 모으는 데 도움이 된 수많은 문헌을 일일이 거론하지는 않았지만, 필자를 가르치셨던 서울대학교 서양사학과의 박지향, 배영수, 주경철 선생님의 글들에 크게 의지했음을 밝혀 두고 싶다. 지난 몇 년간 필자의 수업을 들은 학생들은 때로는 답하기 곤란한 질문을 던지며 날카로운 비평도 해 주었다. 그 덕분에 글이 좀 더 나아질 수 있었다. 이 모든 분들께 깊이 감사드린다. 이제 독자 여러분의 날카로운 비평을 기다린다.

2018년 11월 비슬산 자락에서
김대륜

차 례

책머리에 — 6

1부	1장	민주주의는 보편적인 정치 원리인가? — 22
민주주의와	2장	고대 민주주의의 조건 — 28
인권	3장	혼란에 빠진 고대 민주주의 — 38
▲	4장	왜 모든 인간이 평등한가? — 44
	5장	동양 전제주의를 향한 오해 — 53
	6장	인권이라는 개념의 탄생 — 63
	7장	자유주의와 민주주의, 대립과 공존 — 86
	8장	한국이 경험한 민주주의 — 91
	9장	맺음말 105

2부	1장	세계화와 자본주의는 한 몸 — 112
세계화와	2장	세계화 이전의 세계화? — 125
자본주의	3장	바다로 나아가는 유럽 — 134
●	4장	폭력의 세계화, 노예 무역 — 155
	5장	자본주의의 탄생 조건 — 165

6장　자본주의 산업화와 '대분기' ― 174

7장　자본주의가 이루어 낸 19세기 세계화 ― 185

8장　세계화의 재구성 ― 203

9장　자본주의의 미래는 있을까? ― 217

10장　맺음말 ― 222

3부
**제국과
민족주의**
■

1장　국가들은 서로 평등할까? ― 228

2장　제국의 정체 ― 237

3장　부를 추구하는 제국 ― 259

4장　쉽고도 간편한 침략 ― 271

5장　오만한 문명화 ― 281

6장　제국과 협력자 ― 294

7장　국민, 그리고 민족 ― 300

8장　밝고도 어두운 민족주의 ― 315

9장　맺음말 ― 325

찾아보기 ― 328

일러두기

1. 인명과 지명을 비롯한 고유명사는 '외래어 표기법'을 따르되, 간혹 규정과 달리 통용되는 표기를 따른 경우도 있다.

2. 단행본과 정기 간행물은 『 』로, 논문과 단편 등은 「 」로, 영화·연극·방송프로그램·노래 등은 < >로 표시했다.

3. 잉글랜드와 스코틀랜드는 1707년에 「통합법」으로 한 국가가 되었으므로 이 시기 이후로는 현재 널리 부르는 영국이라는 국명을 사용할 수 있다. 이 책에서는 1707년 「통합법」 이전의 상황을 이야기할 때는 잉글랜드와 스코틀랜드라는 국명을, 그 이후 상황에 대해 논의할 때는 주로 영국이라는 국명을 사용했다.

1부

민주주의와
인권

"대한민국은 민주공화국이다." 이 문장으로 시작하는 대한민국 헌법은 민주주의를 정치의 근본이념으로 제시합니다. 하지만 한국은 물론이고 동서양 여러 나라의 역사를 살펴보면 민주주의를 정치의 기본 원리로 받아들인 것은 비교적 최근의 일입니다. 이번 장에서는 바로 이 문제를 생각해 보려고 해요. 우리 이야기는 민주주의가 탄생한 고대 그리스의 아테네Athenae에서 시작해, 20세기의 대한민국에서 마무리될 것입니다. 이 자리에서 민주주의의 이념과 제도부터 이 정치 체제를 둘러싼 숱한 갈등과 논쟁까지 두루 다루기는 불가능합니다. 게다가 이런 접근은 현재의 한국을 규정하는 기본적인 이념과 제도 및 그 실천의 역사를 살펴보려는 책의 취지와도 어울리지 않습니다. 그 대신 민주주의를 둘러싸고 치열하게 논쟁했던 몇몇 역사적 장면을 간략히 다루면서, "과연 민주주의가 무엇이며, 어째서 지금 중요한가?"라는 질문에 나름의 답을 드리려 합니다.

1 　민주주의는 보편적인 정치 원리인가?

민주주의는 바로 지금, 21세기를 살아가는 우리에게는 아주 익숙한 개념이자 정치 제도입니다. "민주주의는 어떤 정치 체제인가?"라는 물음에 대해서는 여러 방식으로 답할 수 있겠지요. 간단하게 말한다면, 민주주의는 사람들이 스스로를 다스리는 정치 체제입니다. 좀 더 자세히 설명한다면 하나의 정치 공동체가 평등하고 자유로운 시민으로 구성되며, 그 시민들이 직접 또는 대표를 뽑아서 구성원들이 함께 사는 데 필요한 결정을 내리고 실행에 옮기는 체제라고 말씀드릴 수도 있겠습니다. 이 배경에는 시민 개개인과 사회 전체의 삶이 긴밀히 연관되므로, 사회의 주인인 시민들이 공동체의 문제를 해결하는 데 당연히 참여해야 한다는 생각이 있지요.

그러므로 민주주의에 담긴 이념은 자유롭고 평등한 시민이 인간으로서 스스로의 삶을 결정할 권리와 존엄을 누려야 한다는 것입니다. 그 덕분에, 민주주의가 전 세계 구석구석까지 확산되어서 보편적인 정치 체제처럼 보이기도 해요. 민주주의를 보편적인 가치로 여기는 까닭에, 자본의 위력이 점점 강해지자 사회·경제적 불평등이 심화되고 정치적 평등을 위협하는 상황에 대한 우려도 전 세계에서 깊어지고 있습니다. 이것은 많은 사람들이 민주주의와 그 기반인 인간의 자유와 평등, 존엄이라는 이념을 그만큼 당연하게 받아들인다는 사실을 보여 줍니다.

한국과 민주주의의 첫 만남

민주주의가 보편적인 정치 원리로 받아들여지는 만큼, 근대 이후의 한국사를 제대로 이해하려면 민주주의 이념과 제도가 형성된 역사를 되돌아보아야 합니다. 지금 이 시대를 살아가는 많은 한국인도 민주주의가 한국 정치·사회의 바탕이며, 민주주의를 더욱 발전시켜야 한다는 데 동의합니다. 민주주의의 의미를 정확히 설명하지는 못하더라도, 그것이 우리 정치의 기본 원리이며 또한 옳다고 여깁니다.

일제 강점기에 나라를 되찾는 데 헌신했던 수많은 사람들도 이런 생각을 품었던 듯합니다. 대한민국 임시정부를 이끌었던 지도자들은 나라를 되찾으면 민주공화국을 세워야 한다고 믿었지요. 해방 후에 대한민국을 세울 때도 민주주의 이외에 다른 정치 체제를 심각하게 고려했던 흔적이 보이지 않고요. 1948년 7월에 제정된 「제헌헌법」이 천명한 기본 원칙, 즉 "대한민국은 민주공화국"이며, "대한민국의 주권은 국민에게 있고 모든 권력은 국민으로부터 나온다."라는 선언은 헌법이 여러 차례 개정되는 와중에도 제 자리를 굳건히 지켰습니다.

그런데 한국의 역사를 돌아보면 민주주의를 당연하게 여기는 이런 태도가 참으로 놀라운 변화라는 사실을 금방 알게 됩니다. 한반도에서 명멸했던 여러 정치 체제는 민주주의와는 무척 거리가 멀었으니까요. 현대와 비교적 가까운 조선 시대만 해도 왕권과 신권 사이의 갈등은 빈번했지만, 모든 백성이 정치에 참여한다는 생각은 찾아보기 어려웠습니다. 백성이 아닌 시민이 정치에 참여한다는 논의가 확산되기 시작한 때는 19세기 중후반, 즉 조선이 서양 열강의 위세를 경험한 시기였지요.

다만 그 무렵에도 민주주의가 주된 관심사였는지는 의문입니다. 중국의 청淸 왕조가 영국 해군의 최신 무기 앞에 패배하고 일본은 미국의 개항開港 압력에 굴복하면서, 서양의 사정을 알아보는 일은 조선 정치인과 지식인의 급선무가 되었습니다. 이런 탐색 과정에서 민주주의를 접했지요. 그렇지만 이 시기에 널리 퍼진 동도서기東道西器라는 구호, 즉 서양의 물질문명은 받아들이되 조선의 정신문명은 지켜야 한다는 태도에서 엿보이듯이 사람들의 관심은 서양 문물을 도입해 국가를 부강하게 만드는 데 쏠렸습니다. 민주주의 이념과 제도를 수용하는 일은 시급한 과제로 다가오지 않았어요.

제한된 민주주의?

서양의 사정도 크게 다르지 않았습니다. 서양 민주주의가 고대 그리스에서 명멸했다가 18세기에 시민 혁명을 거치며 재발견되었고, 그 후에 여러 나라로 확산되었다는 이야기는 잘 알려져 있습니다. 틀린 이야기는 아닙니다. 다만 이런 흐름을 그대로 받아들이면 중요한 지점 하나를 놓칠 수 있어요. 고대의 아테네는 물론이요, 근대 민주주의가 먼저 발전한 영국이나 미국, 프랑스에서도 민주주의가 모든 성인 남녀에게 균등하게 적용된 보편적인 정치 원리가 아니었다는 사실 말입니다.

고대 그리스의 민주주의는 특정 도시 국가에서 태어난 성인 남성 시민들만 참여하는 정치 원리였습니다. 이런 문제는 근대 의회 민주주의가 처음 탄생한 영국도 유사했지요. 여기서도 오직 재산 소유자만이 시민이었어요. 인간은 모두 평등하다고 선언했던 혁명 시기의 미국인과 프랑스인도 재산이나 인종을 기준으로 참정권을 제한했습니다. 여성은 언제나 열등한 2등 시민으로 간주되었고, 다른 인종의 사람들에게 참정권을 부여한다는 상상은 여전히 어려웠습니다. 19세기가 끝날 무렵까지도 여성이 투표권을 행사한 국가는 뉴질랜드뿐이었어요. 이 나라는 1893년에 여성에게 투표권을 주었지요.

다음 그래프는 이런 사정을 단적으로 보여 주는데요. 근대 민주주의는 대부분 대의 민주주의 제도를 택하고 있습니다. 이 제도는 정해진 절차에 따라 대통령이나 국회 의원과 같은 대표를 선출해서 국가를 운영하는 체제이므로, 이 대표들을 뽑는 투표권이 보편적으로 주어져야 민주주의가 실현되었다고 볼 수 있을 것

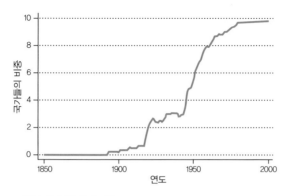

그림 1-1   보통 선거권의 확대 과정

입니다. 그래프는 바로 이 점에서 한 가지 중요한 사실을 우리에게 일깨워 줍니다. 전 세계 국가 중 1900년 이전에 보통 선거권을 받아들인 곳은 10퍼센트를 채 넘지 못했고, 1920년대까지도 20퍼센트 이하의 국가에서만 보통 선거권이 받아들여졌다는 것이지요.

또 다른 학자가 계산한 바에 따르면 1910년 영국, 네덜란드, 벨기에, 스위스, 덴마크, 스웨덴의 전체 인구 중 투표권 보유자는 14~22퍼센트에 불과했습니다. 보통 선거권 제도를 도입하면, 일반적으로 인구의 40~50퍼센트가 투표권을 갖는데 여기에 훨씬 미치지 못했던 것이지요. 투표권뿐만 아니라 실제 투표가 자유롭게 이루어졌는지까지 고려한다면, 제1차 세계 대전 이전의 유럽에서 민주주의를 그 의미에 맞도록 실행한 국가는 전혀 없었다고 말할 수도 있을 정도입니다.

민주주의가 비교적 최근에야 널리 퍼지게 되었다는 사실을 상기하면 여러 질문이 함께 떠오릅니다. 민주주의는 왜 그렇게 오랫동안 정치 원리로 받아들여지지 않았을까요? 민주주의가 아니라면 다른 어떤 원리가 정치를 지배했을까요? 고대 그리스에서 탄생한 민주주의는 어떻게 재발견되었을까요, 또한 이때 민주주의는 고대인들이 생각한 민주주의와 동일했을까요? 우리가 민주주의를 당연한 정치 체제로 여기게 된 계기는 무엇이었을까요?

이런 물음에 답하려면 먼저 민주주의 이념과 그 실천의 역사를 돌아보아야 합니다. 물론 애초에 민주주의가 어떤 정치 이념·체제였는지 묻는 데서 출발해야겠지요. 민주주의 체제·이념이 재발견된 순간은 그 다음 지점입니다. 이어서 한국에서 민주주의 체제·이념이 수용된 과정과 어떻게 지금처럼 반드시 성취해야 할 대상으로 자리 잡았는지 살펴보겠습니다.

2   고대 민주주의의 조건

민주주의가 고대 그리스의 도시 국가에서 탄생했다는 사실은 잘 알려져 있습니다. 그런데 그 탄생 과정은 불분명합니다. 현재까지 역사가들이 연구한 내용을 요약하면 대략 이렇습니다. 기원전 8세기부터 100여 년 동안 그리스 지역의 인구가 급증하면서, 좁게는 10평방킬로미터에서 넓게는 2,500평방킬로미터에 이르는 다양한 규모의 도시 국가, 즉 폴리스polis가 수백 개 등장합니다. 기원전 6세기 말에 이르면 이런 폴리스가 적어도 500개에 이르렀습니다. 인구는 기원전 5세기에 다시 한 번 급증해서, 기원전 430년대에 이르면 그리스에는 500~600만 명이 살았는데 그중에서도 아테네의 인구 규모가 큰 편이었어요. 아테네에는 5만 명이 살았고, 배후지에 살던 농민 가족과 노예까지 합하면 인구가 35만 명에 이르렀지요.

정확한 이유는 알 수 없지만 이런 조건이 갖추어진 그리스 지역에서는, 정치적으로 평등한 성인 남성들의 공동체가 정치를 주관하는 평등주의가 발전했습니다. 대부분의 고대 사회가 위로는 왕에서 맨 아래로는 노예에 이르는 엄격한 신분 제도를 운영한 반면, 그리스 도시 국가에서는 적어도 자국 태생의 성인 남성들은 서로 동등한 구성원으로 인정했습니다. 기원전 800~기원전 400년에 남성 중심 평등주의가 서서히 자리를 잡았고, 그것이 결국 초기 민주주의의 바탕이 되었어요. 초기 민주주의는 기원전 6세기 말에 출현했으며 기원전 4세기 무렵에는 민주주의를 따르는 여러 폴리스가 자리 잡고 있었지요.

아테네 민주주의의 구성 원리

민주주의 체제가 탄생하고 꽃을 피운 여러 도시 국가 가운데 가장 유명한 곳은 물론 아테네였습니다. 그렇다면 아테네인에게 민주주의는 정확히 어떤 정치 체제를 의미했을까요. 우선 민주주의란 단어 자체에서 출발해 보지요. 민주주의는 영어로 데모크라시 democracy입니다. 고대 그리스인들은 데모크라티아demokratia라고 불렀지요. 데모크라티아는 기원전 6세기에 아테네의 지도자였던 클레이스테네스(Cleisthenes, 기원전 570?~기원전 508년?)가 도입한 새로운 행정 조직의 이름인 데모스demos에 크라토스kratos라는 단어를 합친 것입니다. 데모스와 크라토스는 민주주의가 본래 어떤 정치 체제를 뜻했는지 이해하는 열쇠인 셈이지요.

민주주의 체제가 발전하기 이전의 아테네는 혈연 중심 사회였습니다. 아테네뿐만 아니라 고대 사회의 대부분이 이런 원리를 따랐지요. 아테네는 혈연으로 연결된 네 개 부족으로 이루어졌고, 그 아래에 여러 씨족의 연합체인 형제단이 있었습니다. 클레이스테네스는 혈연으로 연결된 부족을 대신해서, 지역을 기준으로 하는 새로운 정치 단위를 구성했습니다. 먼저 아테네 전국을 시내, 해안, 내지의 세 구역으로 나누고 다시 그 구역들을 10개의 트리튀스trittys로 나눈 다음, 구역마다 하나씩 추첨해서 뽑힌 트리튀스를 짝지어 세 트리튀스를 하나의 부족으로 만들었습니다. 이런 식으로 예전의 네 개 부족을 새롭게 10개 부족으로 재편했습니다.

동시에 시민 명부를 관리하고 시민 자격을 심사하는 권한을 형제단에서 데모스로 이관했습니다. 최소 행정 구역인 데모스는 모두 170여 개가 있었는데, 경우에 따라서 하나 혹은 여럿의 데모스가 한 트리튀스를 이루었어요. 이렇게 아테네 시민은 데모스를 중심으로 편성되었지요. 18세가 되면 심사를 거쳐 데모스의 예비 시민으로 등재되었다가, 20세가 되면 정식 시민 자격을 부여받았습니다. 데모스를 중심으로 시민을 편성하고, 데모스를 결합시켜 새로운 부족을 만들어 낸 까닭은, 이전에 부족을 지배해 온 귀족의 힘을 억제하기 위해서였습니다. 대신 각 지역을 정치 조직의 근간으로 삼아, 시민 사이의 평등을 확대한 것이지요.

크라티아는 크라토스kratos라는 단어에서 비롯합니다. 크라토스는 보통 힘power, 통치라는 의미로 번역되지요. 나중에 아리스토텔레스(Aristotélēs, 기원전 384~기원전 322년)가 『정치학』Politics에서 논의하며 널리 알려진 관념이기도 해요. 그리스인은 통치 체제를 그에 참여하는 사람의 숫자로 구분하고는 했습니다. 그에 따라 정치 체제를 나누면 한 사람이 다스리는 군주정은 모나키아monarchia, 소수가 다스리는 귀족정은 아리스토크라티아aristokratia라 불렸으며, 다수가 다스리면 데모크라티아입니다. 그런데 여기서 개념적으로 조금 곤란한 문제가 하나 나오는데요. 앞에서 살펴보았듯이 본래 데모스의 뜻은 '다수'가 아니라, 아테네 시민이 속한 행정 단위이기 때문이지요. 그러므로 데모크라티아를 문자 그대로 데모스의 통치라고 옮기고서, 아리스토텔레스가 퍼뜨린 용법처럼 다수의 지배라고 이해하는 것이 과연 적절한지 의문이 들 수도 있습니다.

왜 데모스가 다스리는가?

데모스의 지배가 과연 무엇을 뜻하는지, 더 나아가 그것이 왜 한 사람이나 소수가 다스리는 정치 체제보다 우월한지에 대해 논리적으로 예리하게 파헤친 당대의 문헌은 거의 남아 있지 않습니다. 예외적인 사례는 문헌이 아니라 연설문인데, 아테네 민주정의 전성기를 이끌었던 페리클레스(Periklēs, 기원전 495?~기원전 429년?)의 「장례식 추도 연설」입니다. 기원전 5세기에 아테네와 스파르타Sparta가 패권을 다투었던 펠로폰네소스Peloponnesos 전쟁이 시작되었을 때, 힘겨운 싸움을 벌이던 아테네 시민의 사기를 북돋우려 했던 연설이지요. 정확하게는 전쟁 첫 해가 끝난 후인 기원전 431년에 이루어진 연설이었어요. 이 자리에서 페리클레스는 아테네 민주주의의 미덕을 한껏 찬양하는데, 특히 이 체제의 정의와 관련해 한 대목이 눈길을 끕니다.

> 우리의 정체는 이웃의 제도들을 따라한 것이 아니며, 다른 이들을 모방하기보다는 오히려 그들의 본이 되고 있습니다. 그리고 소수가 아닌 다수를 위한 것이기 때문에 그것의 이름은 민주정이라고 불립니다. 사적인 분쟁들에 관해서는 법률에 따라 모두가 평등합니다. 반면 공적인 일들에 관해서는 자격에 따라, 각자가 평가되는 대로, 추첨이 아닌 탁월함에 의해서 자리가 주어집니다. 그리고 누군가가 도시에 뭔가 좋은 일을 할 능력이 있다면, 가난에 따른 신분의 미미함으로 인해 제약받는 일도 없습니다.
>
> 김헌 외 옮김, 『그리스의 위대한 연설』(민음사, 2015), 43쪽

먼저 다수라는 단어에 주목해야 합니다. 여기서 페리클레스는 다수가 정치에 참여한다는 사실 그 자체가 아니라, 정치가 다수의 이익을 지향한다는 점이 훌륭하다고 말합니다. 물론 아테네 민주정에 다수가 참여한 것은 틀림없습니다. 귀족과 평민이 정치·경제적 권리를 사이에 두고 치열하게 다투는 가운데, 기원전 6세기 초에 등장한 솔론(Solon, 기원전 640?~기원전 560년?)부터 기원전 5세기의 페리클레스까지 아테네를 이끈 몇몇 지도자들은 평민의 정치 참여 기회를 확대하기 위해 애썼습니다. 그 결과로 여러 제도가 도입되었습니다. 모든 아테네 시민이 민회에서 법안을 제안·결정하게 되었고, 민회에 상정할 안건을 사전에 심사·결

정하는 협의회처음에는 400인이었으나 나중에는 500명으로 늘었습니다.에 참석해 하루 동안 의장이 되거나, 법정 배심원도 될 수 있었습니다. 민회에 참석하거나 배심원이 되면 당시 석수石手의 반나절 임금에 해당되는 수당도 받았지요.

정치는 구성원 모두의 문제

하지만 정치에 참여하는 사람들의 숫자가 많다는 사실 자체가 좋은 정치적 결과를 보장하지는 않습니다. 중요한 일은 정치에 참여할 역량을 갖춘 사람이라면 누구나 참여할 수 있는 길을 열어 주는 것과 정치가 소수의 이해관계가 아니라 공동체 전체의 이익을 보호·증진하는 본연의 역할을 해내는 것이었어요. 이런 생각을 간과하고 민주주의를 단지 다수의 지배라고 정의하면 아테네 민주주의 체제의 핵심적인 문제의식을 가려 버릴 수 있지요. 가령 아리스토텔레스가 『정치학』에서 민주주의 체제를 "모두가 번갈아가며 지배하고 지배받는" 체제라고 정의할 때도 이런 오류를 범한 것이 아닐까요?

모든 민주정체가 추구하는 목표는 자유를 누리는 것이라고 한다. 자유의 한 가지 원칙은 모두가 번갈아가며 지배하고 지배받는다는 것이다. 민주정체의 정의는 가치에 따른 비례적 평등이 아니라 수에 따른 산술적 평등에 있기 때문이다. 이것이 정의라면, 필연적으로 다수가 최고 권력을 갖고, 다수가 결의

한 것이 최종적인 것이며 정의로운 것이다. 민주정체 지지자들의 주장에 따르면, 모든 시민은 평등해야하기 때문이다. 그래서 민주정체에서는 빈민이 부자보다 더 강력한데, 빈민은 다수이고, 다수의 결정은 최고 권력을 갖기 때문이다. 이것이 모든 민주정체 지지자들이 민주정체의 특징이라고 규정짓는 자유의 징표 가운데 하나다.

아리스토텔레스, 천병희 옮김, 『정치학』(숲, 2009), 334쪽

민주주의 체제 아래서 빈민들이 다수의 힘으로 부자를 어누를 위험이 있다고 경고하는 이 대목은, 페리클레스가 강조했던 민주주의 체제의 미덕과는 거리가 멀어 보입니다.

빈민이 정치에 참여할 수 있었다는 사실은 물론 중요합니다. 주요 관직을 추첨으로 뽑았던 제도도 수당 지급과 함께 빈민의 정치 참여를 독려하는 데 크게 기여했어요. 아테네에는 대략 700여 개의 관직이 있었는데, 이 자리들을 추첨으로 선출했지요. 특히 최고 관직인 아르콘archon도 모든 시민에게 개방해 추첨으로 선출한 점은 정말 특별한 사례일 것입니다.

그런데 페리클레스는 이 연설에서 추첨보다 탁월함을 더 중요한 기준으로 제시합니다. 어쩌면 그는 자신이 15차례나 연임했던 스트라테고스(strategos, 장군) 같은 자리는 추첨이 아니라 선거로 결정되었음을 염두에 두었을 수도 있지만, 꼭 그 이유만은 아닌 듯해요. 그는 '도시에 무엇인가 좋은 일을 할 능력'이 있으면 누구에게라도 봉사할 길을 열어 주어야 한다는 점을 강조했던 것

으로 보입니다. 신분이나 재산과 무관하게 공동체를 위해 봉사할 역량이 있다면, 적절한 기회를 주는 일이 우선이고, 기회를 주는 방법이 추첨인지 선출인지는 그 다음 문제라는 것이지요.

여기에는 민주주의나 후에 로마Roma에서 꽃을 피우는 공화정 이념의 저변에 깔린 중요한 관념이 깃들어 있어요. 구성원 누구나 공동체의 일에 관심을 기울여야 한다는 생각입니다. 공동체의 안녕·번영이 공동체 구성원 각자의 이해관계와 긴밀하게 연관될 뿐만 아니라, 공동체에 속한 사람은 언제나 그 안에서만 존재할 수 있으므로 개인과 공동체의 구분은 불가능하다는 것이지요. 그래서 페리클레스는 앞과 같은 연설의 다른 대목에서 이렇게 말합니다.

> 우리는 집안일뿐 아니라 도시의 일에 대해서도 신경을 씁니다. 자신의 일에 매여 있는 자들도 도시와 관련된 일들을 부족함 없이 알고 있습니다. 공적인 일에 참여하지 않는 자들을 초연한 자가 아니라 쓸모없는 자로 여기고 있는 것도 우리 아테네인뿐입니다.
>
> 김헌 외 옮김, 『그리스의 위대한 연설』, 45쪽

구성원 각자와 공동체의 일을 구분하지 않으므로, 자신이 속한 공동체의 일을 결정하는 데 참여하는 것은 당연합니다. 자신의 일을 직접 결정해야 하는 것이니 말입니다. 만약 이런 일을 다른 사람에게 맡긴다면, 노예와 다름없다는 의미도 되지요.

공공선을 위한 토론

아테네인들이 시민이라면 당연히 공동체의 일에 관심을 지녀야 하며 다른 사람의 영향을 받지 않고 스스로 판단을 내려야 한다고 생각한 것은, 정치를 도덕의 문제로 보았기 때문입니다. 그들에게 정치란 '사람됨'을 추구하는 과정이자 '선善'을 구현하는 행위였습니다. 다른 사람들과 어울려 살아가면서 자신과 공동체의 사정을 객관적인 눈으로 바라보고 공동체에 이로운 일, 즉 공공선public good을 따르고 실천하는 일이야말로 사람다워지는 길이라 여겼습니다. 그런데 이런 일에 모든 시민이 참여해야만 할까요? 민주정을 지지한 아테네인의 대답은 "그렇다."였어요. 인간은 이성을 갖추었으므로 누구나 기회만 주어지면 무엇이 공공선인지 판별하고, 이것을 실현하는 데 필요한 일을 해낼 수 있다고 생각한 것입니다. 더욱이 어느 한 사람의 판단이 아니라 여러 사람이 합리적으로 토론해서 내린 결론을 따른다면, 공공선을 실현하기가 더 수월해진다고 여겼지요.

그러므로 페리클레스는 바로 앞에 인용한 구절에 이어서 "우리는 사안들을 판단하거나 제대로 논의하며, 말이 행동에 해가 된다고 여기지 않고 행동으로 가기 전에 먼저 말을 통해 배우지 않는 것이야말로 해가 된다고 여깁니다."김헌 외 옮김, 『그리스의 위대한 연설』, 45쪽라고 말합니다. 즉 아테네인은 "우리 모두가 공공의 삶을 어떻게 다스려야 하는지 결정하는 문제에 대해 스스로 충분히 알고 있고 누구도 우리의 결정을 임의로 결렬시킬 권한을 가지고 있지 않으며, 장기적으로 봤을 때 누구도 더 나은, 그리고 더 신뢰할 만한 결정을 내리지 못한다."폴 우드러프, 이윤철 옮김, 『최초의 민주주의』First Democracy(돌베개, 2012), 52쪽라고 믿었던 것이지요.

이런 합리적인 토론이 가장 활발하게 일어난 장소인 민회는 아테네 민주정의 꽃이었습니다. 기원전 6세기에 민회는 아크로폴리스Acropolis 근처 프닉스Pnyx 언덕에서 처음 열렸는데, 아테네 남성 시민 6,000명이 참석했다고 합니다. 사회적 지위가 높은 사람들뿐만 아니라 석수, 목수, 상인 같은 평범한 사람도 있었습니다. 회의는 하루 동안 열리는데, 이런 회의가 적어도 한 달에 네 번 열렸습니다. 아테네인은 1년을 10개월로 보았으니 민회가 1년에 40번 열렸던 셈입니다.

기원전 5세기에 이르면 18세 이상 남성인 3만 5000~4만 명의 시민이 민회에 참석할 권리를 지녔다고 합니다. 앞에서 이야기한 대로 기원전 4세기에는 민회 참석자 모두에게 수당을 지급해 참여를 독려하기도 했습니다. 이런 혜택이 오직 아테네에서 출생한 성인 남성 시민에게 국한되었음은 흔히 지적되지요.

숫자로 따지면 아테네의 전체 거주민 중 6분의 1정도만 정치에 참여할 수 있었어요. 이것은 아테네 민주정의 한계이지만, 다른 고대 국가의 사례와 비교하면 놀라울 정도로 많은 수이기도 합니다. 가난한 아테네인조차도 다른 국가에서는 상상하기 어려울 정도의 정치권력을 행사했던 것이지요.

3   혼란에 빠진 고대 민주주의

평등한 민주 시민들의 공동체를 발전시키면서 아테네는 나라 바깥에서도 위력을 드러내기 시작했습니다. 잘 알려진 것처럼 막강한 페르시아 제국이 기원전 522년부터 에게Acgcan해로 진출하려 했고, 그리스 도시 국가들은 자신의 영역을 지키기 위해 협력해야 했습니다. 이오니아Ionia의 그리스인들이 페르시아에 대항해 반란을 일으켰을 때 아테네는 이오니아를 도왔고, 이것이 결국 페르시아 전쟁으로 이어졌습니다. 아테네는 마라톤Marathon 전투에서 페르시아군을 물리쳤지만 페르시아 제국은 훨씬 규모가 큰 육군과 해군을 앞세워 다시 왔습니다. 기원전 477년 아테네는 델로스 동맹을 결성해 페르시아에 맞섰지요.

델로스동맹을 이끌며 아테네는 서서히 제국으로 변신했습니다. 3부에서 제국을 살펴보겠지만, 최고 권력을 추구하면서 자국을 중심으로 국제 관계를 재편하려는 야망을 품은 국가를 제국이라고 정의합니다. 아테네가 델로스동맹의 맹주 역할을 하면서 아테네는 제국의 수도 역할을 하게 되었어요. 이전에는 독립을 누리던 수십 개 도시 국가가 아테네에 현금이나 선박으로 동맹 기금을 납부했고, 아테네의 도량형을 사용했으며, 아테네 법정에서 사건을 처리하고, 아테네의 의례를 따르게 되었습니다. 축적된 델로스동맹 기금으로 아테네는 최강의 해군을 건설하고, 아크로폴리스에서 대규모 공공 건축 사업을 진행했습니다. 페리클레스가 이런 사업을 주도했지요.

쇠퇴하는 아테네

페르시아 전쟁의 승리는 아테네에 번영을 가져와서 민주주의가 꽃을 피우는 밑바탕이 되었으나, 장기적으로는 아테네 민주정이 불안해지는 요인도 되었습니다. 민주정의 물질적인 바탕을 유지하려면 아테네가 그리스 세계의 맹주 노릇을 계속해야 했는데, 당연히 군사적 우위를 유지해야만 가능한 일이었지요. 그렇지만 아테네의 성공은 주변 국가의 불만을 초래했습니다. 스파르타가 이런 불만 세력을 이끌고 아테네와 대결했어요. 바로 펠로폰네소스 전쟁이었지요. 이 전쟁에서 패배하자 아테네의 군사적 우위는 회복할 수 없는 상태가 되고 말았습니다.

　전쟁에서 패하자 아테네 내부의 정치적 안정도 흔들렸습니다. 정치 갈등이 점점 고조되었어요. 아테네인은 민주주의 체제를 유지하기 위해 권력 집중을 무엇보다 경계했는데, 권력 집중을 막기 위해 도입한 조치가 더 큰 혼란을 일으키고 말았습니다. 권력 집중은 참주tyrant의 출현으로 구체화되었는데, 아테네인은 어느 역사가의 말을 빌리면, "참주를 몰아내는 정도가 아니라 참주가 될 소지가 있는 사람, 또는 그저 인기가 있는 사람을 몰아내는 제도"까지 고안해 냈습니다. 바로 도편 추방법(陶片追放法, ostracism)이지요.

이 제도에 따라 아테네인은 1년에 한 번씩 민회에서 참주가 되려는 희망을 품은 자를 가려내는 투표를 실시했습니다. 민회에서 도편 추방 표결을 실시하자고 정족수의 과반이 찬성하면, 보통 두 달 뒤에 날짜와 시간을 정해 표결을 진행했지요. 추방이 결정되면 10일 내에 아테네를 떠나야 했고, 10년 간 복귀할 수 없었어요. 기원전 487년 참주 페이시스트라토스(Peisistratos, 기원전 608~기원전 527년)의 아들 히파르코스(Hipparchus, ?~기원전 514년)를 몰아내면서 처음 시작된 도편 추방법은, 기원전 417년까지 수십 명의 지도자들을 추방하는 데 사용되었습니다. 그 과정에서 정치는 큰 혼란에 빠졌지요.

소크라테스와 민주주의의 위험성

군사·정치적 패권을 잃어버리고 정치가 혼란해지면서 민주주의 체제의 문제점을 고발하는 목소리가 드높아졌어요. 여러 목소리 가운데 가장 묵직했던 이가 바로 소크라테스(Sōkrátēs, 기원전 470?~기원전 399년?)였습니다. 그는 민주정의 여러 문제를 지적하는 데 그치지 않고, 아예 민주정의 철학적 전제 자체를 문제 삼았습니다. 그의 의문은 "합리적인 토론이 진리를 발견하는 길이 될 수 있겠는가?"라는 것이었지요.

　그의 시대에는 지혜로운 사람들이라고 불렸던 소피스트sophist
들이 위세를 떨치고 있었습니다. 그들 가운데 가장 유명했던 프
로타고라스(Protagoras, 기원전 485?~기원전 410년?)는 "인간은 만물
의 척도"라고 단언하면서 선이나 진리, 정의는 인간의 필요에 따
라 다르게 규정할 수 있으며, 지식의 근원은 감각의 지각 작용에
있으므로 모든 지식은 개별적이라고 주장했습니다.

　소크라테스가 보기에는 이런 주장이 아테네 민주정에 내재된
심각한 위험성을 그대로 보여 주는 것 같았습니다. 진리의 기준
이 상대적이라면 정치가 실현해야 할 공공선이나 정의의 기준도
상대적일 수밖에 없습니다. 그럴 때 남는 것은 결국 시민의 판단,
즉 교활한 정치가라면 언제라도 자신의 이익을 위해 호도할 수
있는 그 판단뿐이었습니다.

　소크라테스와 제자들은 바로 이 지점에서 불편함을 느꼈습니
다. 이들 모두도 다른 아테네인과 마찬가지로 정치가 궁극적으
로 선을 구현하는 과정이라고 굳게 믿었습니다. 그런데 소크라테
스 같은 사람에게 선의 구현은 진리의 발견에서 출발합니다. 그
가 단언했듯이 진리를 모르기 때문에 악을 저지를 뿐이지, 진리
를 알게 되면 사악한 짓을 하지 않는다고 보았기 때문입니다. 하
지만 진리는 다수결이든 만장일치든 간에 얼마나 많은 사람들이
수긍하느냐에 따라 결정될 수 있는 것이 아니지요.

　진리는 절대적이고, 보편적이며, 영속적입니다. 소크라테스의

제자 플라톤(Plátōn, 기원전 428?~기원전 348년?)은 바로 이 점을 지적하기 위해, 우상을 거론했지요. 진리에 이르려면 겉으로 드러나는 현상 너머에 자리 잡은 본질을 꿰뚫어 보아야만 하는데, 이것은 오직 그런 지혜를 갖춘 사람만 할 수 있다는 것입니다. 지혜를 갖추고, 어떤 경우에도 진리를 추구하는 사람, 즉 철인哲人이야말로 이상적인 정치 체제를 만들 수 있다는 플라톤의 주장은 이런 믿음에 바탕을 두고 있었어요.

고대 철학자들의 회의

이런 시각에서 보면 민주주의는 아주 나쁜 정치 체제입니다. 플라톤의 말을 빌리면 민주주의는 "동등하건 동등하지 않건 모든 사람을 평등하게" 대하는 정치 체제이고, "모든 개인이 자신이 좋아하는 바를 자유롭게" 하도록 보장한 탓에 정의를 구현하기는커녕, 오히려 무지한 다수가 정치를 좌지우지하는 체제였던 것이지요. 플라톤은 자신의 스승 소크라테스의 죽음이 이런 점을 보여 준다고 믿었습니다. 플라톤은 스승 소크라테스를 화자로 삼아, "민주제는 빈민들이 승리하여 반대파를 일부는 처형하고 일부는 추방하고 나머지 시민들에게는 시민권과 통치권을 평등하게 분배할 때 생겨나는 것 같네. 그래서 민주제 국가에서는 치자들이 추첨으로 선출된다네."플라톤, 천병희 옮김, 『국가』Republic(숲, 2013), 464쪽라고 이야기합니다.

플라톤의 뒤를 이어 그리스 지식인 세계를 지배한 아리스토텔레스도 민주주의에 대해 유보적인 태도를 취했습니다. 그도 민주주의가 쉽게 폭도의 지배mob rule로 변질되어 무정부 상태anarchia를 낳을 것이라고 여겼지요. 아리스토텔레스는 어떤 정치 체제도 그 자체로는 완전할 수 없다고 주장했습니다. 다수의 지배인 민주정도, 한 사람이 다스리는 군주정이나 소수의 뛰어난 사람이 다스리는 귀족정도 불완전하므로 이 세 가지 정치 체제를 주도하는 사회 세력이 서로 견제하며 균형을 이루는 정치 체제가 이상적이라고 믿었습니다. 그는 이것을 혼합 정체mixed constitution라고 불렀습니다.

이렇게 역사에서 등장한 최초의 민주주의 실험은, 이 체제 자체에 대한 환멸뿐만 아니라 그것이 바탕을 둔 정치적 평등과 합리적 토론의 유용성에 대한 깊은 의구심을 남겼습니다. 게다가 아테네의 민주정은 여성은 물론 외국인과 노예를 정치적인 의사 결정 과정에서 배제했다는 한계가 있었고, 아테네가 국가 간 관계에서 불평등한 지배와 종속 관계에 기대어 민주주의 실험을 전개한 까닭에 지속될 수 없었습니다. 이 민주주의 실험은 그 후로 오랫동안 역사 속에서 잊히고 말았지요.

4   왜 모든 인간이 평등한가?

민주정의 철학적 근거에 대한 아테네 철학자들의 비판은 우리에게 중요한 역사적 사실을 일깨워 줍니다. 최초로 민주정이 발전한 곳에서도 인간의 평등은 당연하지 않았다는 사실, 더 나아가 인류의 오랜 역사에서 "인간은 그저 인간으로 태어났다는 이유만으로 평등하다."라는 관념은 최근에 뿌리를 내렸다는 사실 말입니다.

기원전 6세기부터 200여 년간 민주정을 실험한 아테네인에게도 평등은 아테네에서 태어난 성인 남성인 시민들에게만 해당되었고, 아테네 바깥의 넓은 세상에서는 권력이 몇몇 사람의 손에 집중된 상태가 훨씬 자연스러워 보였습니다. 아테네에서 민주정이 쇠퇴한 이후로 두 번의 천년이 지날 때까지 명멸했던 수많은 정치 체제는 모두 인간 불평등을 당연하게 받아들였어요. 규모가 아주 작은 몇몇 정치 공동체를 제외하면 대부분의 정치 사회에서 사람 사이의 신분 구별은 엄격했고, 권력은 특정 신분에 집중되었지요.

생산 구조와 신분 제도의 관계

신분과 위계질서에 바탕을 둔 불평등한 권력 관계가 인류의 정치 사회를 그처럼 오랫동안 지배했던 한 가지 중요한 원인은 경제적 배경에서 찾을 수 있을 듯합니다. 자본주의를 다루는 2부에서 더 자세히 살펴보겠지만 농업 혁명(신석기 혁명)이 시작된 기원전 1만 년부터 18세기 중후반까지 인류의 경제생활은 농업이 근간이었어요. 그런데 산업화가 본격적으로 시작되기 전까지 기술 진보는 아주 서서히 진행되었으므로, 농업 산출량은 거의 전적으로 생산에 투입하는 노동력과 토지 규모에 따라 결정되었지요. 한 사회가 지속되려면 인구 가운데 절대다수대개 80퍼센트 이상이었습니다.가 땅을 일구고 곡식을 키워야만 했습니다.

신분 사회는 농업에 종사하는 직접 생산자를 일정하게 통제했습니다. 봉건 사회였던 중세 유럽의 농노들은 인신人身 구속을 포함해서 귀족이나 성직자들에게 광범위하게 속박되었고, 권력이 황제나 국왕에 집중되었던 아시아의 여러 정치 체제에서는 조세와 공납이라는 형식으로 농민이 국가 권력에 종속되었습니다.

더욱이 생산성이 낮았던 농업 사회에서는 인구가 늘어나면 토지가 모자라는 일이 빈번했지요. 그런 탓에 개간이나 정복, 식민 활동으로 토지를 확장하려는 움직임이 일어나고는 했습니다. 이런 일은 직접 생산자인 농민이 자발적으로 벌이기도 했지만, 정치권력을 쥐고 있던 이들의 지도와 보호를 바탕으로 삼아 진행되는 경우가 많았어요.

농민의 정치적 참여

이런 사정에 비추어 볼 때, 인구의 절대다수를 구성하는 농민의 경제적 역량이 정치권력의 배분에 중요한 영향을 끼쳤다는 사실은 당연해 보입니다. 농민이 생계를 유지하고 자신의 가정을 재생산할 만한 역량을 갖추었던 곳에서는, 이들이 정치적으로 목소리를 낼 가능성도 좀 더 높아질 수 있었습니다. 생계유지를 크게 걱정할 까닭이 없는데 군이 정치에 참여할 권리를 요구하거나 정치권력을 둘러싼 다툼에 직접 뛰어드는 경우가 많지는 않았습니다. 하지만 먹고 사는 문제에서 다소나마 벗어난 덕분에, 필요할 때는 언제라도 제 목소리를 내는 용기를 발휘할 수도 있었다는 이야기이지요.

반면 경제적 바탕이 취약하거나 아예 무너진 경우, 농민들의 정치적 역량도 줄어들 수밖에 없었습니다. 이때는 폭동이나 반란처럼 좀 더 극단적인 방법으로 자신의 처지를 알리는 경우도 많았지만, 그 결과로 농민들의 처지가 나아지고 정치 영역에서 역할을 얻는 경우는 드물었어요. 물론 폭동이나 반란은 농민이 자신의 처지를 분명히 인식하고 권력자들에게 경고를 보내는 좋은 수단이었지만요.

이런 사정은 고대 로마 공화국의 역사에서 확인할 수 있어요.

여러분도 잘 아시는 것처럼, 로마는 본래 주변 여러 국가처럼 왕이 다스리는 군주정으로 출발했습니다. 한때는 주변 강대국인 에트루리아Etruria 출신의 왕이 다스리기도 했는데, 그 가운데 한 사람인 타르퀴니우스(Tarquinius, ?~기원전 495년)의 공포 정치에 로마 귀족들이 반란을 일으키면서 공화국이 되었습니다.

왕이 다스리지 않는 정치 체제, 즉 공화국이 된 로마를 다스린 주요 권력 기관은 정무관과 민회, 원로원이었는데, 이런 기관에서는 모두 귀족patricians이 막강한 영향력을 행사했습니다. 로마 시민 인구의 98퍼센트를 차지했던 평민plebeians은 기원전 5세기 중반에서 기원전 287년 사이에 벌어진, 이른바 '신분 투쟁'으로 귀족의 권력 독점에 대항했습니다.

그 결과 평민들은 자신의 이해관계를 지켜 줄 호민관을 뽑을 권리를 확보했고, 자신의 권리가 무엇인지 정확히 알 수 있는 12표법을 제정했으며, 고위 정무관인 집정관consul이 될 자격을 얻었지요. 이어서 평민 가운데서도 원로원 의원이 되는 사람들이 나타났고, 기원전 287년에는 평민으로만 구성된 민회가 제정한 법은 원로원의 동의 없이도 구속력을 갖게끔 규정한 법을 쟁취했습니다. 로마에는 네 개의 민회가 있었어요.

재산, 자유, 독립

대다수가 농민이었던 로마의 평민은 어떻게 귀족에게서 이런 정치적 양보를 얻어 냈을까요. 여러 원인이 있었겠지만 가장 중요한 점은 로마의 농민이 당시 이탈리아 반도에서 끊임없이 팽창을 시도했던 로마 공화국의 군사력을 뒷받침했다는 사실입니다. 아테네와 비슷하지요. 로마 군사력의 핵심은 중무장 보병이었어요. 로마의 시민은 정치 주체인 동시에 공동체를 방어하는 전사였습니다.

앞에서 공화국을 왕이 없는 정치 체제라고 간단히 정의했지만, 좀 더 적극적인 의미에서 공화국은 시민이 공동체의 일을 스스로 결정하고 실행하는 자치 공동체라고 볼 수 있습니다. 이 자치 공동체에서 시민의 가장 중요한 의무는 공동체를 외적의 침입으로부터 보호하는 일, 즉 군 복무였어요.

스스로 장비를 구해 무장하고 때로는 몇 년씩 집을 떠나 전쟁을 치르던 중무장 보병 집단의 구성원이 바로 로마의 자영 농민이었지요. 농민은 재산을 소유한 까닭에 시민 공동체의 일원이자 막강한 로마군의 일원으로서, 귀족에 대항하면서 정치적 권리를 요구할 수 있었어요.

자치 공동체로서 공화국이 유지되려면 시민의 자유와 독립이 필수적이라고 여겨졌습니다. 이때 자유와 독립은 같은 말로 보아도 무방합니다. 로마 시민이라면 누구나 공동체의 일에 관여하고 공동선을 증진하는 조치가 무엇인지 공정하게 판단하며 실행할 역량, 즉 자유를 누려야 한다고 보았습니다. 이때 시민은 권력자의 힘에 휘둘리지 않고 스스로 판단을 내릴 수 있어야 하는데, 그러려면 경제적으로 독립을 이루어야 했습니다. 생계를 다른 사람이 베푸는 시혜에 의존해야 한다면, 그 시혜를 베푼 사람의 눈치를 볼 것이고, 이런 사람은 스스로 판단할 수 없기 때문이지요.

그러므로 로마 시민은 당연히 재산을 소유해야 합니다. 먹고 사는 데 부족함이 없으니 자기 이익보다도 공공선을 우선으로 생각하는 시민의 덕성civic virtue을 실천에 옮길 수 있게 되었어요.

로마의 영토 확장과 농민층의 몰락

로마의 자영 농민이 정치적 영향력을 확대하는 사이에 이들이 주축을 이루었던 로마의 중무장 보병대는 숱한 정복 전쟁에서 그 위력을 충분히 발휘했어요. 처음에는 이탈리아 반도에서 영역을 확장한 로마는 곧 지중해 세계 전체를 장악하고자 했습니다. 그러면서 해상 세력 카르타고Carthago와 대결하게 되었지요. 기원전 265년부터 기원전 146년까지 세 차례에 걸쳐 일어난 포에니 전쟁입니다. 이 역사적인 대결에서 승리하면서 로마 공화국의 영토는 이탈리아 반도 너머 시칠리아Sicilia와 북아프리카, 이베리아Iberia 반도까지 확장되었지요.

전쟁은 풍성한 전리품을 로마인에게 안겨 주었습니다. 아프리카에서 곡물이, 에스파냐에서 은이 대량으로 유입되었습니다. 노예도 빼놓을 수 없는 전리품이었지요. 하지만 전리품은 모든 로마 시민에게 고루 돌아가지 않았습니다. 원로원을 장악한 귀족은 이탈리아에 남은 공유지를 사유화하고 주변 농민의 토지를 강제로 빼앗거나 사들여 보유 토지를 크게 늘렸습니다. 고위 정무관으로 군을 지휘했던 이 귀족들은 전리품을 처분하거나 정복지 주민을 노예로 삼아 엄청난 부를 축적했어요.

반면 로마군의 승리에 실제로 기여한 자영 농민의 처지는 오히려 나빠졌습니다. 전쟁터에서 오랜 시간을 보내다 보니 자기 땅을 돌볼 수 없었고, 집에 돌아와 농사를 지어도 귀족이 대농장에서 노예를 부려 생산하는 농산물과는 시장에서 경쟁할 수 없었습니다. 많은 농민이 땅을 팔아 버리고 일자리를 찾아 도시로 떠났습니다. 그 결과 무산 시민proletarii, 즉 가진 것은 몸뚱이뿐이라 자식만 낳을 수 있는 사람이 크게 늘었고 로마 공화국이 심각한 위기에 빠졌습니다. 로마에 몰려든 무산 시민이 사회 문제를 일으켰을 뿐만 아니라, 크게 확장된 로마 영토를 지킬 군사력이 부족해졌기 때문입니다.

자영 농민층이 줄어들자 두 가지 해결책이 차례로 제시되었습니다. 먼저 급진적인 해결책이 나왔습니다. 자영 농민이 몰락한 근본 원인인 토지 소유의 불평등을 해소하기 위해, 국가가 농민에게 토지를 분배하는 것이었습니다. 그라쿠스Gracchus 형제로 불리는 형 티베리우스(Tiberius, 기원전 163~기원전 133년)와 동생 가이우스(Gaius, 기원전 153~기원전 121년)는 각각 기원전 133년과 123년에, 공유지 보유의 상한선을 정해 이를 어긴 토지 보유자의 땅을 빼앗아 무산 시민에게 분배하고 로마 시민에게 시장 가격의 절반 이하로 곡물을 배급하는 개혁을 추진했어요. 그런데 기득권을 지키려는 개혁 반대파가 그라쿠스 형제를 차례로 암살하면서 이 해법은 실패하고 말았습니다.

로마 공화정의 종언

이 개혁이 실패하면서 추진된 또 다른 해결책은 군사력 유지에 주안점을 두었습니다. 군 복무에 필요한 재산 자격을 없애서 무산 시민을 군대에 받아들여, 무장과 봉급을 제공하는 것이었습니다. 그 재원財源은 지휘관이 정복 전쟁에서 획득한 전리품이었지요. 이것이 기원전 107년에 시행된 가이우스 마리우스(Gaius Marius, 기원전 157?~기원전 86년)의 군제 개혁이었습니다.

　땅이 없는 로마 시민도 군 복무로 생계를 해결하게 되었지만, 이런 사람의 처지는 로마가 자랑했던 독립 시민, 즉 자영농의 이상과는 거리가 멀었습니다. 생계를 지휘관에게 의지하다보니 이제 공화국이 아니라 자기 지휘관에게 충성을 바치게 되었어요. 그 결과로 군 지휘관 사이에 치열한 권력 다툼이 벌어지고 말았지요. 율리우스 카이사르(Julius Caesar, 기원전 100~기원전 44년) 등이 참여한 두 차례의 삼두 정치三頭政治와 내전이 이어지면서 로마의 공화정은 결국 막을 내립니다. 로마 공화국의 예를 보면 농업 사회에서 직접 생산자인 농민이 정치적 권리를 획득하고 유지하기가 참으로 어려웠음을 알게 됩니다.

지배층이 직접 생산자인 농민에 대해 다양한 방식으로 통제권을 행사하면서 위계적인 정치 질서를 이룬 사회가 근대 이전의 세계에서는 무척 흔했습니다. 이런 위계질서를 정당화하는 이념 체계도 함께 발전했지요. 어떤 명칭으로 부르든 간에 왕을 중심으로 한 군주정이 훨씬 더 일반적인 체제였는데, 군주는 어디서든 백성을 보호하고 이들을 정당하게 대하며, 신분이 높은 사람들과 정치에 대해 상의해야 한다고 여겨졌습니다.

물론 실제로 권력이 작동하는 방식과 이것을 뒷받침하는 이념 체계는 지역마다 달랐어요. 서유럽에서는 서로마 제국의 해체 후에 권력이 잘게 쪼개지면서, 군사력을 장악한 사람들 간에 주군(主君, 보호자)과 봉신(封臣, 피보호자)의 관계를 중심으로 위계가 형성되고, 그 바탕 위에서 일정한 지역의 농민을 통제했습니다.

5   동양 전제주의를 향한 오해

반면 아시아에서는 유럽보다 훨씬 규모가 큰 국가를 유지하면서, 중앙 정부가 직접 선발한 관료들로 농민을 통제했습니다. 그래서 아시아는 중앙 집권적 관료제에 바탕을 둔 군주와 정부가 무소불위의 권력을 휘두르는 동양 전제주의oriental despotism가 발전했고, 이것이 근대적인 정치 체제의 출현을 가로막았다고 흔히 이야기하지요.

관료제와 동아시아의 정치

유교를 통치 이념으로 삼은 동아시아의 여러 국가에서, 군주가 통제하는 관료제가 서유럽보다 빨리 발달한 것은 사실입니다. 이런 체제에서는 하늘의 뜻, 즉 천명天命을 받았다고 여겨진 군주를 제외한 모든 백성이 동등하게 취급되었습니다. 적어도 이론적으로는 그랬지요. 이런 체제는 기원전 3세기 중국 최초의 통일 왕조인 진秦과 그 뒤를 이은 한漢에서 처음 등장해, 과거제를 시행한 수隋·당唐을 거쳐 명明·청 시대에 거의 완성되었다고 볼 수 있습니다.

한반도에서는 통일 신라·고려 시대에 이런 체제의 원형이 드러나고, 조선 초에 완성된 모습을 갖추었지요. 통일 신라에서는 단일한 관등제官等制가 도입되었고, 고려 시대에는 지방을 지배하던 호족 세력을 중앙으로 불러들여 중앙 관직에 배치하려는 노력이 진행되었어요. 10세기 말에 고려가 도입한 과거제는 관료제 사회로 향하는 중요한 진전이었지만, 고위 관료의 자손을 관리로 특별 채용하는 음서蔭敍 제도는 남아 있었습니다. 관료제는 조선이 개국한 직후부터 더욱 진전되었어요. 토지 제도를 개혁해 지방 귀족의 권력 기반을 약화시키고, 과거제를 전면적으로 실시해 관료를 충원했던 것입니다.

서로마 제국의 붕괴 이후에 정치권력이 분산된 서유럽에 비해, 동아시아에서 안정적인 관료제가 발전하는 데 크게 기여한 것은 과거제였습니다. 중국의 과거 제도는 수 문제(文帝, 541~604년) 시대에 시작되어 원元 시대에 잠시 중단된 것을 제외하면, 1905년까지 거의 1,300년간 시행되었어요.

과거제의 중요한 특징은 일부 천민을 제외하고 남성이라면 누구나 응시 가능했던 개방성입니다. 정실情實이 아닌 오직 능력으로 관료를 뽑겠다는 취지였습니다. 과거에 합격해 일단 관료 세계에 들어가더라도, 치열한 내부 경쟁을 거쳐 군주에게 선택되어야만 높은 지위에 오를 수 있었어요. 세계 어디에서도 유례를 찾을 수 없는 어려운 관료 시험이었던 과거를 준비하는 일은 사실 모든 남성이 누릴 수 있는 혜택은 아니었습니다. 과거 공부에 전

넘하려면 일정한 재산이 필요했고, 실제로 관료를 배출한 집안의 자손이 또다시 공직에 진출할 가능성이 높았던 것은 사실이니 말이지요. 그러나 과거제가 개방성과 공평성을 이념적 바탕으로 삼았다는 점은 중요합니다.

정치 참여의 기회를 넓힌 과거제

조선의 과거제도 본래 중국처럼 개방된 제도였습니다. 백성 가운데 다수인 양민이라면 누구나 응시할 수 있었고, 양반兩班이라는 호칭은 문신과 무신을 아우르는 관료층을 일컫는 말이었어요. 다시 말해 양반은 세습되는 사회 신분이 아니어서, 한 집안이 양반 호칭을 누리려면 꾸준히 과거 급제자를 배출해야 했지요.

그런데 조선 중기에 양반의 의미는 사회적 신분으로 바뀌었다고 생각됩니다. 이것은 16세기부터 양반이 지방에서 토지 개간 사업과 새로운 농법 도입을 주도하면서, 상당 규모의 토지 재산을 갖추게 된 상황과 관련이 있어요. 경제력을 바탕으로 이때부터 양반은 관료의 가족과 가문을 포괄하는 명칭으로 사용되었고, 관료의 후손은 당연히 양반으로 불리게 되었지요. 여기에 재야에 머물며 지방에서 유교 질서를 유지하면서 때때로 중앙 정치에 여러 경로로 관여하기 시작한 사림士林 세력까지 양반으로 불리게 되자, 양반은 과거에 응시할 수 있는 신분을 일컫는 말로 바뀐 것입니다.

과거제가 본래 모든 양민에게 개방되었던 것은 여기에 유교의 세계관이 깃들었기 때문입니다. 특히 주자학(朱子學, 성리학)의 발전이 중요했습니다. 송宋 시대에 주희(朱熹, 1130~1200년)가 집대성한 주자학은 인간 사회를 포함한 세계의 근본 원리를 해명하는 철학 체계인데, 그 바탕에는 인간의 보편적인 합리성에 대한 믿음이 자리 잡고 있어요.

주자학은 누구나 이성을 활용하면 만물의 운동 원리인 이理를 깨달을 수 있다고 보았습니다. 격물치지格物致知, 즉 사물의 이치를 구명究明하여 지식을 확고히 하는 일이 누구나 가능하다는 것이었어요. 고전을 깊이 공부해 만물의 이치를 익히고 그 깨달음을 생활에서 실천하는 윤리적인 인간이 된다면, 정치적 차원에서는 통치에 참여할 수 있음을 뜻했지요.

그러므로 과거제가 제대로 발전한 곳에서 정치 참여의 자격은 신분과는 무관했습니다. 이런 점에 비추어 볼 때 동아시아의 관료제는 능력 중심주의를 일찍부터 받아들였고, 신분의 구별로 권력의 위계를 세웠던 그 어떤 정치 체제보다도 일찍 근대적인 면모를 보여 주었다고 말할 수 있어요.

모두가 군주의 백성

동아시아에서 군주의 지위는 이론적으로는 견고했습니다. 역시 유교의 이념 체계가 이것을 굳건히 뒷받침했던 까닭이지요. 중국에서 사용된 황제皇帝나 천자天子라는 용어도 이 점을 보여 줍니다. 진시황秦始皇이 천하를 통일한 후 사용하기 시작한 황제라는 말은 찬란하게 빛나는 상제를 뜻해요.

황제는 유일한 절대 군주로 국가의 제사를 주재하는 최고 성직자이자 관료제의 맨 꼭대기에서 모든 정치적 결정을 총괄하고 법령을 내리는, 최고의 세속 권력자였습니다. 유교에서 황제는 하늘의 뜻, 즉 천명을 받은 자로 모든 백성의 삶을 돌보고 교화할 책임과 권위를 가졌다고 생각되었지요.

과거를 거쳐 관료로 선발된 사람도 군주가 돌보아야 할 백성의 일부였어요. 그렇기에 유교 윤리의 정수를 담은 삼강三綱은 군주와 신하 간의 의리를 이야기할 뿐, 백성 간의 신분 구별은 이야기하지 않습니다. 이렇게 군주의 권위는 절대적인 것으로 상상되었어요.

그렇다고 동아시아의 군주가 동양 전제주의라는 개념이 시사하듯이 절대적인 권력을 무자비하게 행사할 수는 없었습니다. 군주의 권력 행사는 언제나 관료 집단의 견제를 받았고, 또 백성의 삶을 돌보아야 한다는 천명의 이상이 제한했기 때문입니다.

정조의 '민국'과 그 한계

이런 점은 조선에서 잘 나타납니다. 조선은 개국 초부터 군주와 신하의 올바른 역할을 두고 치열한 논쟁과 갈등이 일어났어요.

한쪽에서는 군주가 관료제의 정점에서 실질적으로 관료를 통제해야 한다고 믿었지만, 다른 한쪽에서는 군주의 역할은 실제 통치를 담당하는 관료의 선발로 제한해야 한다고 주장했습니다.

동시에 관료층 내부에서도 갈등이 격화되었지요. 조선 중기에는 군주와 훈구파勳舊派, 사림파가 짝을 바꾸며 갈등했고, 그 이후에는 사림파 내부에서 분열이 일어나면서 치열한 당쟁黨爭이 펼쳐졌습니다. 이런 사정 탓에 군주는 자기 마음대로 나라를 다스리기 어려웠고, 많은 경우에 특정 정치 세력과 타협해야만 했지요.

이런 현실을 뛰어넘어 국왕의 권위를 크게 강화하려는 노력이 없었던 것은 아닙니다. 예컨대 18세기 영·정조英正祖 시대에 시행된 탕평책蕩平策이 이런 경우에 해당합니다. 이 탁월한 두 군주는 당파 사이의 권력 다툼을 탕평으로 해소하는 한편, 군주의 권위를 백성에서 찾으려 했습니다. 정조(1752~1800년)가 특히 과감했어요. 그는 「파붕당」破朋黨이라는 글에서 사대부가 공도公道를 실현하는 일보다는 백성을 수탈해 자기 잇속을 차리는 데 급급하다고 질타합니다. 사대부는 자기 무리를 군자의 당이라고 부르고, 경쟁 세력을 소인배로 몰아붙이지만, 정조가 볼 때는 어느 무리나 군자와 소인이 뒤섞여 있었습니다. 그래서 그는 붕당을 깨버리고 자기 주변에 군자만을 두겠다고 선언합니다.

정조 자신은 백성과 직접 소통하려 했습니다. 글을 아는 백성은 상언上言이라 불리는 문서로, 그렇지 못한 백성은 격쟁擊錚, 즉

징이나 꽹과리를 쳐 고충을 호소할 수 있었지요. 왕위에 오른 지 10년이 지나면서 상언이 특히 널리 활용되어, 무려 3,000여 건의 상언이 올라왔습니다.

정조의 시대에 백성은 나라의 근본이라는 조선의 민본 사상이 다시 한 번 강조되면서 민국民國이라는 말까지 사용된 것도 우연은 아니었습니다. 이럴 경우 국왕의 권위는 그가 백성의 삶을 얼마나 알뜰하게 살피는가에 달려 있었지요. 그런 만큼 권력을 마음대로 휘두르는 일은 불가능했어요.

혹시 이 민국이라는 말에는 백성이 나라의 주인이라는 좀 더 근대적인 뜻이 담겨 있지는 않았을까요? 그렇지는 않은 것 같습니다. 정조가 이 관념을 내세우며 백성과의 직접 소통을 강조한 의도는 지나치게 비대해진 신하의 권한을 억제하려는 데 있었습니다. 군주와 신하의 관계를 다시 세우려 했던 것이지요. 스스로 쉼 없이 공부하고 규장각奎章閣이라는 새로운 엘리트 관료 기구를 세우면서, 정조는 모든 신하가 우러러보아야 할 군주이자 스승이 되고자 했습니다. 군사君師라는 이상을 실현하려 했던 것입니다.

동시에 그는 백성의 어버이가 되려 했습니다. 정조는 「만천명월주인옹자서」萬川明月主人翁自序라는 글에서, 군주를 밝은 달明月에, 백성을 수많은 하천萬川에 비유했어요. 하늘에 높이 뜬 달이 모든 하천을 비추듯, 백성 한 사람 한 사람을 보살피고 가르치겠다는 뜻이지요. 그러므로 백성은 정치에 참여하는 주체가 아니라 돌보아야 할 대상이 됩니다. "정치의 목적은 백성을 기르는 데 있으니, 백성의 생활을 풍족하게 하여 나라의 근본을 튼튼히 하는 것"이라는 세종(世宗, 1397~1450년)의 금언을 실천했던 것입니다.

정치의 근본으로서의 백성

군주를 밝은 달에 비유한 정조의 글은, 태양왕이라 불렸던 17세기 프랑스의 절대 군주인 루이 14세(Louis XIV, 1638~1715년)를 떠올리게 합니다. 그도 태양처럼 신민의 삶 구석구석을 밝혀야 한다고 믿었던 까닭이지요. 루이 14세는 귀족의 힘을 누르고 국왕의 힘을 키우기 위해, 상비군과 관료제를 크게 강화합니다. 그런데 루이 14세는 정조가 누리지 못한 중요한 세력 기반이 있었습니다. 귀족 세력을 누르는 데 부르주아bourgeois라는 새로운 세력을 이용했어요. 부르주아를 관료로 충원하면서 루이 14세는 이 새로운 사회 세력을 통치의 협력자로 삼았던 셈입니다. 반면 정조의 개혁에는 이런 사회적 기반이 부족했던 것이 아닐까요?

정조 시대에 문제의 근원은 관료제 자체였습니다. 정조는 견고한 신분이 되어 관료제를 독점하는 양반 사대부를 대신할 새로운 사회 세력을 찾지 못했고, 왕권을 뒷받침할 군사력과 재정 역량도 부족했다고 생각됩니다. 그랬기 때문에 루이 14세 시대부터 세력을 키운 부르주아가 후에 프랑스 혁명이라는 대변혁을 뒷받침하는 중요한 힘이 되었던 것과는 달리, 정조의 개혁은 자신의 시대에 그치고 말았어요. 백성을 정치 주체가 아니라 통치 대상으로만 간주해서는, 기존 정치 제도를 뛰어넘는 새로운 세력을 만들어 내기 어려웠던 것이지요. 그래서 정조가 세상을 떠난 후에 오히려 세도 정치가 득세하고 왕권은 더욱 위축되는 사태가 벌어집니다.

이렇듯 동아시아에서 근대성을 띤 관료제가 먼저 발전하고 군주의 권위가 높았던 것은 사실이지만, 18세기 서양의 계몽 사상가들이 묘사했듯 동양의 군주가 무소불위의 권력을 행사한다는 이른바 동양 전제주의가 견고하지는 않았어요. 그것을 이념 차원에서 보면, 동아시아 군주가 행사하는 절대 권력이 천명이라는 상위 개념의 제한을 받았다는 점을 제대로 인식하지 못한 것으로 이해됩니다.

천명의 논리에 따르면 군주는 백성의 어버이로서 백성을 가르치고 돌보아야 할 막중한 책임을 지며, 군주의 통치는 기본적으로 사물의 근본 질서에서 벗어나서는 안 되었지요. 정치 현실에서도 군주는 관료 집단을 마음대로 통제할 수 없었습니다. 조선 정치의 현실이 잘 보여 주듯, 왕권과 신권은 때로는 경합·갈등하면서 서로 견제하는 긴장 관계에 있었어요.

그러므로 동양 전제주의라는 개념은 버리고 한 가지 사실을 기억해 주세요. 동아시아의 정치 체제에서 백성을 정치의 근본으로 여겼더라도, 모든 백성이 정치 주체가 되는 새로운 체제는 진지하게 모색되거나 시도된 바가 없었다는 것입니다. 백성을 정치 주체로 인식하는 발상의 전환은, 19세기 들어 동양이 서양의 새로운 정치 이념을 만나기 전까지는 본격적으로 이루어지지 않았어요. 그러므로 민주주의의 역사를 되짚어 보려면 시선을 다시 서양으로 돌려야 합니다.

6 인권이라는 개념의 탄생

앞에서 우리는 민주주의라는 이념이 서양의 고대 그리스에서 200년 정도 활력을 보이다가 사라진 과정을 보았습니다. 소크라테스를 비롯한 여러 철학자들이 민주주의 정치 체제의 철학적 전제를 통렬히 비판한 이래로, 또한 아테네 민주정이 다른 도시 국가에 막강한 패권을 행사하며 서서히 모순에 빠져들면서, 민주주의는 숱한 비판에 시달려야 했지요.

시민이 스스로 다스리는 공화정을 실험했던 고대 로마에서도 민주정은 환영받지 못했고, 그 이후로 두 번의 천년이 다 지날 때까지 민주정에 대한 평가는 부정적이었어요. 시민 모두가 정치에 참여해 스스로 자신의 운명과 관련된 결정을 내린다는 민주정은, 오히려 무질서하고 비합리적인 폭도가 지배하는 무정부 상태를 불러올 뿐이라는 비판이 널리 퍼졌습니다. 그런 생각은 19세기 중반까지도 서양 지식인 사이에서 큰 공감을 얻을 정도로 오랫동안 살아남았지요.

하지만 18세기 즈음에 이르면 서양의 정치 이념, 더 나아가서 인간관에 의미심장한 변화가 나타나기 시작합니다. 민주주의에 대한 의심은 사라지지 않았지만 민주주의 체제의 기반을 이루는 시민의 평등이라는 관념이 등장해, 인간은 불평등하다는 오랜 믿음을 깨트리기 시작했습니다. 이런 변화에는 신분, 성별, 나이에 관계없이 누구나 인간이라는 바로 그 이유만으로 누려야 할 몇몇 권리가 있다는 생각, 바로 인권human rights 개념의 등장이 크게 기여했어요.

자유, 평등, 주권

1776년 7월 4일에 오랫동안 영국의 지배를 받았던 북아메리카 식민지의 대표들은 독립을 선언하면서 인류가 인권을 누리는 것은 자명한 진리라고 이야기합니다. 미국의 「독립선언서」The Declaration of Independence의 저 유명한 서문에는 이런 문구가 등장합니다.

> 우리는 다음과 같은 것을 자명한 진리라고 생각한다. 모든 사람은 평등하게 태어났으며, 조물주에게서 몇몇 양도할 수 없는 권리를 부여 받았는데, 그런 권리 중에는 생명, 자유, 행복의 추구가 있다.

인간이라면 누구나 누려야 할 보편적인 인권에 대한 생각은, 17세기 말의 잉글랜드 같은 곳에서 어렴풋이 모습을 드러냈습니다. 1689년에 제정된 잉글랜드의 「권리장전」Bill of Rights이 그것입니다. 이 역사적인 문서는 1688년 잉글랜드인이 가톨릭 군주

인 제임스 2세(James II, 1633~1701년)를 왕위에서 몰아내고, 제임스 2세의 딸 메리(메리 2세, Mary II, 1662~1694년)와 그 부군인 네덜란드의 빌렘(윌리엄 3세, William III, 1650~1702년) 공을 왕위에 앉히면서 신민과 의회의 권리를 천명한 문서였습니다. 그에 따르면 국민을 대표하는 의회의 동의 없이 국왕이 법 집행을 중단시키는 것은 불법이고, 의회 선거는 자유로워야 하며, 백성이라면 누구나 왕에게 자신의 고충을 전달할 청원권을 갖고, 압제에 대항하기 위해 백성이라면 누구나 무기를 소지할 권리를 지녔습니다.

18세기 후반 북아메리카 식민지와 프랑스에서 잇달아 정치 혁명이 일어나며, 인권 개념은 더 분명해집니다. 영국으로부

그림 1-3
프랑스의 「인간과 시민의 권리에 관한 선언」

터 독립을 선언하고 새 국가를 세운 미국인은 「독립선언서」와 1787년에 제정한 헌법에서, 인간의 보편적인 자유와 평등에 관해 이야기합니다. 미국인들은 1791년에 별도로 「권리장전」(「수정 헌법」 1~10조)을 제정해 인권의 중요성을 재차 강조해요. 우리에게 익숙한 민주 사회의 여러 기본권이 여기에 포함되었지요. 가령 종교, 언론·출판, 집회의 자유를 침해해서는 안 된다는 것, 정당한 절차에 따라 발급된 영장 없이는 함부로 신체와 재산을 수색당해서는 안 된다는 것, 적절한 보상 없이 재산권을 침해받아서는 안 된다는 것과 같은 여러 권리가 명시되었습니다. 흔히 「인권선언」이라 불리는 「인간과 시민의 권리에 관한 선언」Déclaration

des droits de l'Homme et du citoyen, 즉 1789년 프랑스 혁명이 일어
난 후에 국민의회가 제정한 헌법의 전문前文은 "모든 사람은 자유
롭고 권리에 있어서 평등하게 태어나며 그 후로도 그러하다."라
고 선언했지요.

시민 혁명으로 제정된 미국 헌법과 프랑스 헌법은 주권이 인
민에게 있음을 분명히 선언합니다. 미국 헌법은 "우리 미합중국
인민"이 정의를 세우고, 복리를 증진하며, 자유의 축복을 자신
과 후손에게 확실히 제공하려는 취지에서 헌법을 제정한다는 말
로 시작해, 나라의 근간이 인민 모두에게 있음을 밝혔지요. 프랑
스의 「인간과 시민의 권리에 관한 선언」은 주권이 어디에 있는지
더욱 분명히 밝힙니다. 이 선언의 제3조는 "모든 주권의 원칙은
본질적으로 국민에게 있다. 어떠한 단체나 어떠한 개인도 거기에
서 명시적으로 나오지 않은 권위를 행사할 수 없다."라고 단언합
니다.

자유와 특권의 차이

프랑스인은 시민 혁명 과정에서 자유 개념을 분명히 하는 데도
관심을 기울였습니다. 프랑스 「인권선언」은 제4조에서 자유를 아
주 명확히 정의했는데, "타인에게 해를 끼치지 않는 모든 것을 할
수 있는 것"으로 규정되었습니다. 자유의 제약은 오직 법을 통해
서만 이루어지므로, 제5조에서는 "법으로 금지되지 않은 것은 무

엇이든지 방해해서는 안 되며, 어느 누구도 법이 명하지 않은 것을 하도록 강제되지 않는다."라고 규정하고 있습니다.

프랑스인이 자유를 규정하는 데 특별히 관심을 기울이게 된 까닭은 무엇일까요? 혁명 이전 체제, 즉 구체제ancien régime의 신분제가 특히 견고했던 까닭이 아닐까 생각합니다. 서양 중세에는 사람들을 기도하는 자(성직자), 싸우는 자(귀족), 노동하는 자(평민)의 세 위계로 나눌 수 있다고 생각했으며, 이 세 위계 또는 신분에 속한 사람들에게는 가가 특별한 권리와 의무가 주어졌습니다. 예컨대 싸우는 자는 면세와 같은 특권을 누리는 대가로 상업이나 공업에 종사할 수 없었습니다. 자치를 추구했던 도시민들도 특별한 권한을 부여받았습니다. "도시의 공기는 사람을 자유롭게 한다."라는 말도 있었지만, 이 자유는 도시의 모든 거주민이 아니라 자치 도시를 구성하는 동업 조합에 가입한 사람만 누릴 수 있었지요. 동업 조합은 특정 직종에 종사할 권리를 부여하면서 그 직종에 종사하며 지켜야 할 세세한 규칙을 정하고 시행했어요.

이렇게 볼 때 혁명 이전의 서양 사회에서 개인의 특권과 의무는 그가 속한 신분이나 집단과 긴밀히 연관되어 있었습니다. 모든 사회적 속박에서 벗어난 자율적인 존재로서의 개인은 상상하기 어려웠지요. 개인은 언제나 특정 신분이나 단체의 구성원으로 간주되었고, 자신이 속한 단체가 누리는 특정한 권리만을 행사할 수 있었어요. 교회가 부여한 것이든, 아니면 군주나 지역 귀족이 부여한 것이든 간에 서양 사람들은 이런 권리를 바로 자유liberty

라고 불렸습니다. 이때의 자유란 특권privilege이었던 셈이지요. 그런 까닭에 자유라는 낱말은 대개 단수형이 아닌 복수형으로 사용되었어요.

이런 생각은 인권 개념이 출현하는 데 중요한 밑거름이 되었던 잉글랜드의 「권리장전」에도 남아 있어요. 「권리장전」의 원래 이름이 「신민의 권리들과 자유들을 선언하고 왕위 계승을 해결하는 법」An Act Declaring the Rights and Liberties of the Subject

그림 1-4   잉글랜드의 「권리장전」

and Settling the Succession of the Crown이었으니 말이지요.

농민과 상인의 경제적 자유

18세기에 대서양 양편에서 미국인과 프랑스인이 보편적인 인간의 자유를 선언했을 때, 이들은 각자의 사회에 깊이 뿌리내린 '특권으로서의 자유'라는 개념에 도전했던 것입니다. 자유를 모든 사람이 누리는 보편적인 권리로 상상하게 된 데는, 정치뿐만 아니라 경제·사회·문화·종교 영역에서 진행된 여러 변화가 영향을 끼친 것으로 보여요. 가령 인간의 보편적인 자유와 평등을 상상하기 위해서는 신분제의 속박이 깨져야 했으며, 그중에서도 인구의 절대다수인 농민의 인신에 대해 귀족이 행사하던 영향력의 점진적인 약화가 특히 중요했습니다.

이런 과정은 농민이 생산한 경제적 잉여를 귀족이 군사력과 같은 정치적 수단으로 수취하던 관행이 물러나고, 이 관계가 경제적 계약으로 변모하는 자본주의적 변화의 진전과 맞물려 있었지요. 물론 귀족의 힘은 여전히 강력했지만, 적어도 이론적으로는 귀족과 농민이 자본주의 계약 관계의 동등한 당사자가 되는 셈이었어요. 이런 일은 지역마다 다른 속도로 서서히 진행되었는데, 가령 잉글랜드는 다른 곳보다 빨라서 이미 16세기에 크게 진전되었습니다.

도시에서도 변화가 일어나야 했습니다. 스스로 다스리는 자치의 특권을 누리던 도시에서 사람들을 구분하는 가장 중요한 기준은, 도시 자치체를 구성하는 동업 조합의 가입 여부였습니다. 자유 도시민이 되려면 대개 여러 경로로 특정 동업 조합에 가입해서, 그 조합이 제공하는 자유를 획득해야 했기 때문이지요.

15세기 말 크리스토퍼 콜럼버스(Christopher Columbus, 1451~1506년)의 아메리카 대륙 항해가 유럽 상인의 활동 범위를 전 세계로 넓히기 시작하고, 수많은 상공업자가 교역에 참여하면서 상황이 달라졌습니다. 16세기에 교역 범위가 크게 확장되고 교역품목도 다양해지자, 동업 조합에 가입하지 않은 사람도 상업이나 공업에 종사하는 일이 자주 벌어졌지요.

동업 조합은 이런 변화를 완전히 통제하기 어려웠습니다. 동업 조합은 비조합원이 새로운 교역에 뛰어드는 것을 막으려 해도, 국가는 대외 무역에 세금을 부과해 수입을 늘리려는 의도 탓에 이런 규제를 적극적으로 지원하지 않는 경우가 많았지요. 이런 경제적 자유의 확대도 지역마다 다른 속도로 서서히 진행되었으나, 잉글랜드 같은 곳에서는 좀 더 빨리 진척되었습니다.

문화와 종교에서의 자유

문화 영역에서 일어난 변화로는 14세기 이탈리아에서 시작되어 유럽 여러 곳으로 퍼져 나간 르네상스Renaissance 운동이 중요합니다. 르네상스를 간단히 말하면 고대 그리스·로마의 학문과 문화를 복원하고, 그로부터 새로운 문화를 만들어 내려는 시도였습니다.

그중 두 가지 변화가 자유를 비롯한 인권 개념의 등장에 기여했어요. 한 가지는 개인에 대한 관심이 커진 것입니다. 레오나르도 다빈치(Leonardo da Vinci, 1452~1519년)나 미켈란젤로 부오나로티(Michelangelo Buonarroti, 1475~1564년)처럼 문학·예술·과학과 같은 여러 방면에서 엄청난 재능을 과시한 천재전인(全人, uomo universalis)이라고 불렀습니다.가 속속 등장하고 고대 그리스 문화를 주목하게 되면서, 인간의 개성에 대한 관심이 크게 늘었지요.

또 하나의 변화는 르네상스 시대에 발전한 인문주의humanism, 즉 인간다운 인간을 기르기 위한 교육 프로그램이 고전을 재발견하면서 로마 공화정을 깊이 살펴보게 된 것입니다. 그러면서 '시민의 자유'라는 문제가 중요한 화두로 떠올랐지요.

르네상스 시대는 기독교 세계 내에서 엄청난 변화가 시작된 때이기도 합니다. 바로 종교 개혁이지요. 가톨릭교회의 타락을 비판하는 대안적인 종교 운동은 15세기에도 등장했지만, 1517년 마르틴 루터(Martin Luther, 1483~1546년)가 가톨릭교회의 면벌부免罰符 판매를 혹독하게 비판하면서 시작된 종교 개혁의 파장은 깊고도 넓었습니다. 가톨릭과 대결하며 루터의 비판은 점차 확장되어, 가톨릭교회의 기본 교리까지 이르렀지요.

루터는 구원이 오직 개인의 믿음에 바탕을 둔다고 선언하면서, 신 앞에 모든 사람이 평등하므로 누구나 사제나 마찬가지라고 주장하게 되었어요. 루터는 영적인 평등을 이야기했지만, 어떤 이들은 이런 생각을 신앙 문제뿐만 아니라 개인의 정치·경제적인 처지에도 적용했습니다. 종교 개혁 시기의 독일에서 일어난 농민 전쟁은 바로 여기서 비롯되었지요.

독일의 작은 도시 비텐베르크Wittenberg에서 신학을 강의하던 루터의 비판이 그처럼 폭발적인 위력을 발휘한 것은, 15세기 중반에 시작된 인쇄 혁명 덕분이었습니다. 활자로 서적을 대량 생산하는 길이 열리면서 루터의 「95개조 반박문」 같은 문서가 독일을 넘어 유럽 전역으로 빠르게 퍼져 나갔어요. 그러면서 신과 고독하게 대면하는 개인이라는 존재와 모든 사람의 평등이라는 관념이 널리 수용된 것입니다.

서유럽의 전쟁과 국가 형성

이 변화는 같은 시대에 진행 중이었던 국가 형성state formation이라는 거대한 흐름과 연관되어 있었습니다. 그리고 자유와 평등을 비롯한 인권 개념이 등장하는 데 결정적인 기여를 해요. 앞에서 언급한 것처럼 서로마 제국이 해체된 이후에, 유럽에서는 정치권력이 분산되어 수많은 국가가 생겼습니다. 14세기 유럽에는 1,000개쯤 되는 국가가 있었고, 16세기에도 국가라고 부를 만한 정치체가 500개나 되었어요. 중앙 집권적인 관료제로 넓은 영역을 다스리는 몇 개 국가가 자리 잡았던 동아시아와 달리, 유럽에서는 수많은 정치체가 더 큰 국가를 만들어 내기 위해 치열하게 다투었지요. 영토 확장이나 왕위 계승권, 왕실의 위엄과 영광, 종교, 상업적 이익과 같은 문제로 국가 간의 무력 다툼이 끊이지 않았습니다. 수많은 전쟁을 치르며 무기와 전술이 발전하고 전쟁 규모도 커졌는데, 이런 변화에 대응하기 위해 점점 많은 재정 자원을 전쟁에 투입하게 되었지요.

국가가 가파르게 늘어나는 재정 지출을 감당하려면 여러 조치를 취해야 했어요. 더 많은 세금을 거두는 일이 가장 중요했는데, 그것이 효과를 거두려면 인구의 다수인 농민에게서 더 많은 세금을 수취해야만 했습니다. 따라서 귀족 세력의 농민 수탈을 막고, 국가가 농민에게서 직접 세금을 거두어야 했습니다. 상공업도 진작해야 했지요. 정부가 국내외 교역에서 더 많은 세금을 거두어야 했고, 부유한 상인이나 은행가에게서 자금도 빌려야 했기 때문입니다.

이런 일을 하려면 조세 제도를 정비하고, 조세의 수취·지출과 관련된 관료제도 갖추어야 했지요. 그 결과 유럽에서도 관료제가 서서히 발전하게 되었어요. 이런 과업을 충실히 수행하면서 군사력을 키우고 국가 기구를 발전시켰던 에스파냐, 프랑스, 잉글랜드, 네덜란드와 같은 국가가 유럽의 강국으로 떠오릅니다.

국왕에게 집중된 국가의 주권

국가 형성은 권력이 중앙에 점점 더 집중되는 과정이었으므로, 그 가운데 군주의 권한도 강화될 가능성이 높았습니다. 군주의 권력을 뒷받침하는 이념도 정비되었어요. 왕권신수설王權神授設이 대표적이지요. 군주는 신으로부터 권한을 위임받았다는 이 이론을 충실히 따른다면, 군주의 권위에 도전하는 일은 바로 신의 권위에 의문을 품는 죄를 저지르는 셈이었습니다.

이런 생각을 가장 강력하게 표현한 정치 체제가 바로 절대주의였습니다. 절대주의를 대표하는 프랑스의 루이 14세는 흔히 "짐이 곧 국가다."라는 말로 알려져 있습니다. 사실 그는 이런 말을 한 적은 없지만, 이 말에 못지않은 과감한 주장을 펼쳤어요. 그는 이렇게 말했다고 해요. "최고 권력은 오직 내 개인에게 속한다. 법정이 그 존재와 권위를 갖는 것은 오직 나로 말미암은 것이다. …… 입법권은 배타적으로 나에게 속하기 때문이다. …… 국가의 권리와 이익은 …… 나 자신의 그것과 반드시 통합되어야 하고, 오직 내 손에 달려 있다."

물론 이론과 현실은 달랐습니다. 막강한 권한을 누렸던 루이 14세도 그저 마음대로 나라를 다스릴 수는 없었어요. 절대 군주도 모든 권위의 원천인 신의 법을 따라야 한다는 원칙이 있었고, 실제로 국가를 다스릴 때는 귀족은 물론 도시 상공인과 전문직 종사자의 협력을 구해야 했으니 말이지요.

그렇지만 원칙적으로 국가의 최고 권위, 즉 주권이 군주 한 사람에게 집중된 것은 사실입니다. 사람들은 이제 군주가 입법·행정·사법 같은 통치 영역에서 법이 아니라, 자신의 기분에 따라 마음대로 다스리지 않을까 두려워하기 시작했습니다.

폭정에 대한 두려움

국가와 백성이 아니라 군주 자신의 이익을 위해 법을 바꾸거나 무시하는 일을 고대의 서양인들은 폭정tyranny이라고 불렀는데, 근대 초의 서양인들은 바로 이 폭정의 가능성을 깊이 생각하게 되었어요.

폭정에 대한 두려움에서, 인민의 자유와 평등 같은 새로운 개념을 탄생시킨 여러 정치적 격변이 시작되었습니다. 여기서는 17세기 잉글랜드인과 그 후의 사례를 잠시 살펴보지요. 17세기 초의 국왕 찰스 1세(Charles I, 1600~1649년)가 의회의 동의 없이 선박세라는 세금을 거두고, 백성의 뜻을 거스르며 국교회(성공회)의 교리와 의례를 바꾸려 했을 때에 잉글랜드인이 떠올린 이미지가 바로 폭정이었습니다. 그것은 국왕과 의회의 극심한 갈등을 낳았고, 결국 잉글랜드 내전이 일어나는 주요 원인이 되었어요.

이때와 비슷한 상황이 18세기 중반에 영국 의회와 북아메리카 식민지 사이에서 벌어졌습니다. 7년 전쟁으로 엄청난 부채를 짊어진 영국 정부가 의회법을 제정해, 북아메리카 식민지인에게 인지세를 부과하기로 했습니다. 액수는 크지 않았지만 식민지인은 크게 반발했지요.

식민지인은 "대표 없이 과세 없다."no taxation without representation라는 구호를 내걸고, 자신의 대표가 동의하지 않은 세금을 식민지에 부과한 것은 1689년의 「권리장전」이 보장한 인민의 기본권을 무시한 결정이라고 항의했습니다. 이것은 "영국 의회가 식민지인의 이해관계를 대표하는가?"라는 새로운 문제를 낳아서 양측 사이에 심각한 긴장을 일으켰고, 결국 식민지가 독립선언을 하는 중요한 계기가 되었습니다.

폭정을 막기 위한 권력 견제

선박세나 인지세에 대해 항의할 때, 잉글랜드인과 북아메리카 식민지인은 세금을 얼마나 내야 하는지만 문제 삼은 것이 아니었어요. 더 중요한 지점은 이런 세금이 아주 나쁜 선례를 남길 수도 있다는 것이었습니다. 통치 권력이 백성의 이해관계를 대표하는 사람들의 동의 없이 단 한 푼이라도 세금을 거둘 수 있다면, 앞으로 얼마나 더 많은 세금을 거두려 할지 아무도 모른다고 생각했지요.

그렇게 되면 백성의 재산권은 더 이상 안전할 수 없었습니다. 더 나아가 이들은 군주가 일단 마음대로 권력을 행사하게 되면, 재산권을 넘어 삶의 모든 영역에 간섭하고 심지어 백성의 생명도 위협할 수 있다고 걱정했어요. 다시 말해 법에 따른 통치가 사람에 의한 통치로 대체되는 순간, 백성의 생명과 재산이 위태로워진다고 보았던 것이지요.

권력 제한과 기본권 보장을 주장하는 이념은 바로 이런 우려에서 등장했습니다. 잉글랜드인이나 북아메리카 식민지인은 폭정을 두려워하며, 권력에 대한 깊은 불신을 드러냈어요. 간단히 말하면 권력은 반드시 타락한다는 생각이지요. 이런 생각에 따르면 군주의 권력이든 의회의 권력이든, 견제하지 않으면 백성 전체의 이익보다는 권력자의 이익을 추구하게 마련입니다.

권력을 견제·감시하려면 권력 행사의 본질과 범위를 엄격하게 규정해, 권력이 타락할 가능성을 차단해야 한다는 견해가 대두되었어요. 그 어떤 권력도 법에 바탕을 두지 않으면 함부로 침범할 수 없는 고유한 권리, 즉 기본권이 존재한다는 이념은 이 견해의 밑바탕입니다. 생명과 재산에 대한 권리는 기본권 중 하나였지요.

개인의 권리를 지키기 위한 입헌주의

이제까지 르네상스와 종교 개혁 시대에 사회·경제·문화·종교에서 일어난 일련의 변화가 개인의 존재를 발견하는 과정이었고, 여기서 인간의 자유와 평등에 대한 관심이 촉발되었다고 이야기했어요. 같은 시대에 진행된 국가 형성의 과정이 이 변화들과 긴밀히 연결되면서 국가 권력, 특히 군주 권력의 확대를 낳아, 사람들 사이에 폭정의 가능성에 대한 두려움을 초래했다는 점까지 언급했지요.

폭정에 대한 두려움에서 국가도 함부로 침범할 수 없는 개인의 고유한 권리가 있다는 생각이 나타났으니, 이제 그것을 어떻게 지킬 것인가라는 문제가 부상합니다. 어떤 권력도 함부로 침범할 수 없는 개인의 권리, 그중에서도 특히 자유의 영역이 있다는 생각에 바탕을 둔 이념 체계가 17세기 후반에 모습을 드러낸 자유주의liberalism입니다.

입헌주의constitutionalism는 자유주의가 가장 귀하게 여기는 개인의 자유를 권력으로부터 지키기 위해, 헌법을 제정해 권력의 본질을 분명히 밝히고 권력의 범위와 한계를 확실히 정하자는 생각입니다. 자유주의와 입헌주의가 그 자체로 시민의 자기 통치, 즉 민주주의를 의미하는 것은 아니지만, 후에 근대 대의제 민주주의가 발전하는 기틀로 제 역할을 감당하게 됩니다. 그러니 우선 자유주의와 입헌주의를 간단히 살펴보도록 하지요.

로크의 새로운 자유

17세기 후반에 자유주의가 등장하는 데 크게 기여한 인물이 존 로크(John Locke, 1632~1704년)입니다. 특히 로크는 앞에서 살펴본 시민 혁명 시대의 자유 개념을 정교하게 다듬은 사람이에요. 로크의 자유주의는 모든 개인이 본래는 자연 상태에서 자유롭고 평등했다고 가정합니다. 그런데 자연 상태의 인간은 각자 자신의 자유는 소중히 여기면서도, 다른 사람의 자유를 쉽게 침해하기도 했습니다. 그렇다 보니 분쟁이 일어날 수밖에 없었지요.

그런 까닭에 로크보다 먼저 자연 상태에 대해 깊이 생각한 토머스 홉스(Thomas Hobbes, 1588~1679년)는 자연 상태에서 인간의 삶이 "외롭고, 가난하고, 고약하고, 야만적이고, 짧았다."라고 말하면서 "만인의 만인에 대한 투쟁"이 만연했다고 주장했어요. 홉스는 이런 상태를 해소하기 위해 개인이 자유를 포기하고 모든 권력을 주권자에게 맡기게 되었다고 생각했습니다.

그림 1-5　1651년에 출간된 홉스의 『리바이어던』Leviathan의 초판 표지

그와 달리 로크는 자연 상태의 인간이 자신의 생명, 재산, 자유를 지키기 위해 공동체를 구성하고 공동체가 동의한 규칙에 따라 자유를 침해하는 행위를 제재하면서, 모든 개인이 타인의 자유를 침해하지 않는 범위 내에서 자기가 원하는 대로 행위하게 되었다고 주장했습니다. 로크는 이렇게 탄생한 공동체를 정치 사회political society라 부르고, 정치 사회를 구성하는 약속을 맹약covenant이라 정의했습니다.

이렇게 로크의 자유주의는 고대 민주주의·공화정을 뒷받침하던 자유 이념과 결별했어요. 그의 자유주의도 고대의 정치 이념처럼 자유가 인간에게 가장 소중하다고 여깁니다. 고대 민주주의·공화정 이념에서 자유는 공공선을 구현하는 정치에 적극적으로 참여할 수 있는 역량을 뜻했지요. 이때 정치는 인간성을 구현하고 완성하는 목적의식적인 행동의 영역이었습니다.

반면 자유주의에서 자유는 자신이 동의한 법에 저촉되는 일이

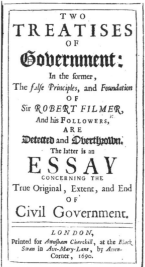

그림 1-6　　로크와 그의 저서 『통치론』*Two Treatises of Government*의 표지

아니라면 무엇이든 할 수 있는, 즉 제약의 부재를 의미하게 되었
어요. 더 나아가 자유주의는 정치 사회란 기본적으로 개인의 자
유를 권력의 침해에서 보호하는 도구라고 보았습니다. 그렇기 때
문에 근대 자유주의는 공동체의 구성원 모두가 함께 지향해야 할
어떤 도덕적 목표를 전제하지 않았어요. 오히려 공공선을 지나치
게 강요해 개인의 이익이나 선호를 포기하도록 강요하는 것은 잘
못이라고 이야기했지요.

시장의 자유라는 발상

정치 참여의 자유가 아니라, 개인이 각자 원하는 바를 추구할 자유를 지상 가치로 여기는 로크의 자유주의는 그의 시대에 진행된 자본주의의 발전과 긴밀히 연관됩니다. 로크의 자유주의는 정치 사회가 반드시 보호해야 할 개인의 자율적인 영역이 있다고 봅니다. 요즘 우리는 이 영역을 시민 사회civil society라고 부르지요.

그런데 이런 자율성이 잘 드러나는 공간 가운데 하나가 바로 시장입니다. 국가가 부당하게 끼어들지 않는다면 개인이 자유롭게 노동과 상품을 교환하고, 이 과정에서 축적한 재산을 원하는 대로 처분할 수 있는 공간이니 말이지요.

로크가 고대 서양인들의 자유 개념과 결별한 것처럼, 시장이라는 공간에서 개인의 자유를 옹호하려면 발상의 전환이 필요했습니다. 기독교의 『성경』(개역개정) 「마가복음」 10장 25절에서 "부자가 천국에 들어가는 것은 낙타가 바늘구멍에 들어가는 것보다 어렵다."라고 말한 데서 드러나듯, 서양인은 오랫동안 사적인 이익 추구를 탐욕이라는 죄악으로 여겼으니까요.

기존의 부정적인 생각에서 벗어나 이익 추구가 인간 본성이 드러나는 자연스러운 행위이고, 더 나아가서 사회를 이롭게 하는 행위라는 새로운 경제관이 출현해야 했어요.

도움이 되지 않는 국가

이런 경제관의 변화는 로크 시대에 시작되어 18세기 후반 스코틀랜드 계몽사상가인 애덤 스미스(Adam Smith, 1723~1790년)의 시대에 어느 정도 마무리되었다고 볼 수 있어요. 그러면서 로크가 이야기했던 새로운 자유 개념이 더 설득력을 얻게 되었지요. 스미스는 『국부론』*The Wealth of Nations*에서 중세부터 르네상스를 거쳐 근대 초까지 서양의 정치사상을 지배한 고대 자유 개념의 문제점을 예리하게 파헤쳤습니다. 그는 많은 사람들이 열광했던 고대 아테네나 공화정 시대 로마의 자유가 어떤 결과를 낳았느냐고 묻습니다.

공동체의 일을 자기 일처럼 여기도록 강요받았던, 그래야만 인간다운 삶을 누릴 수 있다고 굳게 믿었던 아테네나 로마의 시민들은 공동체의 영광을 위해 기꺼이 용감한 전사가 되었지요. 스미스는 이런 애국심 자체를 비난할 이유는 없지만, 그 결과가 반드시 유익하지는 않았다고 지적했어요. 아테네와 로마는 끊임없이 전쟁을 치렀고, 그 과정에서 다른 정치 공동체의 자유를 빼앗기도 했으며, 전쟁 때문에 민주정이나 공화정도 끝나지 않았느냐는 것입니다.

그래서 스미스도 로크처럼 고대인과는 다른 의미의 자유를 강조했습니다. 스미스 시대에 유럽 여러 국가는 통치자의 영광, 경제적 이익, 종교의 차이 때문에 계속 전쟁 중이었고, 각국 국민은 서로 미워하는 데 익숙했습니다. 1689년부터 유럽의 패권을 두고 다투었던 영국과 프랑스를 보면, 영국인은 프랑스인을 원수처럼 여기며 경멸했고 프랑스인도 영국인에 대해 비슷한 감정을 품고 있었어요.

스미스는 이런 상황을 개탄했습니다. 서로 미워할 까닭이 없는 양국 국민이 이런 불행한 상황에서 벗어나려면, 국가 간의 이해관계를 다투기보다는 자유롭게 교류하면서 개인이 각자 알아서 자신의 관심사를 좇아 지적·도덕적·경제적 발전을 추구할 필요가 있었어요.

다시 말해 국가가 끼어들지 말고 개인을 가만히 내버려 두라는 것이었습니다. 스미스가 『국부론』에서 자유로운 교역과 교류, 즉 그가 상업commerce이라 부른 활동을 강조한 까닭이 이것이었어요. 스미스가 본 상업은 자원을 효율적으로 배분하는 방법이었을 뿐만 아니라, 평화로운 교류를 확대해 습속을 순화하고, 지식과 정보를 확산시켜 더 나은 사람을 만드는 길이었습니다.

헌법에서 만난 자유주의와 입헌주의

스미스가 볼 때 넓은 의미의 상업, 즉 재화와 서비스의 교환으로부터 사람 사이의 교류를 진작하려면 국가의 부당한 개입을 최소화할 필요가 있었습니다. 그러므로 국가의 힘을 제한하기 위해, 권력의 본질과 범위를 명확하게 규정하는 일이 중요한 문제가 될 수밖에 없었어요. 개인이 최대한 자유를 누릴 수 있도록 권력의 범위를 엄격하게 정하고, 이 테두리를 벗어나지 못하도록 감시하고 견제할 제도와 이념을 마련해야 했던 것입니다. 이것이 바로 헌법이에요. 자유주의와 입헌주의가 이렇게 만납니다.

18세기 시민 혁명 이후 자유주의자들은 종교와 양심의 자유, 언론 및 집회·결사의 자유, 무엇보다도 자신의 자유를 규제하는 법의 제정에 참여할 자유가 반드시 필요하다고 주장했어요. 또 권력이 어느 한 사람이나 기관에 집중되는 일을 제도적으로 막으려 했습니다. 그러므로 자유주의 사상가들은 시민의 기본적인 자유와 권리를 법으로 보장하고, 이것을 실현할 수 있는 권력의 구조는 법으로 정해야 한다고 생각했어요. 이 법은 모든 법 위의 법으로 언제나 존중되어야 하고, 쉽게 고치거나 침범할 수 없어야만 했습니다.

이 점에서 미국인이 최초의 성문 헌법을 제정한 일은 대단히 중요한 사건이었습니다. 그 이후 유럽의 여러 국가와 식민지 상태에서 독립을 지향한 아메리카의 여러 지역에서 헌법 제정 요구가 속출했지요.

7   자유주의와 민주주의, 대립과 공존

이렇듯 자유주의는 18세기 말의 대서양 양편을 뜨겁게 달구었던 여러 혁명을 이끈 중요한 원동력 중 하나가 되었습니다. 영국 의회와 군주의 폭정에 저항한 북아메리카 식민지인이나 일체의 특권을 폐지하고 보편적인 평등과 자유를 새로운 시대 이념으로 제시한 프랑스 혁명의 영향력은, 유럽은 물론 대서양 건너편의 유럽 식민지에서도 열띤 호응을 받았습니다.

유럽의 점진적 정치 개혁

서인도 제도의 프랑스 식민지인 생도맹그Saint-Domingue의 노예들이 '자유, 평등, 우애'라는 프랑스 혁명의 이념을 받아들여 자신들만의 공화국 건설에 뛰어든 것이 한 가지 사례가 될 터입니다. 신분제에 바탕을 둔 정치 체제를 고수하던 유럽 여러 국가에서도 시민 혁명은 큰 반향을 일으켰습니다.

1790년대 초 프랑스 혁명이 급진화하면서 반혁명 세력에 대한 폭압적인 공세가 공포 정치로 나타났을 때 많은 유럽 지식인이 혁명에 환멸을 느꼈지만, 적어도 폭넓은 정치 개혁이 필요하다는 점에는 공감했습니다. 그 시기에 가장 견고한 대의제 체제를 형성했다고 자부하던 영국에서도, 귀족의 영향력을 제한하고 정치적 평등을 위해 선거권은 확대하라는 개혁 요구가 거셌을 정도니까요.

그렇지만 개혁에 대한 요구가 단기간에 수용되지는 못했습니다. 기존 정치 체제를 고수하려는 엘리트의 저항이 만만치 않았던 탓이지요. 프랑스 혁명의 이념을 유럽 전역으로 확산시키려는 프랑스와 기존 체제를 지키려는 국가들이 격돌한 프랑스 혁명 전쟁은, 나폴레옹 보나파르트(Napoléon Bonaparte, 1769~1821년)가 권력을 잡으면서 제국 간의 영토 경쟁으로 바뀌어 버렸습니다.

1815년에 나폴레옹이 패하면서 유럽 열강의 엘리트는 각국의 정치 질서를 혁명 이전으로 되돌리려는 의지를 드러냈어요. 그러므로 정치 개혁의 요구는 수용하지 않았지요. 프랑스처럼 헌법을 제정하고 대의제 정부를 세우려 했던 유럽 여러 국가의 혁명 운동은 1830년·1848년 혁명에서 다시 한 번 폭발적으로 일어났지만, 대부분 실패했습니다.

그런 까닭에 정치 개혁은 아주 서서히, 오랜 투쟁을 거치며 진행되었습니다. 자유주의자는 본래 민주주의자가 아니었으므로, 정치 참여의 범위를 재산 소유자로 국한하려 했습니다. 하지만 유럽에서 산업화가 진행되며 등장한 수많은 노동자들과 이들을 근간으로 한 사회주의 세력이 줄기차게 요구하면서, 정치 참여의 범위가 서서히 확대되었어요. 그제야 대의 민주주의 체제는 몇몇 국가에서 자리를 잡아 가게 되었지요.

미국이 걱정한 민주주의

18세기에 혁명을 겪고 헌법을 제일 먼저 제정한 미국에서도, 민주주의는 쉽게 정착되지 못했습니다. 미국 건국 초기의 지도자들은 미국이 유럽의 낡은 정치 체제와는 다른, 새로운 공화정을 완성해야 한다는 데 동의했습니다. 그런데 공화정의 수단인 의회에서 시민이 공화정의 이상에 맞게 행동할지는 의문이었습니다.

이상대로라면 시민은 덕성을 발휘해서 자기 이익보다는 공공의 이익을 위한 조치에 동의해야 합니다. 하지만 의회에서는 다수가 표의 힘을 빌려 특정 집단의 이익을 보호하고 증진하는 일이 자주 목격되었습니다. 그런 까닭에 시민이 대표를 뽑아 국가를 통치하는 데 참여하는 대의 민주주의 체제가 공화정의 이상을 무너뜨릴지 모른다는 우려가 나타날 수밖에 없었습니다.

바꾸어 말하면 미국인은 그 옛날 플라톤이나 아리스토텔레스가 민주정의 약점이라고 지적했던 다수의 폭정을 걱정했던 것이지요. 그래서 미국인들은 견제와 균형의 원리를 주와 연방의 구분, 입법·행정·사법부의 구분과 같은 방식으로 아주 정교하게 가다듬고, 「권리장전」으로 기본권을 재확인하는 것과 같은 노력을 기울여, 다수의 횡포로부터 소수의 권익을 보호하려 했어요. 미국에서도 민주주의가 처음부터 환영받은 것은 아니었습니다.

민주주의의 전환점, 서양의 19세기

이렇듯 19세기 서양에서 자유주의와 민주주의 정치 체제의 도입은 여전히 진행 중인 변화였습니다. 그렇지만 18세기 말에서 19세기 초로 넘어가는 시기는 민주주의의 역사에서 중요한 전환점이었어요. 정치에 관한 토론과 다양한 방식의 활동 덕에 정치가 소수 특권층의 전유물이 아니라는 사실이 분명해진 덕분이었지요.

1789년에 제정된 프랑스 헌법만 하더라도 아직 재산을 기준으로 시민을 '능동적 시민'과 '수동적 시민'으로 구분했고, 신생국 미국의 여러 주에서도 시민의 재산 자격을 두고 논란이 지속되었어요. 이렇듯 민주주의 정치 체제를 성취하기까지는 더 많은 세월이 필요했지만, 그 이전에는 정치에서 완전히 배제되었던 많은 사람들이 다양한 영역에서 여러 방식으로 정치에 대해 이야기하고 스스로 집단을 조직하기 시작했지요.

그러면서 정치 이념과 조직의 지평은 더 확장되고 복잡해졌습니다. 오랜 전통을 자랑하는 공화주의 이념은 물론 자유주의와 민주주의에 대한 토론이 계속되었고, 사회주의나 공산주의, 무정부주의 같은 새로운 이념 체계도 등장했어요. 정치 조직의 차원에서도 새로운 모습이 나타났지요. 17~18세기에 등장한 각종 협회와 클럽 같은 자발적인 시민 결사체가 확산되었고, 노동조합 같은 새로운 조직이 등장했습니다. 19세기 중반에 이르면 특정한 이념을 지향하는 강령과 대중 조직을 갖춘 정당도 서서히 형성되었어요.

그 사이에서 오랫동안 정치로부터 배제되었던 여성, 농민, 노동자가 제 목소리를 찾기 위한 긴 싸움에 돌입했습니다. 민주주의는 이런 오랜 갈등과 타협을 거치며 서서히 확산되었고, 서양은 물론 서양 바깥의 세계에도 영향을 미치기 시작했어요. 심지어 19세기 말에 이르면 오랫동안 서양과 전혀 교류가 없었던 한반도에서도 민주주의의 영향이 시시히 느껴졌습니다.

8 한국이 경험한 민주주의

한반도에 민주주의 이념이 어떻게 도입되었는지는 비교적 잘 알려져 있습니다. 19세기 후반 제국주의 경쟁에 매진하던 서양 열강이 조선, 더 나아가 동아시아를 강타하는 가운데 전해지기 시작했지요. 그 후 일제 강점기를 거치며 민주주의 이념에 대한 지식이 더욱 확산되었고, 독립과 민주주의 체제 수립을 열망하는 움직임도 뚜렷이 나타났어요.

한국인에게 낯설었던 민주주의

조선 시대의 한반도에 처음으로 민주주의 이념이 소개되었을 때, 서양의 정치 제도가 동아시아와 크게 다르다는 점은 조선의 지식인도 충분히 인식했습니다. 예컨대 최한기(崔漢綺, 1803~1877년)는 중국에서 출간된 『해국도지』海國圖志 같은 지리서를 두루 읽고, 『지구전요』地球典要라는 책을 펴내면서 영국 의회를 소개했지요. 그는 "도성에 의회(공회소, 公會所)가 있는데, 상원과 하원으로 이루어졌다. 상원은 작위를 가진 귀족과 성직자로 구성되며, 하원은 서민의 추천과 선택으로 뽑힌 재주와 학식이 있는 자들이 모인다."라고 기록했습니다. 이러한 최한기의 이해가 꽤 정확했음은 이어지는 대목에서 영국 하원의 핵심 기능을 지목할 때 드러납니다. 그는 "과세의 증감이나 국고를 주관하는 일은 전부 하원이 주관하여 논의한다."라고 쓰고 있으니 말입니다.

최한기가 예외적인 경우는 아니었음은 1883년에 창간된 《한성순보》漢城旬報나 1896년에 창간된 최초의 한글 신문인 《독립신문》獨立新聞의 기사를 보면 잘 드러납니다. 예컨대 《한성순보》에는 이런 기사가 실렸습니다.

> 서양에 여러 나라가 있어도 정치의 핵심은 다만 두 종류이니, 즉 군민동치君民同治와 합중공화合衆共和인데, 모두가 이를 입헌정체라 일컫는다. …… 서양에서는 군주 및 민주를 막론하고 모두 상하의원을 설치한다. 모든 나랏일은 하원에서 상의한 뒤 상원으로 올리고, 상원에서 상의한 뒤 다시 하원으로 보내는데, 여기서 의결한 것을 왕에게 재가하도록 요청하는데, 아무리 군주가 높다 해도 자기 뜻대로 처리할 수 없다.
>
> 《한성순보》, 1884년 1월 30일자 6~8면.

갑신정변甲申政變이 실패한 후 일본에 머무르던 박영효(朴泳孝, 1861~1939년)가 1888년에 고종에게 올린 상소문에는 더 놀라운 대목이 나옵니다.

> 하늘이 인간을 내려 주셨으니 모든 사람은 평등하다.

사람은 누구나 생명을 보존하고, 자유를 구하여 행복을 원할 권리를 가졌으며, 이것은 어느 누구도 빼앗을 수 없다.

국가는 이 권리를 최대한 보장하기 위해 만들어졌으니, 정부가 이런 목적을 저버린다면 인민은 그 정부를 변혁하고 새롭게 세울 수 있다.

여기서 박영효는 미국의 「독립선언서」 첫머리를 거의 그대로 인용했습니다. 개화파 지식인이 비교적 정확히 서양 역사를 알고 있었음을 보여 주는 대목입니다.

여러분도 잘 아시겠지만 1890년대의 동학 농민 혁명처럼 아래로부터의 개혁 요구가 거세게 불어닥치고, 일본, 청, 러시아가 조선에 대한 영향력을 놓고 각축하면서 개혁은 조선에게 더 급박한 과제로 떠올랐어요. 조선의 정치 엘리트와 개화 지식인의 한 가지 대응 방식은 1894년부터 시작된 일련의 개혁에서 찾아볼 수 있습니다.

갑오개혁甲午改革이라 부르는 이 개혁 운동은 범위나 내용에서 조선 정치·사회의 근간을 뒤흔드는 것이었습니다. 양반과 상민을 구별하는 신분 제도와 노비 제도를 폐지하고, 정치 체제의 근간을 이루었던 과거제를 없앴어요. 행정과 사법의 분리, 백성의 생명과 재산의 자유, 법 앞의 평등과 같은 자유주의 체제의 몇 가지 기본 원칙을 도입하기도 했지요. 갑오개혁은 고종(高宗, 1852~1919년)의 아관파천俄館播遷과 함께 중단되었지만 이런 개혁 요구는 독립협회와 만민공동회 활동에서 계속 이어졌습니다.

민주주의를 거부한 대한 제국

하지만 개혁에 대한 이런 열망은 더 깊이 뿌리 내리지 못하고, 큰 좌절을 겪습니다. 대한 제국 수립이 중요한 전환점이었어요. 1899년 8월에 공포된 「대한국국제」大韓國國制는 당시 조선 사회를 뒤흔들던 개혁 요구를 제대로 반영하지 못했습니다. 독립협회를 중심으로 한 급진 개혁파의 압력이 거세지고 외세의 영향력이 더 이상 감당하기 어려운 수준에 이르렀을 때, 군주인 고종은 조선이 자주 독립국임을 선포하면서 자신이 러시아의 차르tsar'와 같은 절대 권력을 지녔음을 강변하고자 했습니다. 국호를 한국으로 바꾸면서 제국이라 칭한 점이 이런 열망을 보여 줍니다.

이때 제국이란 우리가 흔히 사용하는 뜻처럼 넓은 영토를 보유하고 다양한 민족을 지배하는 정치 체제가 아니라, 명실상부한 주권 국가라는 의미였습니다. 그래서 「대한국국제」에는 절대주의 시대에 루이 14세나 사용했을 듯한 문구들이 등장합니다. 1조부터 4조까지를 요즘 말로 풀어 옮기면 이렇습니다.

제1조 대한국은 세계가 공인한 자주독립의 황제국이다.

제2조 대한국 정치는 오백년을 이어 왔으며 만세불변한 전제 정치다.

제3조 대한국 대황제는 무한한 군권을 누린다.

제4조 대한국 신민이 군권을 넘볼 경우, 행동을 했는지 아닌지와 상관없이 신민이 아니라 할 것이다.

이 문서는 대한 제국이 더 이상 청의 속국이 아닌 주권 국가임을 확인하면서 주권의 소재와 권력 구조를 밝혔으므로, 이론적으로는 근대 국가로 나가는 첫걸음이었다고도 볼 수 있습니다.

하지만 이 문서를 자유주의와 민주주의의 발전이라는 시선에서 보면 문제가 심각했어요. 시민 개개인의 자유와 기본권을 보장하고, 그 자유와 권리가 권력의 자의적인 남용 때문에 위태로워지면 혁명도 가능하다는 생각은 이 문서의 어디에서도 찾아볼 수 없습니다. 오히려 4조에서 분명히 밝혔듯이 군주의 권위에 도전하려는 마음만 품어도 죄가 된다 할 정도로 군주의 권위를 절대적인 것으로 규정한 반면, 개인의 권리는 전혀 언급하지 않았습니다.

부국강병의 수단, 민주주의

1880년대에 자유주의와 민주주의, 입헌 군주제와 같은 서양 근대의 정치 체제와 이념에 대한 관심이 널리 확산되었다면, 어떻게 「대한국국제」와 같은 조치가 나왔을까요? 이 질문을 여기서 자세히는 다룰 수 없지만, 이것과 연관된 또 하나의 질문은 좀 더 곰곰이 생각해 보아야 합니다. "조선의 개혁을 요구하던 이들이 절체절명의 위기에 빠진 국가를 구하고 백성의 형편을 개선하기 위해, 자유주의나 민주주의의 도입과 정착이 시급하다고 여겼는가?"라는 질문입니다. 바꾸어 말하면 조선 국민 개개인의 자유와 인권을 보장하는 일이 위기에 빠진 국가를 구하는 길인가라는 물음에, 조선의 엘리트가 어떻게 답했는지 살펴보아야 한다는 것이지요.

이 물음에 모두 "그렇다."라고 대답하지는 않았다는 사실을 여러 곳에서 확인할 수 있습니다. 일례로 참정권을 포함한 민권 확대를 강력히 요구했던 《독립신문》도 1898년 7월에 민주주의 체제 도입에 대해서는 시기상조라는 견해를 내놓았어요. "무식한 세계에는 군주국이 도리어 민주국보다 견고하다는 사실을 역사와 다른 나라 상황이 보여 준다."라고 이야기했으니 말입니다.

이때 《독립신문》은 문명화가 먼저라고 주장하는 듯합니다. 서양 열강이 문명이라 자칭하며 그 기준에 이르지 못한 아프리카의 여러 나라는 물론이요, 동아시아 세계를 지배해 문명을 전수해 주어야 한다고 주장한 문명화 논리를 받아들인 것이지요. 문명화를 먼저 성취해야만, 즉 국가 전체가 부국강병을 이루고 백성 한 사람 한 사람은 실력 양성을 달성한 이후에야 민주주의도 생각해 볼 수 있다는 것이었습니다.

이런 생각이 드러나는 또 하나의 흥미로운 사례는 1890년대 말에 나온 여러 애국가예요. 그 가운데 한 편의 가사를 잠시 살펴보지요. 1896년 5월 《독립신문》에 실린 것으로, 이필균이라는 인물이 지었다고 합니다.

아세아에 대조선이 자주독립 분명하다

에야에야 애국하세 나라위해 죽어보세

분골하고 쇄신토록 충군하고 애국하세

깊은잠을 어서깨어 부국강병 진보하세

합심하고 일심되어 서세동점 막아보세

남여없이 입학하여 세계학식 배워보자

팔괘국기 높이달아 육대주에 횡행하세

여기서 저자는 충군忠君과 애국을 강조하면서, 조선 사람에게 가장 시급한 일은 부국강병과 진보라고 분명히 말합니다. 서양 제국주의 세력의 진출을 막기 위해서는 "세계학식"을 충실하게 익히는 실력 양성이 시급하다는 의미이지요. 여기에는 민주주의와 같은 정치 변혁보다 실력 양성, 다시 말해 문명화가 먼저 이루어져야 한다는 생각이 암묵적으로 들어 있습니다.

조선 지식인이 서양의 정치 제도와 이념에 관심을 기울이게 된 계기도, 어째서 서양이 그처럼 엄청난 부와 군사력을 자랑하게 되었느냐는 의문이었다고 볼 수 있습니다. 자유주의와 민주주의 그 자체는 목표가 아니고, 그저 부강한 나라를 만드는 수단일 뿐이라는 생각이 퍼졌던 것은 아닐까요?

민주주의보다 중요했던 독립

민권보다 국가의 독립이 우선이라는 생각은 1905년 을사늑약乙

已勒約이 체결된 후에 더욱 힘을 얻었던 듯합니다. 가령 한때 "민권이 흥하면 국권이 서고 민권이 없어지면 국권이 떨어진다."라고 주장하며 민권의 중요성을 역설했던 《대한매일신보》大韓每日申報도 이 시기에 이르면 조금 다른 목소리를 내요. 1909년 10월에 실린 한 글을 살펴보지요.

> 국권이 없고서 민권을 구하니, 민권을 어디서 얻으리오. 요즘 한국 안에 어떤 어리석은 무리는 생각하기를, 국가가 망하여 강토가 다른 사람의 물건이 되어도 민권을 얻으면 이를 환영하겠다고 하며, 민족이 다른 사람의 손바닥에 들어갈지라도 민권만 있으면 이를 환영하겠다고 하며, 민족이 다른 사람의 손바닥에 들어갈지라도 민권만 얻으면 이를 노래하며 받겠다고 하니, 슬프다. 저 어리석은 무리들이여. 무릇 국권은 민권의 근원이다. 국권이 있어야 민권이 나며, 민권은 국권의 자식이다. 국권을 의지해야 민권이 서니, 국권이 없고서야 어디서 민권을 얻으리오.
>
> 《대한매일신보》, 1909년 10월 26일 1면.

이런 생각은 나라를 잃어버린 슬픈 현실 앞에서 당연히 설득력을 얻었습니다. 나라가 있고서야 개인의 권리도 있다는 생각은 그 후 오랫동안 위세를 떨쳤지요. 그러다 보니 자유주의와 민주주의는 국가의 역량 강화라는 대의에 종속된, 부차적인 목표라고 간주될 수도 있었습니다.

과연 일제 강점기에 국내외의 독립운동 세력은 자유주의, 사회주의, 무정부주의 같은 다양한 이념 체계의 영향을 받아 갈라서면서도, 민족의 자주 독립이라는 지상 과제를 공유했어요. 일제의 지배가 더욱 견고해지고 독립된 주권 국가를 건설할 가능성은 희박해지면서 혈연과 문화, 역사를 공유하는 공동체라는 민족의 의미가 더 절실히 다가왔지요. 자유주의와 민주주의 이념의 바탕인 개인의 자유와 보편적인 인권에 대한 관심도, 국가가 독립부터 해야 한다는 생각에 뒷전으로 밀린 감이 있습니다.

민주주의가 어려웠던 이유

일제 강점기에 다양한 이념에 따라 나뉘었던 한반도의 독립운동 세력은, 1945년 해방 이후 미국과 소련이 각기 내세운 자유 민주주의와 공산주의라는 이념을 따르며 패권 경쟁을 벌였습니다. 그 와중에 통일된 주권 국가 수립은 실패했지요. 뿐만 아니라 20세기 세계사에서도 가장 치열한 전쟁에 돌입했어요. 마침내 한국전쟁과 휴전으로 분단 질서가 자리 잡자, 민주주의를 체제 이념으로 내세운 대한민국에서도 민주주의의 기본 원리를 실천하는 일은 다시 부차적인 문제가 되었습니다. 적어도 국가를 운영한 통치 엘리트에게는 말이지요.

물론 해방 이후 한반도 남쪽에서는 미국의 지원 아래 대한민국이 건국되면서, 적어도 제도적으로는 민주주의가 정착되었습니다. 하지만 한국인이 민주주의 이념을 깊이 이해하기는 여러

면에서 쉽지 않았어요. 무엇보다도 오랫동안 한반도에 자리 잡았던 정치 전통과 문화가 자유주의나 민주주의와 조화를 이루기 어려웠습니다.

서양 여러 국가는 민주주의를 포함해 다양한 정치 체제를 사유하고 실험하는 가운데 지식과 경험을 축적했어요. 그들에게는 고대 아테네의 민주정부터 고대 로마의 공화정과 제정, 정치권력이 극도로 분산되었던 중세 봉건제, 더 넓은 영토에서 중앙 집권적 정치권력이 막강한 힘을 휘두른 근대 절대주의 체제에 이르는 여러 체제와 그것을 뒷받침해 온 이념의 역사가 있었습니다. 게다가 중세 중기부터 가톨릭교회와 세속 권력이 오랫동안 갈등하는 가운데 성장했던 다양한 정치적 사유도 있었지요.

서양 정치 체제와 이념의 이런 다양성에 견주어 보면, 근대에 진입하던 무렵의 한국인이 내적으로 참조했을 정치적 경험과 지식의 지평은 무척 좁아 보입니다. 중앙 집권적 관료제와 강력한 국왕의 권위가 바탕이었던 조선 왕조의 도덕 정치라는 이상과 정치적 실천은, 끊임없이 부침을 겪었어도 500년 이상 지속되었을 만큼 나름대로 효율적이고 견고했습니다. 따라서 새로운 정치 체제를 자유롭게 상상하는 일은 쉽지 않았겠지요.

이념보다 앞선, 한국의 민주주의 제도

이런 어려운 조건 속에서 서양과 비교하면 꽤 늦은 19세기 후반에야 민주주의 이념을 알게 되었지만, 1948년에 제정된 「제헌헌법」만 놓고 보면 한국의 민주주의 제도는 당시 시대의 흐름에 뒤떨어지지 않는 진보적인 모양새를 갖추고 있었습니다. 여성을 포함한 보통 선거권이 도입되었고, 사회 경제적 불평등의 확산을 막기 위해 사회 복지를 널리 제공하는 내용도 담았지요.

하지만 「제헌헌법」에 담긴 민주주의 이념이 실제 정치에서 실현되고, 국민이 삶의 여러 차원에서 민주적 원칙을 실천하기까지는 꽤 오랜 시간이 걸렸습니다. 안보와 경제 개발 논리에, 또 통치 집단의 이해관계에 따라 민주적 절차나 국민 기본권이 훼손되는 일도 빈번했지요.

한국인은 민주주의 가치가 훼손되는 상황을 두고 보지는 않았습니다. 이념 도입의 역사가 짧았는데도 한국인은 민주주의가 후퇴할 때마다 저항했고, 특히 1970년대부터는 민주화 운동이 활발했어요. 그 덕분에 1980년대 후반부터 민주주의 제도와 이념이 국민의 삶에 더 깊숙이 자리 잡았지요.

이렇게 보면 한국을 비롯해서 제2차 세계 대전 이후에 민주주의 체제를 도입한 국가는 서양의 경험과는 뚜렷이 구별되는 한 가지 특징이 있다고 하겠습니다. 서양에서는 민주주의 이념이 먼저 발전한 다음에 제도화되거나, 적어도 이념과 제도가 함께 발전했던 반면에 한국 같은 후발국에서는 이념보다 제도가 먼저 도입된 것이지요.

물론 한반도에서도 19세기 말의 개화기부터 민주주의 이념에 대한 토론이 시작되었고, 이미 일제 강점기에 민주주의가 새로운 건국 이념으로 대두되기는 했어요. 그러니 한국도 이념이 먼저 도입되었다고 말할 수 있을지 모릅니다.

하지만 해방 이전의 평범한 한국인들에게 민주주의를 상상하고 토론하는 일이 얼마나 절박했을지는 의문입니다. 또 해방 직후에도 민주주의 체제가 정착할 만한 사회적 여건이 성숙했다고 보기 어려울 것 같습니다. 지식인을 포함해서 중간 계급의 숫자가 적었고, 인구 가운데 다수를 차지한 농민의 교육 수준이 아주 낮았으니까요. 그런 이유로 대한민국 정부는 건국 직후부터 초등 교육에 관심을 기울였습니다. 적어도 문맹 상태에서는 벗어나 민주주의가 무엇인지 교육을 받아야 제도가 정착될 수 있었던 까닭입니다.

한국 국민의 민주주의가 되기까지

19세기 말 조선의 엘리트가 자주독립을 열망했듯이, 또 일제 강점기에 독립운동가들이 독립 국가 건설을 희구했듯이, 한국 전쟁과 분단 이후 대한민국의 지도자들은 자주를 가장 시급한 과제로 내세웠습니다. 이때의 자주란 한반도 내에서는 공산 체제의 위협으로부터 한국을 지키는 것이며, 대외적으로는 열강의 틈바구니에서 국가 역량, 특히 경제력과 군사력을 기르는 것을 뜻했지요. 전쟁이 남긴 짙은 상흔을 안고서 하루하루 먹고사는 문제를 해결하는 데 급급했던 한국 국민에게도 민주주의는 먼 미래의 이야기처럼 들리지 않았을까요.

그래서 한국 전쟁 이후 대한민국에서는 민족이라는 단어가 유독 큰 힘을 발휘했습니다. "우리는 민족중흥의 역사적 사명을 띠고 이 땅에 태어났"고 "나라의 융성이 나의 발전의 근본"임을 깨달아야 한다고 역설한 1968년의 「국민교육헌장」國民敎育憲章이 단적으로 보여 주듯, 한국의 지도자들은 국가가 먼저 살아야 국민도 산다는 생각을 널리 퍼뜨리려 했고, 많은 국민도 이런 생각에 동의하는 듯했지요. 그런 까닭에 자유 민주주의의 기본적인 원칙인 시민의 자발적인 동의와 적법 절차 같은 문제조차, 국익이라는 대의 앞에서 종종 뒷전으로 밀려나기도 했습니다.

1972년 박정희(朴正熙, 1917~1979년) 대통령이 주도한 「유신헌법」은 "대통령은 천재·지변 또는 중대한 재정·경제상의 위기에 처하거나, 국가의 안전 보장 또는 공공의 안녕 질서가 중대한 위협을 받거나 받을 우려가 있어, 신속한 조치를 할 필요가 있다고 판단할 때"에 "국민의 자유와 권리를 잠정적으로 정지"할 수 있고, 대통령이 내린 「긴급조치」가 "사법적 심사의 대상이 되지 아니한다."라는 조항까지 담겨 있을 정도로, 자유 민주주의의 가치를 크게 훼손하기도 했습니다.

이런 반민주적 정치에 대해 수많은 지식인과 학생, 노동자가 민주주의의 실현을 요구하면서, 민주주의와 경제 발전이 정말로 함께 성취할 수 없는 목표인지 질문하기 시작했어요. 이 물음에 대한 토론은 지금도 계속되고 있으며 앞으로도 그럴 것입니다.

다만 한국 전쟁 이후 경제 발전을 지상 과제로 내걸었던 한국 국민과 정부, 기업의 노력이, 민주주의가 법과 제도의 차원뿐만 아니라 국민의 정치 문화에도 깊이 뿌리를 내리는 물질적인 바탕을 제공했다는 점은 분명해 보입니다. 1970년대부터 지속된 민주화 운동이 1987년 봄에 이르러 엄청난 규모의 저항 운동으로 표출·확산되었을 때, 그 주된 동력 중에는 경제 성장의 혜택을 누린 중산층이 분명히 있었으니 말이지요.

수많은 사람이 감옥에 갇히거나 심지어 죽음에 이르는 희생을 무릅쓰고 민주화 운동에 투신했으며, 경제 성장의 혜택을 입은 중산층이 여기에 지지를 보내서 한국은 1980년대 이후로 절차적인 민주주의를 확립할 수 있었습니다. 이때부터 한국에서도 민주주의는 더 이상 이념 지향에 머물지 않고, 일상생활 깊이 뿌리 내리기 시작했습니다.

한국 정치가 민주주의 원리와는 거리가 먼 후진성을 버리지 못했다는 자기반성이나 민주주의가 진보하기는커녕 후퇴하고 있다는 개탄의 목소리가 20세기 말부터 지금까지 계속 나왔지만, 이런 논란은 민주주의가 이제 그만큼 한국인의 삶 깊숙이 자리 잡았다는 반증이라고 생각됩니다. 광복을 이룬 1945년과 「제헌헌법」을 공포한 1948년으로부터 반세기만에 이런 변화가 일어났다면, 민주주의를 향한 서양의 오랜 역사와 비교해 볼 때 한국은 과연 '압축적' 민주화를 경험한 것입니다.

9 맺음말

이제까지 우리는 민주주의 이념의 기원에서 출발해 자유주의와 근대 민주주의 이념이 태동하는 혁명의 시대를 거쳐, 한국 민주주의의 역사까지 아울러 살펴보았습니다. 어느 시기로 눈길을 돌리든 우리는 민주주의의 도입과 정착이 정말 어려운 일이었음을 새삼 깨닫게 됩니다. 어떤 이들은 민주주의가 인간 본성에 가장 잘 어울리는 정치 체제라고 주장하지만, 인간이 모두 자유롭고 평등하다는 이념이 설득력을 얻을 때까지 오랜 세월에 걸쳐 갈등과 타협이 필요했어요. 이것을 다시 법과 제도로, 또 정치 문화로 구현하는 데도 그만큼 오랜 시간이 걸렸지요.

민주주의가 반드시 한 국가, 더 나아가서 세계의 번영과 평화를 보장하지는 않는다는 사실도 기억해야 합니다. 19세기 말부터 식민지 쟁탈전을 벌인 끝에 두 차례의 세계 대전이라는 전대미문의 재앙을 초래한 국가들 중 상당수가 민주주의를 지향했습니다.

제1차 세계 대전이 끝나고 다시 한 번 세계 대전을 일으켜 수백만 명의 유대인 등을 학살한 아돌프 히틀러(Adolf Hitler, 1889~ 1945년)를 최고 지도자로 뽑은 곳은, 당시 가장 진보적인 헌법(「바이마르헌법」)을 갖추었다고 평가받았던 민주주의 국가인 독일이었습니다. 20세기 라틴 아메리카나 아시아, 아프리카의 여러 국가에서 드러나듯, 민주적 절차에 따라 선출된 지도자들이 국민 경제와 복지의 발전이 아니라 후퇴를 초래한 경우도 있었어요.

그런데도 많은 사람들이 민주주의를 쟁취하기 위해 끊임없이 희생했습니다. 파시즘처럼 민주적 절차를 근본적으로 부정하는 정치 체제의 도전이 거세게 불어닥치자, 유럽과 미국의 수많은 시민이 민주주의의 수호라는 대의를 위해 기꺼이 목숨을 바쳤습니다. 전체주의 세력에 맞서 싸우는 데는 전방과 후방의 구별도 없었고 신분이나 계급의 구별도 없었습니다. 젊은 남성은 전쟁터로 나갔고, 남자들이 떠난 공장의 빈자리는 여성이 채웠지요.

왜 그랬을까요? 여러 문제점이 있지만 민주주의는 여전히 사람이 스스로 운명을 결정할 권리를 제공한다는 믿음이 강했던 까닭이겠지요. 한 사회의 목표 설정과 이것을 실현하기 위한 구체적인 정책의 결정·집행 과정에 시민들이 스스로 참여할 제도와 이념적 바탕을, 민주주의 이외의 다른 정치 체제에서는 찾기 어렵습니다.

그렇기 때문에 민주주의 사회에서 그 제도와 이념은 계속 변화했고, 또 변화하고 있는 듯해요. 자유주의와 민주주의 체제는 권력으로부터의 자유를 가장 중요하게 여겼으므로, 국가의 영향력을 최소한으로 줄이는 데 관심을 기울였습니다. 야경국가와 같은 말이 바로 이런 지향점을 보여 주지요.

한편 급속한 자본주의적 산업화로 노동 조건이 악화되고 경제적 불평등이 심화되어, 자본주의 체제를 근본적으로 부정하는 사회주의와 같은 새로운 이념 체계가 부상했습니다. 민주주의 국가에서도 정부가 몇몇 사회 영역에서 좀 더 적극적으로 행동해야 한다는 생각이 널리 공감을 얻게 되었지요. 그 덕분에 사회적 약자를 보호하는 다양한 복지 정책이 시행되었고, 제2차 세계 대전 이후로는 서유럽 국가들이나 미국, 심지어 한국에서도 복지 국가의 이상은 당연한 목표로 수용되었어요.

그러다 1970년대에 세계 경제가 위기를 겪으면서 지나친 국가 개입이 경제를 악화시키고 시민의 자유를 침해한다는 주장이 다시 한 번 힘을 얻지요. 이제는 국가 역할의 축소와 개인적 자유의 극대화를 지향하는 움직임이 다시 뚜렷해졌어요. 이렇게 신자유주의가 득세하자 그것이 과연 진정한 민주주의와 양립할 수 있는지를 두고 열띤 논쟁이 벌어졌으며, 지금도 이어지는 중입니다. 이렇듯 변화하는 국내외 정세 속에서 끊임없이 이념의 지향점을 바꾸며 새로운 과제를 국민 스스로 설정할 수 있는 체제, 근대 민주주의 체제의 가장 큰 매력은 바로 이 점이 아닐까요? 지금 같은 시대를 사는 시민인 여러분의 생각이 궁금합니다.

2부

세계화와
자본주의

세계화는 이제 일상에서 흔히 접하는 친근한 단어입니다. 본래 세계화는 상품과 서비스, 자본, 노동, 지식, 정보가 특정한 국민 국가의 경계를 넘어서 자유롭게 이동하여, 전 세계가 하나의 시장처럼 통합되는 경제 현상을 일컫는 말이었어요. 그런데 최근 들어서 이 개념은 경제는 물론 정치와 사회, 문화, 종교 같은 다양한 영역에서 상호 연관성이 깊어지는 상황을 지칭하기도 하지요. 개념의 범위가 이렇게 확장되고는 있지만, 그중에서도 경제 교류와 통합의 진전이 세계화 가운데 가장 강력한 힘이라는 점은 분명한 듯합니다.

그런 만큼 경제 현상으로서의 세계화를 둘러싼 논쟁은 여전히 끊이지 않습니다. 세계화를 긍정적으로 보는 사람은 경제 성장을 이끌어서 삶을 풍요롭고 윤택하게 만드는 중요한 힘이라고 믿지요. 반면 세계화를 부정적으로 바라보는 이는 그것 때문에 국가들 간의 경제적 불평등이 더 깊어졌을 뿐 아니라, 한 국가 안에서도 빈부 격차가 더 심각해졌다고 믿습니다.

1   세계화와 자본주의는 한 몸

현재 진행되는 세계화와 지속적인 경제 성장 또는 세계화와 불평등의 확산 같은 문제를 이야기하다 보면, 자본주의라는 중요한 개념과 자연스럽게 만나게 됩니다. 바로 지금 세계화에 따라 전 지구로 확장된 자본주의 경제 체제에서 사는 까닭이지요. 하지만 자본주의가 정확히 무엇이냐는 질문을 받는다면, 선뜻 대답하기 어려울 수도 있습니다. 자본주의는 서양에서 근대라 부르는 지난 수백 년간, 경제는 물론이요 정치·사회·문화에 엄청난 영향을 미쳤지만 학자들도 이 체제를 정의하기는 쉽지 않아요.

자본주의는 정의하기도 어렵지만, 세계화처럼 찬반이 극명하게 갈리는 주제이기도 하지요. 혹자는 세계 곳곳에서 많은 이들이 누리는 풍요와 번영이 모두 자본주의 덕분이라고 말합니다. 반면 근대 초부터 자본주의가 낳은 온갖 병폐에 주목하는 이들도 있어요. 특히 최근에는 자본주의가 인간 사이의 불평등을 심화시킬 뿐만 아니라, 더 근본적으로 자본주의 특유의 무한한 이윤 추구와 자본 축적 욕망이 인류 문명을 위협하는 환경 파괴와 기후 변화의 원인이라는 주장도 나옵니다. 그래서 현재가 인류의 절멸을 눈앞에 둔 자본세(資本世, Capitalocene)는 아닌지 묻는 사람들도 있지요.

세계화와 자본주의는 모두 논란도 많고 정의하기 어려운 개념입니다. 그래도 세계사, 특히 근대 이후의 세계사를 이해하려 한다면 이 두 현상을 피할 수 없지요. 게다가 이 두 현상은 처음부터 한 몸처럼 긴밀히 얽혀 있었어요. 각 국가 안의 자본주의가 생산한 상품은 즉시 세계 시장에 공급되고, 여기서 얻은 이윤을 다시 생산에 투입하는 과정이 활발하게 진행되었습니다. 서양사의 초기 근대인 16세기부터 유럽에서 자본주의가 본격적으로 등장하고, 유럽 국가들이 세계 시장에 공격적으로 진출한 것은 우연이 아니었어요. 그런 만큼 이 두 개념은 함께 접근해야 합니다.

먼저 세계화와 자본주의 개념을 잠시 살펴보고, 이어서 이 두 개념이 얽혀 들어가는 역사의 몇 장면을 가져와서 자본주의의 세계화란 무엇인지 따져 보려 해요. 이런 시도로 세계화된 자본주의 아래에서 살아가는 데 필요한, 최소한의 식견을 갖추어 보자는 것이 이번 장의 취지입니다.

한국의 1997년 외환 위기와 세계화

오늘날 세계화는 쉽게 체감할 수 있는 현상이에요. 잠시 읽기를 멈추고 주변을 한번 둘러보세요. 이제는 잠시도 떨어질 수 없는 필수품인 스마트폰이나 매일 같이 사용하는 노트북 같은 전자 제품부터 하다못해 주방 세제처럼 일상에서 사용하는 수많은 제품의 상표까지 확인해 보면, 얼마나 많은 다국적 기업에 의존하는지 누구나 쉽게 알 수 있을 거예요. 이제는 외국에서 상품을 직접 구매하는 것도 익숙하지요. 눈에 보이는 상품뿐만 아니라, 투자도 국제적으로 이루어집니다. 애플이나 아마존 같은 미국 거대 기업의 주식을 마우스 클릭 몇 번으로 사고파는 시대가 되었으니 말입니다.

현재 대학에 다니는 나이의 독자들께는 다소 낯설겠지만, 그보다 좀 더 윗세대 독자들께는 세계화가 아픈 경험을 상기시키기도 합니다. 세계화는 1997년 가을에 갑자기 불어닥친 한국의 외환 위기와 국제통화기금(International Monetary Fund, IMF) 구제 금융을 떠올리게 하니 말이지요. 외환 위기는 구제 금융으로 겨우 넘겼지만 그 대가는 컸습니다. IMF의 개혁 요구로 기업은 강도 높은 구조 조정에 들어가야 했고, 정부는 규제 완화와 재정 건전성 제고에 나서야만 했지요.

그러면서 기업이 도산하거나 대규모 구조 조정에 들어가는 와중에, 수많은 사람이 하루아침에 일자리를 잃어버렸고 자살과 같은 극단적인 선택을 한 경우도 있었습니다. IMF가 주도한 한국 경제의 개혁은 국민의 자긍심에도 상처를 주었습니다. 국제 사회가 한국의 성장 모델은 낡아빠진 유물이거나, 심지어 본래 잘못된 모델이었다는 평가를 내린 셈이니 말이지요.

하지만 세계화가 한국인들에게 상처만 남긴 것은 아닙니다. 그것은 외환 위기 이후는 물론이고, 이미 그 전부터 한국 경제의 성공을 강력히 뒷받침한 힘이었어요. 한국이 1960년대 이후의 고도성장을 이룩한 원동력이 수출이라는 사실은 모르시는 분이 없겠지요. 그런데 그것이 제2차 세계 대전 이후에 미국의 주도로 형성된 개방적인 세계 경제 덕분이었다는 점은 쉽게 잊습니다. 가진 것이라고는 노동력밖에 없었던 한국이 자본과 기술은 해외에서 들여오고, 상품을 자유롭게 세계 시장에서 팔 수 있었던 덕분에 경제 성장을 도모할 수 있었지요.

외환 위기를 겪은 후인 2000년대에 세계화가 급격히 진전된 점도, 최소한 일부 한국 기업에게는 큰 기회였습니다. 구조 조정 이후 평생 직장은 옛말이 되었고, 청년들이 좋은 일자리를 찾기는 더 어려워졌지만, 세계화에 발 빠르게 대응하며 혁신을 추구한 기업들은 엄청난 성공을 거두었으니까요. 한국산 반도체와 스마트폰은 세계 시장에서 1, 2위를 다투고 자동차도 전 세계 시장에서 팔려 나가고 있습니다.

무엇이 세계를 연결시켰을까

이렇게 한국인의 삶 깊이 들어온 세계화는 정확히 어떤 현상을 의미할까요. 세계화라는 어휘는 1960년대에 만들어졌고, 1980년 대부터 폭넓게 사용되었다고 알려져 있습니다. 그때 세계화는 채권이나 외환이 국경을 넘어 활발히 거래되며 세계 금융 시장이 통합되는 현상을 일컬었습니다. 그 후 이 개념은 학계와 언론에서 빈번히 사용되며 금융을 포함한 모든 경제 교류의 증진과 시장 통합, 더 나아가 정치와 사회·문화 영역에서 일어나는 전 세계적인 상호 연결성의 확대·심화·가속 현상을 일컫고 있지요.

먼저 상호 연결성이 확대된다는 것은, 예를 들어 특정 장소에서 일어난 사건이나 결정이 그것과는 무관할 듯한 장소의 사람들에게까지 영향을 미친다는 의미입니다. 이 책에서는 세계화에 대한 시야를 조금 좁혀서 경제 영역에서 일어나는 상호 의존과 연결의 확대로 이해해 보려 합니다. 무역과 자본 거래, 이민이 활발해져 재화와 자본, 노동이 국경을 넘나들면서 세계 경제가 긴밀히 통합되는 과정이라고 보는 것이지요.

현재 일어나는 세계 경제의 통합은 자본주의의 확산·발전과 연관됩니다. 그러므로 세계화의 역사를 이야기하려면 자본주의의 역사를 함께 다루어야 하지요. 상품과 자본, 노동이 국경을 넘나드는 것은 자본주의의 등장 이전에도 일어났지만, 지금처럼 전 세계적으로 진행되는 것은 자본주의 체제 아래에서 사람들이 끝없이 시장 확대, 이윤 획득, 자본 축적을 추구하기 때문입니다.

하지만 자본주의 아래에서 세계화가 저절로 진행되었다고 생각해서는 곤란합니다. 뒤에서 다시 살펴보겠지만 자본주의가 위기에 빠진 1920년대부터 한 세대 동안에 미국과 서유럽, 일본에서는 세계화가 오히려 후퇴했으니 말이지요. 그러므로 구체적으로 어떤 역사적 문맥에서 자본주의 발전과 세계화가 함께 진전되었는지 살펴보아야 합니다. 이 접근은 최근에 어느 역사학자가 힘주어 이야기했듯이, 세계화를 '역사적 현상'으로 이해하도록 요청합니다. 세계화를 국가 간의 관계 속에서 "사람들이 정치와 정책을 통해 결정하는 과정"배영수,『미국 예외론의 대안을 찾아서』(일조각, 2011), 426쪽으로 보아야 한다는 것이지요.

생산 수단을 독점한 자본가

그렇다면 자본주의가 무엇인지도 이야기해 보아야 합니다. 자본주의라는 어휘가 사용되기 전에 먼저 자본capital이나 자본가 capitalist라는 말이 사용되었습니다. 서양에서 16세기부터 쓰인 자본이라는 말은 18세기에 이르러 오늘날 흔히 쓰는 의미를 갖게 되었다고 해요.

처음에 자본은 상인이 투자하거나 다른 사람에게 빌려주는 돈을 뜻했습니다. 나중에는 화폐를 포함해 신용과 상품, 설비까지, 이윤을 얻기 위해 투자하는 자산을 일컫게 됩니다. 자본가라는 말은 17세기부터 사용되었어요. 현금 자산이나 부가 풍부해 이윤이나 지대만으로 살 수 있는 사람, 특히 상인이나 은행가, 연금 소득자 같은 부류가 여기에 속했지요.

18세기 말부터는 자신이 쓰고 남은 부를 생산에 투입해서 더 많은 부를 얻는 사람을 자본가라고 일컫습니다. 또 비슷한 시기에 이 단어는 노동자와 이해관계가 뚜렷하게 대립되는 사람으로서 임금이나 지대가 아니라 이윤으로 살아간다는 의미도 지니게 되었어요.

자본주의라는 단어는 19세기 중반에 프랑스에서 처음 등장해, 이어 독일과 영국으로 퍼져 나갔다고 합니다. 19세기 초의 자본가 개념에 자본과 노동의 대립 관계가 들어 있던 것처럼, 이 개념도 계급 사회의 등장에 주목하면서 형성되었어요. 가령 1850년에 프랑스의 사회주의자 루이 블랑(Louis Blanc, 1811~1882년)은 자본주의를 "다른 사람을 배제하고 몇몇이 자본을 전유專有하는 일"이라고 규정했지요. 전유란 자기 소유가 아닌 것을 사기 소유처럼 사용하는 일이므로, 자본주의는 부정적인 의미를 담고 있었습니다.

비슷한 시기에 칼 마르크스(Karl Marx, 1818~1883년)와 프리드리히 엥겔스(Friedrich Engels, 1820~1895년)는 "자본주의 생산 양식"이라는 개념을 제시했어요. 자본주의 생산 양식을 간단히 말하면 생산 수단을 독점한 자본가가 그렇지 못한 노동자가 생산한 잉여 가치를 전유하고, 이것을 다시 생산에 투입해 더 많은 자본을 축적하는 체제입니다. 이런 어법이 널리 퍼져 20세기 초에 『브리태니커 백과사전』Encyclopædia Britannica은 자본주의를 "생산 수단을 사적 소유자가 소유한 체제"라고 규정합니다.

자본주의가 너무 많다

이런 식으로 정의하면 간단해 보이지만 사실 자본주의라는 어휘는 여러 방식으로 사용되어 한 마디로 정의하기가 어려웠습니다. 그런 만큼 자본주의를 정의할 때 언급하는 요소도 다양했어요.

자유롭고 안정된 재산권, 재화·노동·토지의 상품화, 시장에서 수요와 공급에 따라 결정되는 가격과 경쟁, 지속적인 투자와 그에 따른 이윤 획득과 자본 축적, 권력을 지닌 자본가와 그에게 종속된 임금 노동자 사이의 갈등과 타협, 공장제의 확산과 공업 부문의 성장 같은 것들이 거론되고는 하지요.

자본주의의 요소 가운데 무엇이 특히 중요한가에 따라서 자본주의 앞에 여러 수식어를 붙이기도 했습니다. 농업 자본주의나 상업 자본주의, 산업 자본주의, 독점 자본주의, 금융 자본주의 같은 용어가 20세기 초까지 등장했고, 그 외에도 국가 자본주의나 정실 자본주의 같은 말이 쓰이지요. 이렇게 다채로운 수식어를 써야 한다면 자본주의를 하나의 체제로 보기보다는 여러 체제들로 보는 편이 낫다는 이야기도 나옵니다.

그래도 자본주의의 역사를 살펴보려면, 근대 이후에 등장한 자본주의 체제의 몇 가지 공통된 특징을 바탕으로 잠정적인 정의를 내려야 하지 않을까요? 이럴 때에 가장 먼저 꼽을 수 있는 현상은 만물의 상품화일 것입니다. 뒤에서 다시 살펴보겠지만, 자본주의가 먼저 발전했던 잉글랜드에서 16세기에 본격적으로 일어난 현상이 바로 상품화, 특히 노동력이 상품처럼 사고팔리는 것이었으니까요.

이렇게 볼 때 자본주의는 근대적 상품 경제라고 정의할 수 있을 듯합니다. 그런데 이것을 단지 시장에서 일어나는 경제적 변화로만 볼 수는 없어요. 사람들의 생각이 바뀌어야 하기 때문이지요. 노동력을 상품이라고 생각하게 되는 것과 같은 변화가 함께 이루어진다는 뜻입니다.

근대적 상품 경제의 등장과 함께 일어난 또 하나의 중요한 변화는 경제라는 독립된 영역이 있다는 생각입니다. 이것은 재산권 행사에 대한 관념과 제도의 변화와 맞물려서 일어났어요. 특히 중요한 점은 개인의 재산은 법으로 보호받아야 할 뿐만 아니라, 소유자 마음대로 처분할 수 있다는 관념의 등장입니다. 그렇게 되면 경제에 관한 결정을 내릴 때 재산권 행사를 가로막는 법과 제도, 관습에서 벗어나게 되지요.

간단히 말해서 경제 영역에서 벌어지는 일은 정치·종교적 권위가 아니라 경제적인 고려와 힘으로 결정된다는 뜻입니다. 이것은 시장이 중요한 역할을 하게 된다는 뜻이기도 하지요. 시장에서 수요와 공급에 따라 가격이 결정되고, 일단 그 가격이 적법한 것으로 받아들여지면 정치나 종교의 권위가 끼어들 틈이 줄어들어요. 이렇게 되면 시장이 더욱 발전해서 자본주의의 중요한 특징인 상품화도 더 진전됩니다.

개인의 이윤 추구에 대한 오랜 의심

자본주의는 이윤 추구를 당연한 일로 받아들입니다. 자본주의가 등장하기 이전에 이윤 추구는 종교·도덕적으로 비난받기 일쑤였어요. 서양의 오랜 기독교 전통에서도 이윤 추구를 비판했지요. 하느님과 돈을 동시에 섬길 수 없고, 둘이 경쟁한다면 당연히 하느님을 따라야 한다고 생각되었습니다. "네 이웃을 사랑하라."라는 하느님의 명령을 따르려면 돈을 빌려주고 이자를 받는 것도 해서는 안 될 일이었어요. 이웃의 곤궁한 처지를 이용해 이익을 꾀하지 말라는 것이지요.

이윤 추구는 고대 그리스와 로마부터 내려오는 전통에서도 의심받았습니다. 민주주의의 역사를 살펴보며 이야기했던 대로, 그리스와 로마 사상가들은 개인의 이익보다는 공동체 전체의 복리를 우선으로 생각해야 한다고 강조하면서 자기 이익만을 추구하는 것은 사람다운 일이 아니라 여겼어요.

자본주의가 발전하려면 이윤 추구에 부정적인 태도가 바뀌어야 했습니다. 서양에서는 17세기 후반에 이런 변화가 뚜렷해졌어요. 개인의 이윤 추구가 그 의도와는 무관하게 공동체 전체의 복리를 증진한다는 새로운 생각이 나타났지요. 이 생각은 18세기에 더욱 정교하게 다듬어졌습니다. 1776년에 출간된 『국부론』에서 애덤 스미스가 "우리가 매일 식사를 마련할 수 있는 것은 푸줏간 주인과 양조장 주인, 그리고 빵집 주인의 자비심 때문이 아니라, 그들 자신의 이익을 위한 그들의 고려 때문"_{애덤 스미스, 김수행 옮김, 『국부론』(비봉출판사, 2007), 19쪽}이라고 이야기할 때 이런 생각이 선명히 드러났어요. 사적인 이익 추구가 비난받을 일이 아니라 자연스러운 인간 본성으로 여겨지기 시작한 것이지요.

미래의 불확실성에 투자하다

그런데 자본주의는 이윤 추구에 그치지 않고 이윤이 자본으로 전환, 투자되어 더 큰 이윤을 낳는 선순환이 반복되는 체제입니다. 자본 축적이 일어나는 것이지요. 이때 투자자는 이윤을 소비하며 당장 만족을 얻기보다는, 미래에 더 큰 이윤을 얻기 위해 재투자하는 모험을 감행합니다.

물론 더 큰 이윤을 얻을지, 투자 자금을 잃을지는 확실히 알 수 없습니다. 투자에는 위험 부담이 따른다는 말입니다. 자본주의의 등장 이전에는 불확실성과 위험 부담을 감수하는 일이 드물었어요. 투자할 만한 이윤을 확보한 사람도 많지 않았을 뿐더러, 미래의 불확실한 이윤을 보고 투자하기보다는 현재의 안정과 편안함을 추구하는 사람이 더 많았지요.

투자가 활발하지 않으니 당연히 경제 성장도 빠르지 않았습니다. 이렇듯 끝없는 이윤 추구와 자본 축적은 자본주의와 함께 등장한 새로운 문화였고, 그 덕분에 자본주의 사회의 경제 성장 속도는 더 빨라졌습니다.

자본 축적이 끝없이 이어지려면 이윤을 만들 만한 재화와 서비스를 제공해야 하고, 그 재화와 서비스가 잘 팔려야 하지요. 더 큰 이윤을 얻기 위해 비용을 줄이는 노력도 함께 진행될 것입니다. 따라서 자본주의 사회의 기업가는 자본 축적을 위한 혁신을 추구해요.

비용 절감은 상품을 생산하는 노동자에게 돌아갈 몫을 줄임으로써 이룰 수도 있지만 거기에는 한계가 따르게 마련입니다. 사회 전체로 볼 때 노동자에게 돌아가는 몫은, 비용인 동시에 생산된 상품을 구매하는 소비의 원천이기도 하니까요. 그러므로 노동자의 몫을 끝없이 줄이다가는 시장에서 상품을 구입할 소비자의 규모까지 줄여 버리는 결과를 낳지요.

그래서 기업가는 노동 비용을 줄이면서도 시장에 내놓을 상품을 더 효율적으로 생산할 방법을 찾거나, 기존 상품을 대체할 새로운 상품을 개발합니다. 오스트리아의 경제학자인 조지프 슘페터(Joseph Schumpeter, 1883~1950년)는 자본주의의 가장 중요한 특징으로 끊임없는 '창조적 파괴'creative destruction, 즉 새로운 것으로 낡은 것을 대체하는 혁신을 꼽았지요.

자본주의를 둘러싼 여러 관점

이제까지의 이야기를 다시 정리하면, 기본적으로 자본주의는 발전한 상품 경제입니다. 자본주의에서는 노동을 포함한 모든 것이 상품화되며, 상품은 시장의 공급자와 수요자 사이에서 자발적으로 거래됩니다.

이렇듯 자본주의 사회에서 개인은 자유롭다고 가정됩니다. 특히 정치적 권위로부터 자유로워져서 자신의 인신, 바로 노동력을 마음대로 처분할 수 있지요. 개인은 노동력을 팔아서 획득한 임금을, 기업은 재화와 서비스를 생산하고 판매해 거둔 이윤을 마음대로 처분할 수 있으며 이 권리는 법으로 보호됩니다.

또한 자본주의 사회에서 개인과 기업은 종교·윤리적 제재에서 벗어나 이윤을 추구하고, 이 이윤을 자본으로 바꾸어 생산과 분배에 재투자함으로써 이윤의 확대와 축적을 지향하지요. 축적에의 요구는 생산성 향상과 신제품 출시를 위해 혁신을 유도하고, 끝없는 축적은 빠른 경제 성장의 원동력이 됩니다.

이렇게 정리해도 자본주의 사회의 복잡한 면모가 모두 드러나지는 않습니다. 예를 들어 자본주의 사회를 비판적으로 이해하고, 경제생활을 조직·영위하는 새로운 방식을 제안하려 했던 사람들은 자본주의의 특징으로 자본과 노동 사이의 착취 관계나 경제적 불평등을 주목하기도 했지요.

또 다른 이들은 자본주의가 기본적으로 경제적 관계이지만 한 사회의 정치는 물론 사회관계와 습속, 문화적 구조에도 깊이 스며들어서, 구성원들의 삶 전체를 지배한다고 주장하기도 했어요. 이런 여러 특징은 뒤에서 기회가 될 때마다 조금씩 언급하겠습니다. 우선은 앞에서 제시한 자본주의의 기본적인 특징 몇 가지만 잘 기억하셔도 2부의 가장 중요한 부분인, 자본주의의 세계화가 인류의 경제생활을 어떻게 바꾸어 놓았는지를 살펴보는 데는 큰 무리가 없을 것입니다.

2 세계화 이전의 세계화?

많은 사람들은 자본주의가 근대 서양에서 출현했다고 이야기합니다. 앞에서 이야기한 자본주의의 여러 면모가 대략 16세기 이후 서양에서 출현했다는 것이지요. 세계화도 15세기 말부터 유럽인이 주도했다고 말하고는 해요. 그때부터 유럽에서 규모가 큰 국가를 형성하려는 움직임이 뚜렷해지는 가운데, 상인과 모험가가 신항로를 찾아 먼 바다로 다투어 진출해서 유럽과 아시아, 아메리카, 아프리카가 연결되기 시작했으니 말입니다.

그렇지만 그 시대 이전에도 자본주의 세계화의 몇몇 특징은 어느 정도 드러난 바 있습니다. 본격적으로 자본주의 세계화를 이야기하기 전에, 근대 이전의 사례를 잠시 이야기해 보겠습니다. 고대 중국과 초기 이슬람 세계, 중세 유럽의 상업 활동에서 보이는 특징과, 그것이 세계의 각 지역 간 교류와 통합을 어떻게 확대했는지 살펴보려고 해요. 그 후에 유럽인의 해상 진출과 유럽 자본주의 사회의 출현이라는 문제로 돌아갈 것입니다.

고대부터 활발했던 중국의 대외 무역

먼저 중국입니다. 이미 기원전 206~기원후 220년의 한 왕조 때부터 동아시아 지역은 물론 인도나 서아시아 지역과도 무역이 활발히 이루어졌습니다. 이 활동을 뒷받침하기 위해 한 왕조는 통화를 표준화하고 시장을 확대했으며, 상인의 원거리 무역 활동도 지원했어요. 좀 더 가까운 과거인 960~1279년의 송 왕조에서는 교역이 더욱 번성했습니다. 정부가 운용하는 대규모 선단의 지원 아래, 송의 상인들은 동남아시아와 인도, 아랍, 동아프리카, 심지어 이집트까지 교역망을 넓혔습니다. 활발한 대외 무역만큼이나 송의 내부에서도 시장 관계가 널리 확산되었지요.

특히 13세기에 중국 동남부를 비롯한 몇몇 지역에서는 생계 중심의 경제 대신에 지역 간 교역에 의존하며, 다양한 사치품과 소비재를 교환하는 시장 경제가 번성했습니다. 그 무렵 송의 상인들은 도자기와 종이, 비단, 철물 같은 가공 제품, 주석과 납 등 금속류와 차를 수출하고 말, 향료, 의약품, 귀금속 같은 사치품과 면제품綿製品을 수입하며 시장 경제를 이끌었어요.

상인의 활발한 활동에 주목한 역사가들은 송 시대에 상업 혁명이 일어났다고 말하기도 합니다. 송 왕조에서 활력을 보였던 중국의 시장 경제는 원·명 왕조 초까지 번성하다가, 14세기 말에 명이 해외와의 교역을 막는 해금海禁 정책을 시행하면서 위축되었지요.

이슬람 세계의 광범위한 상업 활동

7세기 후반~13세기 중반의 이슬람 세계에서는 우마이야Umayya 왕조부터 티무르Timur 왕조까지 여러 세력이 번성했습니다. 이슬람 세력의 판도는 그 발상지인 서아시아를 넘어 북아프리카와 이베리아반도에 이르렀지요. 이 시기 이슬람 상인의 활력은 대단했습니다. 메카Mecca와 메디나Medina는 대상隊商 무역의 중심지였고, 이슬람의 세력이 확장되는 가운데 아랍·페르시아 상인은 유라시아 대륙을 가로지르는 육상과 인도양부터 지중해까지 이르는 해상의 교역로를 모두 지배했어요.

특히 중요한 교역로는 지중해에서 아라비아 사막, 페르시아만을 거쳐 인도와 동남아시아, 중국까지 이어지는 인도양 교역로였습니다. 이 길을 따라 비단과 도자기, 금과 은, 금속류, 리넨, 목재, 향료와 기름, 가구와 보석, 노예 등이 거래되었지요. 이슬람 제국 내에서는 자급자족을 지향하는 생계 중심 경제가 지배적이었지만, 여러 무역 거점을 중심으로 임금 노동자를 고용해 다마스크damask, 새틴satin과 같은 직물, 펠트felt와 가죽류, 비누와 향수, 무기를 생산하기도 했습니다. 농촌에서도 과일이나 사탕수수, 향료를 재배해 시장에 내다 파는 농민이 등장했어요.

이슬람의 경전인 『코란』Koran은 이자를 받고 돈을 빌려주는 대부 행위를 금지했지만 실제로는 활발했고, 수표와 환어음 같은 신용 결제 수단도 널리 퍼졌어요. 그러면서 사상가 가운데 이

127

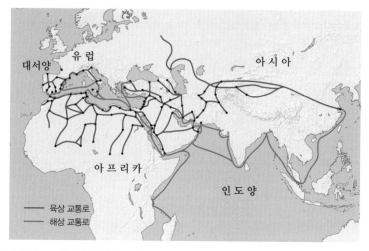

그림 2-1　　중세 시대 세계의 교역로

윤 추구를 정당화하는 사람도 나타났지요. 시아Shiah파 이슬람교
도가 추앙하는 나시르 알딘 투시(Nasīr al-Dīn Tūsī, 1201~1274년)
는 시장이 분업과 교환으로 협력과 상호 부조를 진작한다고 주장
하면서, 국가가 가격 결정에 개입하는 것은 부당하다고 비판했어
요. 14세기의 유명한 역사가 이븐 할둔(Ibn Khaldūn, 1332~1406년)
은 상업을 "노예이건 곡식, 동물, 무기, 옷감이건 간에 낮은 가격
으로 물품을 구입해 비싼 가격에 팔아 이윤을 올려 자본을 늘리
는 일"이라고 규정하기도 했습니다.

대외 무역이 일으킨 중세 유럽의 변화

중국이나 이슬람 세계와 비교하면, 유럽은 뒤늦게 대외 무역에서 두각을 나타냈어요. 서로마 제국의 해체 이후로 유럽은 자급자족적인 생계 중심 경제에 오랫동안 머물렀고, 자연 경제로 후퇴했다고 보기도 합니다. 12세기경부터 사정은 크게 달라집니다. 이때부터 15세기까지 지중해에 인접한 오늘날의 이탈리아 북부 여러 도시, 프랑스 남부와 에스파냐 동북부 카탈루냐Cataluña 지방의 해안 도시를 이집트, 팔레스타인, 시리아, 콘스탄티노플Constantinople을 연결하는 교역로가 특히 번성했습니다.

그러면서 중요한 두 가지 변화가 일어났어요. 하나는 13세기부터 법인法人 형태의 기업이 등장한 것이지요. 이런 법인은 상업 거래에서 출발해 정치권력과 긴밀한 관계를 맺으며 금융업으로 진출하는 경우가 많았습니다. 훗날 법인 형태의 기업은 주식을 발행해 수많은 개인으로부터 자본을 조달함으로써 사업 규모를 확장할 수 있게 되었고, 유한 책임 제도가 도입된 후로는 투자자의 책임을 투자 액수 내로 제한하여 위험 부담이 큰 사업에도 뛰어들 수 있게 되었어요. 그 결과 자본주의가 훨씬 역동적인 면모를 보이는 데 기여하지요.

중세 유럽에 등장한 은행의 활동 범위는 그야말로 국제적이어서, 1341년에 피렌체Firenze의 세 번째로 큰 은행이었던 아차이올리Acciaioli은행은 여러 국가에 13개 지점을 보유했을 정도입니다.

이런 은행은 환어음 거래로 수익을 올리는 한편, 여러 도시 국가의 정부를 위해 채권을 발행하고 돈을 빌려주며 이익을 거두었어요.

또 하나의 변화는 상인 자본이 유통과 금융을 넘어 생산에도 침투하기 시작한 것입니다. 당시로서는 엄청난 자본이 들어가고, 임금 노동자를 고용해야 했던 광업 부문에 상인 자본이 활발히 진출했어요. 또한 상인 자본은 선대제先貸制를 이용해서 소규모 가내 생산에도 영향을 미치기 시작했습니다. 선대제란 주로 가구 단위로 생산하는 직접 생산자에게 상인이 원료를 미리 공급해서, 상품이 완성되면 공급받는 방식을 뜻합니다.

13세기의 피렌체 상인이나 저지대 지역 플랑드르Flandre의 상인이 이런 방식으로 제조업에서 두각을 나타내고는 했어요. 선대제 아래에서 직접 생산자는 자신이 생산한 물품 수량에 따라 보수를 지급받는 임금 노동자와 비슷한 처지가 되어, 상인과 이해관계를 다투기도 했습니다.

중세 자본주의?

간단히 살펴보았지만 흔히 중세라고 부르는 시대에도, 이처럼 중국과 이슬람 세계, 유럽에서 상인의 활동이 활발했어요. 이런 활동을 자본주의의 선례로 볼 수 있을지는 관점이 서로 다를 수 있습니다.

앞에서 간략히 언급했듯이, 마르크스의 이론을 따르는 사람이라면 생산 영역에서 변화가 일어나야 비로소 자본주의가 탄생했다고 말할 것입니다. 이들은 생산 수단이 소수 자본가에게 집중되었는지, 임금 노동자가 주된 노동력인지를 중시합니다. 이 기준에서 본다면 근대 이전의 중국이나 이슬람 세계, 유럽에서 활발했던 상업 활동은 자본주의와 무관하다고 말할 수 있겠지요.

하지만 이 시대는 앞에서 자본주의의 특징이라고 이야기했던 몇 가지 요소를 보이기도 합니다. 중세의 상인은 시장과 매우 긴밀한 관계를 맺었고, 이윤 추구에 매진했으며, 이윤을 얻기 위해 활발히 투자해서 어느 정도의 자본을 축적한 까닭입니다. 마르크스주의의 전통이 강조하는 생산 영역을 보더라도, 유럽에서는 자본 축적과 임금 노동의 확산 현상이 미미하게나마 나타났어요.

물론 이런 견해를 반박하는 특징도 있지요. 중세 유럽의 생산 영역에서 자본주의 원칙이 일부 등장했더라도, 이 시대의 생산 활동 중 핵심이었던 농업에서는 이런 변화가 일어나지 않았습니다. 중세에는 인구의 약 80퍼센트까지도 땅을 일구며 살았는데, 바로 이 농민들에게 임금 노동과 이윤 추구, 자본 축적은 거리가 먼 이야기였지요.

농업에서는 아직 생계 중심 경제가 지배적이어서, 교환은 시장을 거치지 않고 일어나는 경우가 많았습니다. 중세 유럽의 농노처럼 군사력을 갖춘 영주에게 인신이 속박된 이들은 재산권도 온전히 누리지 못했고, 시장 지향적인 생산에 뛰어드는 일도 드물었어요. 사회 경제적 불평등이 기본적으로 정치적 권력관계와 사회적 신분에 따라 결정되던 시대였지요. 그러므로 앞에서 자본주의 시장 경제의 기본적인 특징이라고 이야기했던 정치와 경제의 분리도 상상하기 어려웠습니다.

상인에 한정해서 보더라도, 이들이 자본주의의 원리를 충실히 따랐다고 보기는 어려운 면이 있습니다. 상인들이 대외 무역에 투입하는 자본은 제한적이었고, 자본주의가 만개한 시대처럼 끝없는 자본 축적을 추구하지도 않았어요. 원거리 무역에서 항해가 일단 한 번 성공하면 큰 이윤을 거두었지만, 상인들은 이렇게 거둔 이윤을 무역에 재투자하기보다는 토지를 사거나 신분을 높이는 데 쓰는 경우가 많았어요. 나이가 들수록 불확실한 교역에 투자하기보다는 지대처럼 확실한 소득원을 선호했고, 돈으로라도 신분을 사서 자식에게 물려주고 싶어 했던 것이지요.

소수를 위한 중세의 교역

사회 문화적인 분위기도 이윤 추구에 우호적이지 않았습니다. 앞에서 언급한 대로 이자를 받고 돈을 빌려주는 일은 기독교도나 이슬람교도에게 금지되었어요. 물론 법을 교묘하게 피한 대부 활동이 활발했지만, 이자 놀이나 이윤 추구를 부정적으로 바라보는 시선은 여전했습니다. 유럽에서 상인이 여러 자선 단체에 기부하거나, 죽음을 앞두고 수도원과 교회에 엄청난 재산을 남기는 경우가 적지 않았던 것도 이런 문맥에서 이해할 수 있어요.

지리적인 범위나 교역 품목 면에서도 중세 시대에 활발했던 교역을 자본주의의 세계화로 보기는 어려운 점이 있습니다. 지중해와 인도양을 중심으로 유라시아 대륙의 여러 지역이 교역망으로 연결되었지만, 아메리카와 오세아니아, 사하라 사막 남쪽의 아프리카는 아직 그 범위 밖이었습니다.

교역 품목에서도 한계가 보입니다. 거래되는 상품이 대개 소수 엘리트의 기호를 충족하고 그들만 구입할 수 있는 사치품이었으므로, 대외 무역의 영향이 무역 중심지에서 멀리 떨어진 지역 주민들의 평범한 일상까지 침투했다고 보기는 어려워요. 아랍과 유럽에서 수요가 높았던 중국산 실크나 도자기 같은 경우가 그렇습니다. 향료도 마찬가지였지요. 아시아산 향료가 인도양과 지중해를 거쳐 이탈리아로 건너가 다시 유럽 여러 지역으로 퍼져 나갔지만, 향료를 소비하는 이들은 소수의 지배 계층이었으니 말입니다.

3   바다로 나아가는 유럽

그러므로 세계화가 본격적으로 시작되었다고 말하려면 유라시아 대륙은 물론 그 외의 지역이 교역망 안으로 들어오고, 권력을 장악한 엘리트뿐만 아니라 서민들도 교역망과 연결되어 새로운 상품에 비교적 접근이 쉬워진 시대를 찾아야 할 것입니다.

서양 역사에서 '대항해 시대'라 부르는 15세기 말~18세기가 이런 시대일 것입니다. 이때에 유럽 여러 국가는 왕실의 영광을 비롯한 여러 이유로 수많은 전쟁을 치렀어요. 전쟁에서 승리하려면 전쟁 비용을 대는 국가의 재정 체제가 굳건해야 했으므로, 유럽 왕실은 대외 무역에서 거두는 이윤에 주목했지요. 국력을 신장시켜서 대외 무역을 적극적으로 보호하고, 여기서 거둔 이익을 다시 국력 신장의 원천으로 삼는 선순환을 기대한 것입니다.

그러면서 상인이나 모험가가 주로 지중해에 국한되었던 교역로를 넘어 새로운 길을 찾기 시작했습니다. 때로는 폭력을 동원해 새로운 땅을 식민지로 삼아서 촘촘한 교역망 안으로 끌어들이고, 그 결과로 무역이 크게 증가하게 되었지요. 그 사이에 유럽의 어떤 지역은 유통을 넘어, 농업과 제조업의 생산 영역에서 자본주의 원리를 실천하기에 이르렀어요.

아시아로 향하는 유럽

중세 시대에 유럽과 아시아 간의 무역은 지중해를 중심으로 이루어졌어요. 그런 만큼 이 무역에서 두각을 나타낸 세력도 이탈리아 상인이었지요. 그런데 15세기 말부터 이탈리아 반도 바깥에서 여러 국가의 군주와 상인이 이 우위에 도전하기 시작했습니다.

이탈리아 상인과 이슬람의 세력이 굳건했던 지중해를 우회해, 아시아로 진출할 새로운 교역로를 찾는 노력이 시작된 것입니다. 먼저 주목받은 지역은 아프리카였습니다. 사하라 사막 북쪽 지역을 장악한 이슬람 세력과 대결해 영토를 늘리고, 아프리카의 풍부한 금을 얻을 수 있다고 생각했기 때문이지요.

특히 14세기 중반부터 이베리아반도에서 이슬람 세력과 경합한 포르투갈이나 후에 에스파냐로 통일되는 카스티야Castilla·아라곤Aragón 왕국의 군주와 모험가, 상인은 대서양의 몇몇 섬으로 원정을 떠나기 시작했고, 곧이어 아프리카 내륙에도 진출하려 했습니다.

먼저 포르투갈이 성과를 거두었지요. 포르투갈은 지리적으로 아프리카 대륙과 인접했을 뿐만 아니라 이슬람 세력의 지배를 받는 동안 그들의 앞선 항해·과학 기술을 전수받았어요. 게다가 포르투갈인은 이베리아반도까지 진출한 이탈리아 상인의 자본을 이용할 수도 있었습니다.

15세기 포르투갈의 항해 왕자 엔히크(Henrique o Navegador,

1394~1460년)는 지리와 항해술을 연구하는 학교를 세우고 원정대를 파견해 해상 진출을 꾀하는 한편, 아프리카 내륙에서 영토와 금을 얻으려 했습니다. 하지만 아프리카 내륙으로의 진출은 이슬람 세력의 거센 저항에 막혀 큰 성과를 거두지 못했지요.

그래서 엔히크가 죽은 후에 포르투갈의 상인과 모험가는 아프리카 해안선을 따라 내려가며 무역 거점을 세우고 금과 상아, 후추의 일종인 말라게타malagueta, 노예를 얻는 데 힘을 쏟았어요. 이런 식으로 포르투갈인은 1434년에는 보자도르Bojador곶에 이르렀고, 뒤이어 기니Guinea만, 적도, 콩고Congo강을 지나 1487년에 바르톨로메우 디아스(Bartolomeu Dias, 1450?~1500년)가 희망봉을 발견했지요. 1497년에는 바스쿠 다가마(Vasco da Gama 1460?~1524년)가 희망봉을 돌아 인도로 진출했습니다. 유럽에서 아시아로 가는 새로운 길은 이렇게 열렸어요.

포르투갈의 인도 침투

다가마가 성공을 거두자 포르투갈 상인은 다투어 아시아 무역에 뛰어들었습니다. 포르투갈 상인들과 이를 지원한 왕실은 인도양과 동남아시아의 몇몇 무역 거점을 차례로 장악하려 했습니다. 그런데 이미 이슬람 상인들이 지중해부터 인도까지 이어지는 이 지역 서쪽의 무역망을 장악한 상태였고, 동쪽으로는 아시아 상인들이 말레이 해협의 향료 집산지인 말라카Malacca부터 자바Java

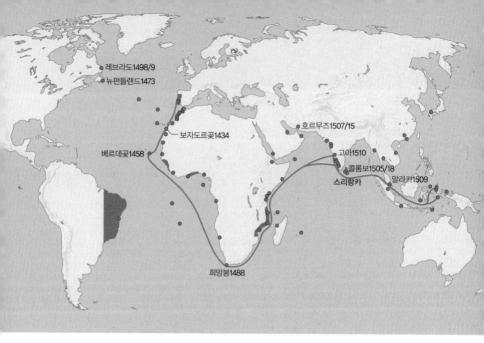

레브라도1498/9
뉴펀들랜드1473

호르무즈1507/15

보자도르곶1434

고아1510
베르데곶1458
콜롬보1505/18
스리랑카
말라카1509

희망봉1488

그림 2-2 　　포르투갈의 해상 진출

섬, 필리핀을 거쳐 중국과 일본까지 연결되는 무역망을 지배하고
있었어요.

　그러므로 광범위한 데다 오랫동안 잘 유지된 아시아 무역망
을 포르투갈 상인이 지배하기는 어려웠습니다. 지배는커녕 촘촘
하고 견고한 이 무역망에 비집고 들어가기조차 쉽지 않았지요.
포르투갈 상인의 이점이라면, 잘 무장된 선단을 갖춘 것이었습
니다.

　결국 포르투갈 무장 선단은 위력적인 대포를 앞세워 인도양의
평화를 교란하며 1510년 인도 서해안의 고아Goa를 확보한 후 이

어서 말라카, 호르무즈Hormuz, 콜롬보Colombo 같은 요충지를 차례로 장악해 나갔어요. 포르투갈 국왕과 상인은 이곳을 통과하는 선박에 통행증을 판매해 수익을 올렸지요. 이것을 카르타스cartaz 제도라 부릅니다. 동시에 이곳을 거점으로 삼아, 후추 같은 향료를 구해서 유럽으로 운송했습니다. 이 사업에는 군주도 직접 참여했어요. 국왕 소유의 선박이 교역 활동을 했고, 교역 수익의 일부는 국왕의 재산이 되었습니다.

에스파냐의 정복 사업

포르투갈이 아시아에서 성공을 거두자 이웃 국가인 에스파냐도 해상 진출에 관심을 갖게 됩니다. 이 두 국가는 이미 14세기 중반에 대서양의 카나리아Canaria 제도를 두고 치열하게 다투었어요. 아프리카 대륙에서 80킬로미터쯤 떨어진 카나리아 제도에는 약 1만 명의 원주민이 살았는데, 15세기 후반 에스파냐인이 이 원주민들을 납치해 노예로 팔아넘기거나, 그들을 이용해서 사탕수수 플랜테이션plantation을 실험하고는 했지요.

　　이사벨 1세(Isabel I, 1451~1504년)는 상인과 모험가의 이런 활동을 지원하기 위해, 1478년과 1492년에 군대를 파견했습니다. 이 정복 사업의 자금 일부는 상인이 제공했는데, 그들은 보상으로 정복이 끝난 후 토지를 하사받았어요. 이런 식의 정복 사업은 에스파냐에서 흔한 일이었지요.

바로 에스파냐의 재정복 운동Reconguista이 이런 방식으로 진행되었기 때문입니다. 8세기에 이슬람 세력이 이베리아반도로 진입하면서 기독교인들은 영토 회복 운동을 벌였는데, 그 과정에서 군주에게 군사력을 제공한 귀족은 전리품과 영토에 대한 권리를 하사받았어요. 카나리아 제도 정복과 콜럼버스의 원정 이후에 이루어진 아메리카 정복도 같은 방식이었지요.

1492년 항해 직전에 콜럼버스는 에스파냐의 가톨릭 공동왕이었던 이사벨 1세와 페르난도 2세 부부 가운데 이사벨 1세와 협정을 맺었습니다. 원정에 성공하면 콜럼버스에게 귀족 작위, 원정의 수익과 정복지에서 거두는 세금 중 일부를 주고 이 특권을 자손에게 물려줄 권리도 준다는 내용이었지요.

이사벨 여왕이 이렇게 후한 조건을 받아들인 것은 콜럼버스가 성공할 가능성이 적다고 보았기 때문입니다. 그런데 막상 콜럼버스가 첫 번째 항해에서 나름대로 성공을 거두자 생각이 바뀌었고, 곧 재협상이 시작되었지요. 결국 콜럼버스는 대제독 지위와 정복지에서 얻는 수익 중 10분의 1을 가질 권리를 얻는 데 그쳤고, 정복지는 국왕의 것이 되었습니다.

콜럼버스의 항해 이후 정복자conquistador들이 아메리카 대륙 정복에 뛰어들었습니다. 재정복 운동에서 그랬듯 이들은 자기 비용으로 정복을 수행하고, 그 대가로 일정 영토에서 원주민 노동력을 이용할 수 있는 권리를 하사받았습니다. 원주민 노동력을 이용해 농사도 짓고 귀금속도 채굴했어요.

콜럼버스의 오해

잘 알려진 것처럼 콜럼버스는 원래 중국으로 가는 새로운 항로를 찾으려 했습니다. 콜럼버스도 참조했던 마르코 폴로(Marco Polo, 1254~1324년)의 여행기인 『동방견문록』(東方見聞錄, *Livres des merveilles du monde*)이 선풍적인 인기를 끌면서 중국에 대한 관심이 고조되었던 탓이지요.

콜럼비스 시대의 유럽인은 중국을 비롯한 아시아가 상상할 수 없을 정도로 부유한 지역이라고 믿었습니다. 피렌체 출신의 어느 지리학자는 "이 섬(일본)에는 황금과 진주와 보석이 엄청나게 풍부하다. 주민들은 황금으로 망토를 만들어 사원과 왕궁을 장식한다."나얀 찬다(Nayan Chanda), 유인선 옮김, 『세계화, 전 지구적 통합의 역사』*Bound Together*(모티브북, 2007), 258쪽에서 재인용라고 이야기할 정도였습니다.

아시아에 기독교 왕국을 세웠다는 전설의 주인공 사제 요한을 찾겠다는 열의도 탐험을 부추겼습니다. 사제 요한과 손을 잡아 이슬람 세력을 동서 양쪽에서 공략해 전 세계에 기독교 보편 왕국을 세우려는 욕망이 콜럼버스를 위험한 항해로 이끌었던 것입니다.

게다가 콜럼버스가 실제 1만 8826킬로미터인 지구의 둘레를 그 3분의 1도 안 되는 5,680킬로미터로, 터무니없이 짧게 계산했던 점도 탐험을 감행한 또 하나의 원인이었지요. 중국으로 곧장 가는 신항로를 열어서 부와 영예를 얻고 선교 사명도 완수하겠다

그림 2-3   신대륙에 상륙하는 콜럼버스

는 열망은 너무도 강렬해서, 그는 1506년에 죽을 때까지 자기가
발견한 땅이 일본이라고 믿었습니다.

콜럼버스는 아시아의 막대한 부를 찾지 못했고 사제 요한을
만나지도 못했습니다. 기껏해야 원주민 몇 명과 그들에게 빼앗은
귀금속 조금, 열대작물 몇 종을 싣고 귀환했으며, 콜럼버스 이후
에 떠난 모험가는 에스파뇰라Española섬을 시작으로 주변의 섬들
을 차례로 정복한 후에 원주민을 핍박해서 귀금속을 조금 얻었을
뿐입니다. 서인도 제도에서 큰 소득을 올리지 못한 에스파냐인
은 곧 아메리카 대륙으로 관심을 돌렸어요. 재정복 운동의 전통
을 살려 정복 지역에 성과 마을을 세우고, 원주민 노동력을 착취

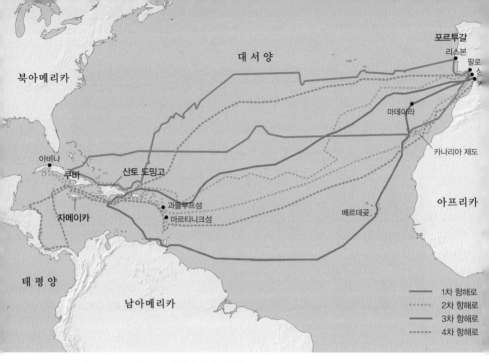

그림 2-4   콜럼버스의 아메리카 대륙 항해

해 금을 찾거나 플랜테이션으로 사탕수수와 같은 작물을 재배했
지요.

병원균의 지원을 받은 정복

에스파냐인의 아메리카 정복은 '병원균'이라는 알 수 없는 힘의
큰 도움을 받았어요. 인구 2,500만의 아즈텍Aztec 제국을 말 16필
과 총포 몇 자루, 600명쯤 되는 원정대로 정복한 에르난 코르테

스(Hernán Cortés, 1485~1547년)나, 1,600만 인구를 자랑하던 잉카Inca 제국을 180명의 원정대와 말 27필로 정복한 프란시스코 피사로(Francisco Pizarro, 1471?~1541년)는 이들 제국에 불만을 품은 원주민의 도움도 받았지만, 수많은 원주민을 죽음으로 몰아넣은 천연두와 인플루엔자influenza, 디프테리아diphtheria 같은 병원균의 막대한 지원을 받은 셈입니다.

수천 년 동안 외부 세계와 단절되었던 이 주민들은 유럽인과 함께 들어온 질병에 속수무책으로 쓰러졌습니다. 어느 역사가는 "고립되어 있던 신세계의 문이 열렸을 때, 콜럼버스가 둘로 나뉜 세계를 하나로 묶었을 때 아메리칸 인디언들은 처음으로 최악의 적을 만났다. 그것은 백인도 아니고, 백인들이 거느리고 온 흑인 노예도 아니었다. 그것은 그들의 피와 숨결에 들어 있는 보이지 않는 살인자들이었다."Alfred Crosby, *The Columbian Exchange: Biological and Cultural Consequences of 1492*, Westport, CT, 1972, 31; 찬다, 『세계화, 전 지구적 통합의 역사』, 356쪽에서 재인용라고 이야기해요.

질병의 위력은 정말 엄청났습니다. 정확한 숫자는 알 수 없지만, 역사학자들은 콜럼버스가 도착한 이후 70년 만에 8천만~1억 명의 원주민이 죽음을 당했다고 추정합니다.

질병과 전쟁으로 수없이 많은 원주민이 쓰러지는 사이에 에스파냐인은 가능한 빨리, 많은 이익을 얻으려 했습니다. 정착 초기에 에스파냐인은 원주민에게서 약탈한 금이나 몇 가지 농산물, 가령 인디고indigo나 코치닐cochineal 같은 농산물을 수출해 이익을 거두었으나 그 정도로는 만족하지 못했습니다. 원주민이 보유한 금의 양은 제한적이었고 농산물을 수출해 빨리 부자가 되기는 어려웠어요.

바로 그 무렵 일확천금의 기회가 찾아왔습니다. 은이 발견된 것이지요. 1540년대 중반에 에스파냐인은 지금의 볼리비아에 있는 포토시Potosí와 멕시코의 사카테카스Zacatecas에서 차례로 은광을 발견했어요. 원주민 노동력과 수은 아말감amalgam법이라는 새로운 기술을 활용해, 에스파냐인은 엄청난 양의 은을 채굴하기 시작했습니다.

매년 1540년대 후반에는 85톤, 1550~1570년대에는 50~60톤, 1580년대 말에는 280톤에 달하는 은을 채굴했어요. 그 가운데 본국으로 매년 보낸 양은 1540년대에는 18톤, 1560년대 94톤, 1570년대 112톤, 1590년대에는 무려 271톤이나 되었습니다. 1500~1650년에 에스파냐는 아메리카에서 유럽으로 금 20톤과 은 1만 6000톤을 실어 날랐지요.

은은 아메리카와 아시아 간의 교역에도 사용되었습니다. 1570년대부터 멕시코 상인은 아카풀코Acapulco와 마닐라Manila를 오가는 무역로를 개척해, 멕시코 은으로 중국산 실크와 도자기, 아시아 향료를 사들였으니까요.

가격 혁명과 자본주의

포르투갈이 아시아 무역에서 성공을 거두어 유럽과 아시아 간의 사치품 무역이 크게 늘고, 에스파냐가 막대한 양의 은을 유럽에 들여왔지만, 이런 조건이 두 국가에서 자본주의를 발전시키지는 못했습니다. 특히 에스파냐는 아메리카 대륙에서 얻은 막대한 부를, 방대한 유럽 제국의 운영이나 사치품 구입에 주로 소비했어요. 반면 상업이나 제조업, 더 나아가서 가장 중요한 농업 부문에는 적극적으로 투자하지 않았지요.

그렇지만 은의 막대한 유입은 다른 국가에 상당한 영향을 주었습니다. 짧은 기간 동안 엄청난 양의 은이 아메리카 대륙에서 에스파냐, 다시 유럽 곳곳으로 퍼져 나가면서 유럽의 물품 가격이 전체적으로 크게 올랐어요. 이런 큰 변화를 가격 혁명이라 부르기도 하지요.

가격 혁명은 고정된 지대 수입에 의존하던 지주에게는 재앙에 가까운 상황이었어요. 화폐 가치가 떨어지니, 수입이 크게 줄었던 것이지요. 나중에 살펴보겠지만 잉글랜드 같은 지역에서는 줄어드는 수입을 만회하기 위해, 농업에서 새로운 활로를 찾으려 노력하게 됩니다. 다른 한편으로는 화폐 공급과 함께, 유럽 사회 곳곳에서 화폐를 매개로 한 교환도 크게 늘었어요. 시장 관계가 확산된 것이지요. 이런 현상은 장기적으로 자본주의 발전에 기여합니다.

이런 장기적인 변화보다 먼저 살펴볼 점은 포르투갈과 에스파냐가 거둔 성공이, 다른 국가들도 적극적으로 해상 진출을 하도록 자극했다는 것입니다. 바로 앞에서 언급했듯이 에스파냐는 아메리카 대륙에서 들여온 은 덕분에 유럽에서 넓은 제국을 지킬 수 있었어요. 그 무렵 에스파냐 왕실은 혼인·혈연관계를 이용해 오늘날의 벨기에와 네덜란드, 이탈리아 일부, 오스트리아를 포함한 넓은 제국을 지배했는데, 아메리카의 은으로 이 제국의 막강한 육군과 해군을 유지한 것이지요.

사정이 이렇게 되자 강력한 국가를 건설하는 데 매진하던 잉글랜드나 프랑스, 그리고 에스파냐의 지배에서 벗어나기 위해 80년 전쟁에 돌입하게 되는 네덜란드가 모두 에스파냐 제국에 맞서기 위한 재정의 확보에 관심을 기울이게 되었어요. 실제로 이 시기에는 여러 전쟁이 일어났습니다. 영토를 두고 각국의 왕실 간에 이해관계가 갈려 전쟁이 일어나기도 하고, 1517년에 시작된 종교 개혁 때문에 개신교와 가톨릭 세력도 전쟁을 벌였습니다. 전쟁이 잦아지면서 군사력의 규모를 키우고, 군대 조직을 전문화하며, 새로운 무기를 도입하는 군사 혁명Military Revolution이 진행되었지요.

그러다 보니 전쟁 비용은 가파르게 올라갔고, 이것을 감당하려면 재정 체제를 정비하고 새로운 수입원을 찾아야 했어요. 그 결과로 유럽 여러 국가가 해외 무역과 식민지 개척에 관심을 기울이게 되었지요. 물론 이것은 새로운 교역로를 열어 더 큰 이윤

을 얻으려 했던 상인이나 모험가의 이해관계와도 잘 맞아떨어지
는 상황이었습니다.

네덜란드의 혁신, 동인도회사

1580년대부터 네덜란드인들이 아시아 무역에 뛰어들었습니다.
1581년 에스파냐 제국으로부터 독립을 선언한 7개 주가 연방을
형성하며 탄생한 네덜란드는 경제적으로 활력이 넘치던 지역이
었어요. 그곳에서는 오래 전부터 시장 판매를 겨냥한 상업적 농
업이 발전했고, 북해에서 대규모의 청어 잡이와 곡물 교역이 이
루어졌으며, 직물 가공이나 염색처럼 세련된 기술이 필요한 제조
업도 성장했습니다.

　더욱이 에스파냐와 전쟁을 치르는 사이에 당시 북유럽 최고의
경제 중심지였던 안트베르펜Antwerpen이 몰락하고, 네덜란드의
암스테르담Amsterdam이 금융과 교역 중심지로 떠올랐어요. 새로
운 번영을 누리던 네덜란드의 상인들 가운데는 포르투갈의 리스
본Lisbon에서 사들인 향료를 유럽 전역에 팔아 이윤을 거두던 이
들도 있었습니다.

　그런데 1580년대부터 이 사업이 위기를 맞았어요. 포르투갈
왕실이 향료 무역에서 더 큰 이익을 차지하기 위해 향료 판매권
을 소수의 상인에게 넘겨주면서, 네덜란드 상인을 배제하기 시작
한 것이지요. 그래서 네덜란드 상인은 포르투갈에 의존하기보다

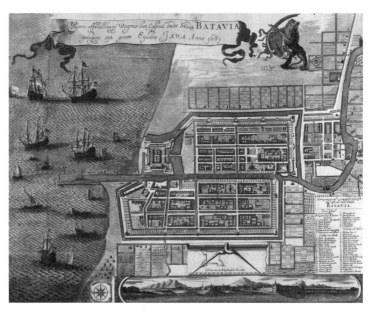

그림 2-5   17세기 네덜란드 동인도회사의 바타비아 상관을 그린 지도

는 직접 아시아와 교역하는 길을 찾게 되었습니다.

　네덜란드 상인들은 여러 회사를 설립해 아시아로 선단을 내보내기 시작했습니다. 그런데 거의 10년 동안 여러 회사가 앞다퉈 아시아로 진출하면서 한 가지 문제가 생겼어요. 향료 무역은 분명 수익성이 높은 사업이었지만, 네덜란드 회사 간의 경쟁이 너무 치열해져서 향료의 현지 가격이 크게 올라 버린 것이지요. 네덜란드 정부도 이 문제를 그냥 두고 볼 수 없었습니다.

　그래서 경쟁을 제한해 자본 투자의 효율을 높일 방책을 찾아

나섰습니다. 그 해결책이 1602년에 설립한 네덜란드 동인도회사였습니다. 네덜란드 정부가 중재해서 아시아 무역에 참여한 자국회사들을 연합시켜 하나의 회사로 만들고, 정부는 이 회사에 아시아 무역의 독점권을 보장하는 특허장을 주었어요. 특허장은 동인도회사가 아시아에서 외교 활동을 수행하고 군사력도 행사하는 특권까지 보장했습니다. 상업 회사가 국가의 역할도 담당하게 된 것이지요.

이렇게 출발한 네덜란드 동인도회사는 근대 주식회사와 비슷한 방식으로 자본을 조달하는 혁신을 이루어 냈습니다. 예전처럼 항해가 한 번 끝날 때마다 투자 원금과 수익을 배분하던 관행을 버리고, 여러 투자자가 낸 자본은 그대로 둔 채 배당금만 지불하는 방식을 택한 것입니다. 주식 투자자는 필요할 때에 주식 시장에서 자기 주식을 팔아 투자 원금을 회수해, 시세 차익을 거둘 수 있게 되었지요.

600만 길더guilder가 넘는 대자본과 3,000명에 이르는 군사력을 갖춘 네덜란드 동인도회사는, 포르투갈은 물론 아시아 여러 국가가 장악했던 주요 무역 거점을 차례로 공략해 들어갔습니다. 물론 쉽지 않은 일이었지만, 이 회사는 원주민에 대한 잔혹 행위도 서슴지 않으면서 공격적으로 세력을 넓혀 나갔습니다.

아시아 식민지의 초대 지사였던 얀 피터스존 쿤(Jan Pieterszoon Coen, 1587~1629년)이 반다Banda 제도를 공격하며 2,500명의 원주민을 죽인 일이나, 1623년 네덜란드 상관을 공격하려 했다는 구실을 내세워 암본Ambon에서 일본인과 영국인을 공개 처형한 사건이 네덜란드 동인도회사의 폭력성을 단적으로 보여 줍니다.

이런 방식으로 네덜란드 동인도회사는 17세기 중반까지 자바와 말루쿠Maluku 제도를 포함한 20여 곳에 상관을 건설했습니다. 이 회사는 향료 생산량을 엄격하게 통제하고, 교역로를 견실히 지켜 나갔어요. 그렇게 네덜란드가 아시아와 유럽 간의 향료 무역에서 우위를 차지하게 되었지요. 이 회사는 또한 아시아 내 상관들 간의 현지 무역으로 상당한 수익을 기두었습니다.

잉글랜드 동인도회사의 추격

네덜란드 동인도회사가 성공을 거듭하던 그 무렵, 역시 아시아 무역에 뛰어든 잉글랜드 동인도회사는 고전 중이었습니다. 잉글랜드 동인도회사는 네덜란드 동인도회사보다 앞선 1600년에 설립되었지만, 자본 규모와 사업 방식에서 네덜란드만큼 혁신적인 모습을 보여 주지 못했지요. 무역에 투입한 자본은 네덜란드 동인도회사의 초기 자본과 비교하면 10분의 1 정도에 불과했고, 17세기 중반까지는 사업 방식도 예전처럼 항해가 끝날 때마다 투자 원금과 수익을 배분하는 관행을 따랐어요. 그러다 보니 사업의 연속성이 불확실했습니다.

그런데다가 네덜란드 동인도회사가 탄탄한 군사력을 앞세워서 무역 거점과 향료 생산지를 장악해 갔기 때문에, 잉글랜드 동

그림 2-6   인도의 콜카타Kolkata에 있었던 잉글랜드 동인도회사 본사의 모습

인도회사가 끼어들 틈이 별로 없었습니다. 엎친 데 덮친 격으로 1640년대 잉글랜드에서는 국왕파와 의회파 사이에 내전이 일어 나면서, 동인도회사의 사업을 신경 쓸 겨를도 없었어요. 1650년 대에 내전의 혼란이 어느 정도 수습되고 새로운 특허장을 받아 회사 조직과 사업 방식을 좀 더 효율적으로 바꾸고 나서야, 잉글 랜드 동인도회사는 기회를 엿볼 수 있게 되었지요.

동인도회사는 네덜란드인이 장악한 향료 무역 대신에, 인도에 서 사업 기회를 찾았습니다. 특히 인도산 면직물이 향료를 대신

할 새로운 상품으로 떠올랐어요. 물론 당시에는 알 수 없었지만, 이것이 네덜란드와 경쟁하는 데 큰 도움을 주었습니다. 17세기 후반에 공급 과잉으로 향료 무역의 수익성이 떨어진 반면, 유럽에서 면직물의 수요가 크게 늘었어요. 이후 잉글랜드 동인도회사는 중국의 차를 수입해서 잉글랜드와 유럽 시장에 공급해 큰 수익을 거두기도 했지요.

대서양 무역의 시작

유럽 여러 국가는 아시아 진출을 도모하는 한편으로, 에스파냐의 예를 따라서 아메리카 대륙에도 관심을 기울였어요. 특히 잉글랜드인들이 적극적이었습니다. 개신교 내의 극심한 종교 갈등을 피해 자유롭게 신앙생활을 할 수 있는 새로운 땅을 찾아 나서려는 사람도 있었고, 식민지를 개척해서 16세기의 가파른 인구 증가로 발생한 빈민 문제를 해결하자는 제안도 있었지요. 게다가 에스파냐 같은 열강과 경쟁하기 위해 필요한 귀금속을 찾아야 한다는 생각도 널리 퍼졌어요.

이런 여러 열망을 성취하기 위해 잉글랜드인은 북아메리카 대륙과 서인도 제도로 진출하기 시작했습니다. 1607년 버지니아Virginia에 제임스타운Jamestown을 세우면서 시작된 잉글랜드인의 이주는, 1660년까지 14만 명이 북아메리카 대륙과 서인도 제도에 정착할 정도로 활발히 진행되었어요. 처음에 정착민의 삶은 무척 고되었습니다. 기대했던 귀금속은 없었던 반면에 질병이나 원주민과의 갈등으로 죽는 사람이 속출했고, 겨우 살아남은 사람도 본국의 식민 사업가가 보내 주는 식량과 생필품에 의지해야 했지요.

이렇게 어려웠던 정착민을 구한 것은 바로 담배와 사탕수수, 어업이었습니다. 1610년대부터 북아메리카 대륙 남부의 버지니아에서 담배 플랜테이션이 시작되고 1640년대부터는 서인도 제도에서 사탕수수 플랜테이션이 가동되자, 유럽 시장에 내다 팔 만한 좋은 상품이 생겼지요. 대서양 무역이 본격적으로 시작된 것입니다. 유럽과 기후가 거의 비슷한 북부 정착지에서는 곡물 경작과 어업으로 생계를 유지했어요. 이렇게 얻은 산물을 북아메리카 남부의 식민지와 서인도 제도, 유럽에 수출해서 수익을 거두기 시작했습니다.

북아메리카 식민지의 역할

잉글랜드의 북아메리카 식민지 개척과 정착은 정부가 아니라 새로운 기회를 얻고자 한 수많은 서민들이 주도했습니다. 그런데 식민지에서 유럽 시장에 수출할 만한 상품이 대량으로 생산되면서, 정부도 식민지에 관심을 기울이게 되었지요. 가장 큰 관심사는 대서양 무역의 이익이 전적으로 잉글랜드인에게, 그래서 결국은 잉글랜드 정부에 돌아오도록 만드는 일이었습니다.

1651년에 처음 제정되어 여러 차례 개정된 「항해법」은 이런 관심을 반영했습니다. 「항해법」의 주된 내용은 잉글랜드나 잉글랜드 식민지에 상품을 들여올 때, 반드시 잉글랜드나 상품 생산국의 선박을 이용해야 한다는 것이었습니다. 이런 규정의 의도는 당시 해운업에서 가장 앞섰던 네덜란드 상인들을 잉글랜드 시장에서 몰아내려는 것이었지요. 또 한 가지 중요한 내용은 법으로 정한 특정 식민지 상품은 반드시 잉글랜드의 항구를 거쳐서 유럽 대륙으로 재수출해야 한다는 것이었습니다.

「항해법」 외에도 식민지에서의 제조업을 금지하고, 식민지 간의 무역을 규제하는 법도 제정했어요. 모두 식민지가 본래 기능, 즉 원료 공급원과 상품 시장으로서의 역할을 하도록 유도하는 조치지요.

이런 여러 규제는 훗날 영국과 식민지 간의 관계를 악화시키는 주된 요인이 되었지만, 어떤 면에서는 당시 유럽에서 가장 빠르게 성장하던 영국 시장에 식민지 주민이 마음껏 진출할 기회를 주기도 했습니다. 그 덕분에 북아메리카 식민지와 서인도 제도는 아주 빠르게 성장했어요. 1650년에 각각 5만 5000명과 5만 9000명뿐이었던 북아메리카와 서인도 제도의 인구가 1770년에 이르면 228만 명과 48만 명으로 늘었을 정도니까요.

4 폭력의 세계화, 노예 무역

잉글랜드인이 북아메리카와 서인도 제도에 세운 식민지가 번성하고, 프랑스인이 오늘날의 캐나다인 북아메리카 북부와 서인도 제도에서 무역과 플랜테이션 농업에 뛰어들자 노동력 수요가 크게 늘었습니다. 처음에는 원주민을 노동력으로 활용할 생각도 있었지만 그렇게 쉽지 않았지요.

잉글랜드인은 대신 본국의 가난한 이들을 노동력으로 활용했습니다. 이들은 이주 비용을 제공받는 대가로 일정한 기간 동안 하인이 되어 플랜테이션에서 일하는 사람들이었습니다. 이런 사람을 연기 계약 하인이라 불렀지요.

그런데 이 체제가 17세기 후반에 이르면 잘 작동하지 않았습니다. 잉글랜드의 인구가 더 이상 늘지 않아 국내에서 일할 사람도 부족해졌기 때문에 식민지로 떠나려는 이들이 줄었고, 식민지에서도 연기 계약 하인이 잉글랜드인의 권리를 내세우며 반발하는 경우가 많아졌지요. 그때 새로운 노동력으로 떠오른 집단이 아프리카에서 들여오는 노예였습니다.

대서양 노예 무역은 포르투갈인이 일찌감치 시작한 바 있습니다. 이미 15세기에 포르투갈 상인은 아프리카 출신의 노예를 유럼 시장에 팔거나 마데이라Madeira 같은 섬의 사탕수수 플랜테이션에서 노동을 시키고는 했어요. 포르투갈인이 브라질 식민지를 개척하고 사탕수수 플랜테이션을 가동하면서, 노예 무역은 더욱 번성했지요. 17세기 초반에 포르투갈 노예 상인은 매년 수천 명에 이르는 아프리카인을 포르투갈과 에스파냐 식민지로 공급하기에 이르렀습니다. 이렇게 번성하던 대서양 노예 무역에 17세기 말부터 잉글랜드가 본격적으로 뛰어들었고, 18세기 중반에 이르면 영국의 노예 무역 규모가 포르투갈을 제쳤어요.

노예 무역의 참상

노예 무역은 끔찍했습니다. 포르투갈 상인에 이어 유럽 여러 국가의 상인들이 서아프리카 해안 각지에 진출해, 요새화된 상관을 세우거나 연안 섬에 자리 잡고 대규모로 노예를 끌어모았어요. 풍토병이나 지리적인 장애물, 아프리카인의 저항 탓에, 유럽 상인은 아프리카 내륙으로 들어가 노예를 납치해 오지는 못했습니다. 대신 다른 아프리카인에게 직물이나 총기 같은 것을 주고 노예를 샀습니다. 노예를 다루는 현지 상인이 있었고, 무리를 지어 돌아다니며 마을을 습격해 노예를 납치하는 무장 세력이 있었던 것이지요.

붙잡힌 노예는 성별에 따라 분류되어 대서양을 건너는 선박에 실렸습니다. 배에 실린 노예는 곧 돈이나 마찬가지였으므로,

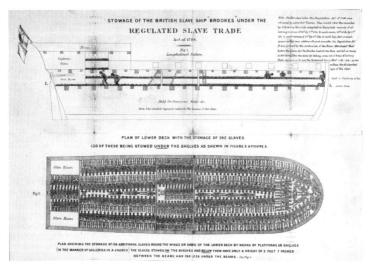

그림 2-7　　노예선의 상황이 무척 열악했기 때문에, 아프리카에서 아메리카로 향하는 중간 항해 동안 노예들의 선상 봉기가 적지 않게 발생했습니다.

노예 상인은 가능한 많은 노예를 실었어요. 그러니 노예선에서 아프리카인의 처지는 열악하기 그지없었지요. 물과 식량을 실어야 할 곳에 노예를 싣는 경우도 허다했고, 사슬에 묶인 노예들은 1인당 4제곱피트, 즉 10분의 1평에 불과한 비좁은 공간에서 온갖 악취와 만성적인 영양 부족, 질병에 시달려야 했습니다.

　이런 상태로 150~400명의 노예가 8~12주에 이르는 항해를 견뎌야 했는데, 약 15퍼센트는 도중에 죽었습니다. 노예선에서 일하는 선원도 사정이 나쁘기는 마찬가지였어요. 18세기의 프랑스 노예 무역에 관한 한 연구에 따르면 노예선 선원 가운데 평균 20퍼센트가 항해 중에 사망했다고 해요. 1780년대 영국 노예선에 관한 또 다른 연구도 선원의 21퍼센트가 질병으로 죽었다고 전합니다.

살아남기 어려운 노예들

아프리카에서 대서양을 건너 아메리카로 향하는 항해, 즉 중간 항해Middle Passage 기간에 노예들도 가만히 있지만은 않았습니다. 죽으면 영혼이 고향으로 되돌아간다고 믿었던 아프리카인은 음식을 거부하거나 바다에 뛰어들어 자살을 시도하기 일쑤였습니다. 선상 봉기도 꽤 자주 일어났습니다. 전체 항해 가운데 약 10퍼센트는 항해에서 선상 봉기가 일어났습니다.

아프리카인이 여러 방식으로 중간 항해에 저항했던 까닭은 노예선에 오른 그들의 심경을 들어 보면, 어느 정도 짐작할 수 있을 듯합니다. 가령 노예로 팔린 경험을 책으로 써서 나중에 노예 무역 폐지 운동에 크게 기여한 올라우다 에퀴아노(Olaudah Equiano, 1745?~1797년)는 자신의 심정을 이렇게 이야기했습니다.

나는 이제 사악한 영들이 세계로 들어왔으며, 그들이 나를 죽일 것이라고 확신했다. 우리와 너무나도 다른 그들의 얼굴, 긴 머리카락, 내가 여태까지 들어본 어느 말과도 다른 그들의 말, 이런 것들이 합쳐져서 나의 확신을 더욱 분명하게 만들었다. 그때 내가 본 것이 어찌나 큰 두려움을 자아냈는지, 내가 설사 만 개의 세상을 소유하고 있더라도 그것들을 다 내주고 내 나라의 가장 천한 노예가 되었으면 좋겠다고 생각했다. 배 안을 둘러보았더니 구리로 만든 커다란 보일러가 있고, 제각각으로 생긴 수많은 흑인들이 사슬에 묶여 있었는데, 모두들 낙담하고 슬픔에 찬 얼굴을 하고 있었다. 이제 내 운명이 어떠할지 의심의 여지없이 분명해 보였고, 두려움과 고뇌가 덮쳐 와서 나는 꼼짝하지 못한 채 기절했다.

Olaudah Equiano, *The Interesting Narrative and Other Writings*, London, 2003, 55;
주경철, 『대항해 시대』(서울대출판부, 2008), 322-333쪽에서 재인용

노예 무역의 규모는 엄청났습니다. 얼마나 많은 아프리카인이 대서양 노예 무역에 희생되었는지는 분명치 않습니다. 최근의 한 추계에 따르면 1519~1867년에 약 1,240만 명이 아프리카에서 나갔다고 합니다. 여기에는 집결지에서 노예선으로 가는 사이에 사망한 약 180만 명의 아프리카인은 포함되지 않습니다.

중간 항해 동안에 죽음에 이른 이들을 제외하면 대략 1,060만 명이 아메리카 여러 지역에 도착했다고 추정됩니다. 이렇게 도착한 노예 가운데 180만 명은 1년 이내에 죽음을 맞이했습니다. 그러므로 노예 무역 때문에 사망한 아프리카인은 거의 500만 명에 이른다고 볼 수 있겠지요.

노예 무역에서 제일 큰 비중을 차지한 국가는 가장 먼저 노예 무역에 뛰어든 포르투갈로 전체의 46퍼센트에 해당하는 약 500만 명의 아프리카인을 '수출'했습니다. 그 뒤를 잇는 국가는

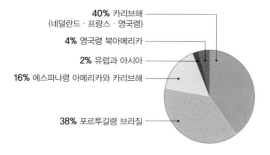

전체 노예의 숫자: 1,060만 명

- 40% 카리브해 (네덜란드 · 프랑스 · 영국령)
- 4% 영국령 북아메리카
- 2% 유럽과 아시아
- 16% 에스파냐령 아메리카와 카리브해
- 38% 포르투갈령 브라질

1451~1870년에 노예가 된 아프리카인들의 정착지

추산 출처: *The Atlantic Slaves Trade: A Census*

그림 2-8   1451~1870년의 삼각 무역 체제

310만 명으로 약 28퍼센트인 잉글랜드였습니다. 앞에서 이야기한 대로 영국 상인은 17세기 중반 이후에 본격적으로 노예 무역에 뛰어들었고, 1807년 영국 의회가 이 무역을 금지했으므로 비교적 짧은 기간에 집중적으로 노예 무역을 수행한 셈입니다.

지속 불가능한 노예제

이렇게 많은 노예가 도대체 왜 필요했을까요. 북아메리카 남부의 몇 개 식민지를 제외한, 아메리카와 서인도 제도의 모든 노예들은 자체적으로 인구를 재생산하는 데 실패했기 때문입니다.

이것은 여러 요인이 복합된 결과로 보입니다. 예를 들어 서인도 제도와 브라질의 사탕수수 플랜테이션은 기후 조건이 가혹하고 질병이 만연했던 데다가 노동 강도가 지독히 높았어요. 사탕수수 플랜테이션은 평소에도 만만치 않았지만, 추수 때부터 설탕 원료가 되는 원당을 뽑아낼 때까지는 악명이 높을 정도로 특히 힘들었습니다. 그래서 노예 사망률이 아주 높았지요.

게다가 대부분의 사탕수수 플랜테이션 지주는 짧은 기간만 현지에 머물거나 아예 대리인을 두고 경영하는 부재 지주여서, 노예의 처지를 개선하는 데 관심을 기울이지 않았어요. 또 힘든 노동을 감내하려면 젊은 남성 노예가 필요했으므로 노예의 성별 비율이 균형을 이루지 못해, 남녀 노예가 결혼해 자식을 낳는 일도 드물었지요.

이런 여러 사정 탓에 사탕수수 플랜테이션에서는 강도 높은 노동 규율을 강요해 최대한 노예의 노동력을 쥐어짜고서, 새로운 노예로 대체하는 일이 너무나 흔했어요. 이런 점을 볼 때 노예제에 바탕을 둔 플랜테이션은 새로운 노동 규율을 노동자에게 주입하기 위해 온갖 수단을 동원했던 산업화 초기의 공장을 연상시킵니다. 플랜테이션이나 공장은 노동자를 치밀하게 통제해서 최대한의 이윤을 확보하려는 자본주의 체제의 특징을 공유하지요.

대서양 노예 무역은 유럽과 아프리카, 아메리카를 연결하는 이른바 '삼각 무역'에서 중요한 자리를 차지했어요. 영국을 비롯한 유럽 여러 국가의 상인은 총 같은 공산품이나 인도산 면직물을 아프리카로 보내 노예와 바꾸고, 이 노예는 아메리카에서 팔았습니다. 노예와 바뀐 아메리카의 설탕과 담배, 목재, 인디고, 커피, 그리고 18세기 중반부터는 면화가 유럽으로 팔려 나갔지요. 삼각 무역으로 연결된 대서양 세계는 다시 아시아 교역망과 연결되었습니다.

이때 에스파냐의 아메리카 식민지에서 생산된 은이 중요한 역할을 했어요. 이 은은 한편으로는 에스파냐 본국으로 유입되어 다시 유럽 각국에 퍼져 나갔고, 다른 편에서는 에스파냐의 식민지인 필리핀으로 가서 아시아 교역망에 유입되었지요.

유럽의 국가들은 유럽 내 무역과 대서양 무역으로 얻은 은을 지불하고 향료와 실크, 차와 같은 아시아산 상품을 수입했습니다. 복잡한 무역을 거쳐서 축적한 은이 결국 인도와 중국으로 들어간 것이지요. 유럽인은 인도와 중국에서 생산되는 각종 사치품에 열광했지만, 이 국가의 소비자들이 탐낼 만한 제품은 내놓지 못했으니까요.

자본주의의 원시적 폭력

노예 무역과 그것에 바탕을 둔 대서양 노예제는 유럽과 세계 여러 지역을 경제적으로 연결하는 세계화를 이끌었습니다. 포르투갈과 에스파냐가 먼저 주도한 이 시기의 세계화는 여전히 군사력에 바탕을 둔 약탈로 일관했다는 점에서 발전된 자본주의와 거리가 멀었지만, 이 두 국가로부터 유럽 곳곳에 퍼진 이윤, 즉 은은 자본주의 시장 관계가 널리 확산되는 동력을 제공했어요.

대서양 식민지에 정착한 잉글랜드인이나 프랑스인, 그리고 그들과 거래하는 본국의 수많은 상인은 식민지의 작물을 본국은 물론 유럽 각지에 수출해 막대한 이윤을 얻었고, 이 국가들의 대서양 상인은 본국에서 생산된 제조업 제품을 식민지에 수입해 이익을 얻었습니다.

뒤에서 다시 살펴보겠지만 자본주의는 이런 과정을 거치면서 점점 더 널리 전파되었어요. 그리고 자본주의의 발전을 뒷받침한 것은 말로는 다 표현할 수 없는 극심한 고통을 감내해야 했던 수백만 노예의 피와 땀이었지요. 그런 만큼 근대 초의 자본주의 세계화는 자유로운 시장 관계의 확산만이 아니라, 폭력의 세계화도

163

바탕이었다고 보아야 할 것입니다. 마르크스가 자본의 '원시적 축적'이라고 부른 이 과정은, 그야말로 문명과는 거리가 먼 원시적primitive인 폭력에 의존했어요.

5   자본주의의 탄생 조건

근대 초 유럽 여러 국가의 해상 진출이 활발해지면서 유럽과 아시아, 아메리카 사이의 무역망이 긴밀하게 구축되었습니다. 이렇게 초기 세계화가 진행되는 동안, 유럽 내에서는 앞에서 자본주의의 특징이라고 정의했던 몇 가지 면모가 좀 더 뚜렷해졌어요. 노동력까지 포함한 상품화가 진전되고, 이윤이 자본으로 전환되어 재투자될 뿐만 아니라 끊임없이 자본을 축적하려는 욕망이 나타났으며, 혁신을 이용해 이윤을 추구하는 일이 빈번해졌지요.

특히 농촌에서 일어난 변화가 중요했습니다. 18세기 중반부터 본격적으로 산업화가 진행되기 전에는, 대부분의 국가에서 인구의 절대 다수가 농업에 종사했습니다. 어떤 때는 농민이 거의 80퍼센트에 달했어요. 그런데 오랫동안 이들 농민은 시장에 내다 팔기 위한 생산보다는 생계를 유지하기 위한 생산에 급급했습니다. 농민들이 계속 이런 처지였다면 만물의 상품화나 지속적인 이윤 추구와 자본 축적, 혁신은 기대할 수 없었어요. 그러므로 한 사회에서 자본주의가 본격적으로 발전하려면, 자본주의를 특징짓는 변화가 농업에서 일어나야만 하지요.

그런데 이런 변화를 농민이 자발적으로 이끈 경우는 드물었습니다. 마르크스에 따르면 이 과정은 직접 생산자인 농민이 생산 수단에 대한 통제권을 자본가에게 빼앗겨서 어쩔 수 없이 임금 노동자가 되는 것이었고, 흔히 전통적인 생활 방식에 대한 폭력적인 파괴를 동반했으니까요.

농업을 변화시킨 잉글랜드의 자본주의

이런 과정은 잉글랜드에서 특히 잘 드러납니다. 16세기에 인구가 가파르게 증가하고 도시화가 진전되면서, 식량뿐만 아니라 의복 수요도 크게 늘었습니다. 당시 유럽에서 의복은 대개 모직물로 만들었으므로, 의복 수요의 폭증은 당연히 양모의 대량 소비를 수반했어요.

이런 변화에 대응해 잉글랜드에서는 인클로저enclosure가 진행되었습니다. 인클로저를 한국어로 옮기면 '울타리 치기' 정도가 되는데, 실제로도 바로 그랬어요. 중세 때부터 공동 경작과 공동 방목을 위해 울타리를 치지 않고 내버려 두었던 땅에 울타리를 치고, 지주 자신이 마음대로 처분할 수 있는 땅이라고 선언하는 일이었으니 말이지요. 이런 과정에서 가난한 농민은 이전까지 함께 경작했던 땅을 빼앗기고 날품팔이, 즉 농업 노동자가 되거나 아예 마을을 떠나는 경우가 많았습니다.

16세기에 잉글랜드에서 일어난 인클로저는 대부분 기존의 경작지와 공유지를 양을 기르는 목초지로 전환하기 위해 진행되었으므로, 땅에서 쫓겨난 사람이 많아질 수밖에 없었어요. 당연히 이 사람들은 심각한 사회 문제가 되었지요. 토머스 모어(Thomas More, 1478~1535년)는 1516년에 출간한 『유토피아』Utopia에서 이런 현실을 개탄했습니다.

양은 보통 아주 온순하고 조금밖에 먹지 않는 동물인데, 이제는 아주 게걸스럽고 사나워져서 사람들까지 먹어 치운다고 들었습니다. 양들은 경지, 가옥, 도시들을 황폐시킵니다. 국내 어느 곳이든지 양들이 가장 질 좋은, 그래서 가장 값비싼 양모를 생산하는 곳에서는 귀족과 젠트리gentry, 심지어 상당히 많은 수도원장들-그런 거룩한 사람들-까지도 땅의 전 소유자들이 거두어들인 옛 지대만으로 만족하지 않습니다. 그들은 이제 사회에 아무런 도움도 주지 않고 나태와 사치 속에 살아가는 것만으로는 만족하지 않고, 해를 끼치는 일에 나서고 있습니다. 그들은 경작용 농지를 남겨놓지 않고 모든 땅을 울타리로 둘러막아 목장으로 만들고, 가옥을 헐어버리고 마을을 없애 버립니다. (……) 그리고 수렵장과 야생 동물 사냥용의 숲 등으로 버려진 땅이 아직도 모자라다고 생각하는지, 이들 높으신 분들은 모든 인간의 주택과 경작지를 불모지로 되돌리고 있습니다. 이래서, 만족할 줄 모르는 욕심꾸러기 대식가이자 그 자신의 나라에 무서운 재앙인 욕심쟁이 하나가 수천 에이커acre의 토지를 한 울타리 안에 둘러막을 수 있도록 하기 위해 토지 보유 농민들이 쫓겨나고, 사기나 잔인한 폭력 등에 의해 자기 소유물을 빼앗기거나 계속적인 괴롭힘에 시달리다 못해 그것을 팔 수 밖에 없는 사람들이 생겨나고 있습니다.

토머스 모어, 나종일 옮김, 『유토피아』(서해문집, 2005), 29~30쪽

그림 2-9 한스 홀바인(Hans Holbein, 1497~1543년)이 그린 토마스 모어의 초상화. 모어는 농촌의 촌락 공동체를 붕괴시킨 인클로저 운동의 확산을 깊이 우려했습니다.

모어 외에도 인클로저의 사회적 해악을 비판한 사람은 적지 않았어요. 17세기의 영국 혁명 때 급진적인 사회 개혁을 주장한 디거스Diggers파를 이끈 제라드 윈스턴리(Gerrard Winstanley, 1609 ~1676년)는 "땅이 없는 빈민이 공유지를 자유롭게 경작하도록 허용될 때까지 잉글랜드는 자유 국가가 아니다."라고 주장하며 인클로저 운동에 저항하기도 했지요.

그 전에는 공동체가 함께 정한 규칙에 따라 공동으로 경작했던 땅들이, 인클로저를 거치며 지주가 마음대로 처분할 수 있는 재산이 되었습니다. 땅에서 쫓겨나 임금 노동자가 된 사람들은 이제 생필품을 시장에서 사야만 했으므로 시장 경제가 확산되었고, 노동력은 사고팔 수 있는 상품이 되었어요. 지주는 인클로저로 얻은 땅을 대개 차지인에게 통째로 빌려주면서 새로운 작물이나 농법을 시험해 더 많은 소출을 거두고자 했습니다.

농업 생산성을 높이는 혁신, 당시에 흔히 사용하던 말로 바꾸면, '개량improvement'이 중요한 관심사로 부상했어요. 17세기부터 잉글랜드에서는 농업 개량이 활발히 일어났지요. 주로 밀과 호밀을 심던 땅에 클로버나 순무, 콩 같은 새로운 작물을 심어서 땅의 힘, 즉 지력을 회복하려 했습니다.

예전에는 지력을 회복하려면 그저 땅을 놀리는 수밖에 없었는데, 이제는 작물을 심게 된 것입니다. 이런 작물은 훌륭한 가축 사료가 되어서 가축의 수를 늘려 주었어요. 더 이상 곡물 경작지와 사료 경작지는 경쟁 관계가 아니라, 사료 경작지 면적이 늘어서 가축이 많아지면 분뇨의 양도 늘어나므로 오히려 더 많은 비료를 곡물 경작지에 쓸 수 있게 되었습니다. 생산성은 그만큼 향상되었지요.

이렇게 생산성이 오르니 전체 인구 가운데 농민의 비중이 줄어도, 더 많은 사람을 먹여 살릴 수 있었습니다. 그만큼 상품화는 진전되고, 시장은 확대되었어요. 생산성 향상에 바탕을 둔 이윤 추구와 자본 축적, 바로 자본주의가 농업에서 등장한 것입니다.

경제적 재산과 정치적 자유의 관계

16세기부터 잉글랜드 농촌에서 일어난 변화는 이렇게 광범위했습니다. 인클로저는 오랫동안 생산 활동을 지배한 공동체의 규제를 해체하는 과정이었어요. 시장이 경제 활동을 규제하는 원칙이 된 것이지요. 이것은 근대적인 재산권 관념이 확산되는 과정이기도 했습니다. 이제 재산은 다른 누구의 간섭도 받지 않고, 자기 마음대로 처분할 수 있는 것으로 받아들여졌습니다.

1부에서 자유주의를 이야기하면서 지적했듯이, 이런 관념이 정치 영역의 '자유' 개념을 뒷받침했습니다. 근대의 자유 개념에는 재산 소유자의 동의가 없으면 국가도 재산권을 함부로 침해할 수 없다는 생각이 깔려 있어요. 그러므로 재산권 개념의 확산은 경제 영역의 변화일 뿐만 아니라 정치와 법, 문화 영역에서 진행된 변화이기도 했습니다.

그러므로 공동체가 아니라 개인이 경제 활동의 주체이며, 개인의 재산권 행사에는 공동체나 국가도 함부로 간섭할 수 없고, 시장 경쟁은 예전처럼 권력자가 마음대로 규제할 수 있는 일이 아니라는 등의 생각은 근대 재산권 관념과 긴밀한 관계를 맺었던 것이지요.

앞에서 잠시 살펴보았듯이, 잉글랜드 농촌에서 자본주의가 확산되던 16세기부터 유럽의 여러 국가는 해상 진출에 매진했어요. 여기서 여러분은 새로운 항로와 무역 상대, 식민지를 찾아 나섰던 수많은 상인과 모험가의 활동이 자본주의와 어떻게 연관되는지 질문할 수 있습니다. 가령 해상 진출을 선도했던 포르투갈과 에스파냐의 상인이나 모험가는 자본주의 발전을 이끈 세력이라 볼 수도 있겠지만, 앞에서 꼭 그렇지만은 않다고 말했지요.

아시아에 상관을 세우고 아메리카에 식민지를 건설한 포르투갈인과 에스파냐인은 이윤을 추구했고, 실제로 막대한 이윤을 거두었습니다. 그렇다 해도 자본주의가 전 세계적으로 확산되기 이전부터 유럽과 유럽 바깥의 여러 지역 상인들은 무역을 행하며 이윤을 얻고자 했습니다. 그러므로 단순한 이윤 추구를 넘어서 상업 활동이 자본주의 경제의 다른 특징들, 다시 말해 제도와 이념의 광범위한 변화를 낳았는지 질문해야 합니다.

포르투갈과 에스파냐의 상인이나 모험가의 활동은 개인의 자유로운 경제 활동과 생산성 향상에 바탕을 둔 우위 확보, 절대적인 재산권 이념의 수립과 실천 같은 변화로 이어지지 않았습니다. 오히려 포르투갈과 에스파냐는 중세 시대의 봉건 영주처럼 군사력을 활용해 세금을 거두거나, 원주민을 통제해 이윤을 얻었지요.

포르투갈과 에스파냐 사회에서는 자본주의 문화가 확산되지도 않았어요. 귀족은 여전히 노동을 혐오하며, 정치권력에 의존해서 농민을 수탈했습니다. 이윤을 과시적인 사치품에 소비하지 않고, 생산과 유통에 다시 투자해서 더 큰 이윤을 얻는 축적의 과정도 두 국가 지배층의 관심사가 아니었지요. 그러다 보니 식민지에서 유입된 막대한 금과 은은 포르투갈과 에스파냐의 경제 발전에 사용되기는커녕 유럽 곳곳으로 유출될 뿐이었어요.

네덜란드와 잉글랜드의 혁신

해상 진출이 자본주의 발전과 더 긴밀히 얽혀서 상승 작용을 일으킨 국가가 네덜란드와 잉글랜드였습니다. 네덜란드와 잉글랜드의 상인과 모험가도 군사력을 앞세워서 교역 거점을 확보하고는 했어요. 우월한 군사력에 바탕을 둔 독점적인 이윤 확보는 이들에게도 편리한 전략이었던 것이지요.

하지만 동시에 이 두 국가의 상인이나 모험가는 유럽과 식민지에서 새로운 시장을 개척해 국내 제조업의 발전을 진작하고, 농촌 사회 내부의 변화를 이끄는 원동력을 제공했습니다. 예를 들어 16세기 잉글랜드의 인클로저 운동은 모직물 수출 증가와 직접적으로 연관된 변화였지요.

그러면서 농촌에서는 생계 지향적인 농업과 시장 지향적인 제조업을 겸하는 새로운 형태의 농민 가구가 출현해, 제조업의 저변이 크게 넓어졌습니다. 국가도 국내 시장을 외부의 경쟁으로부터 보호하는 한편, 관습에 바탕을 둔 복잡한 규제를 해체해서 시장 관계의 확산에 도움을 주었지요.

이런 변화에 힘입어 17세기 후반에 이르면, 자본주의는 잉글랜드에서 입지를 굳혔어요. 1640년대에 시작한 내전부터 1688년의 명예혁명까지 일련의 정치적 격변을 거치며 재산권 개념이 뿌리내렸고, 지주는 물론 상공업 종사자의 이해관계를 조정하고 보호·증진하는 의회의 권한이 강화되어, 잉글랜드인의 대외 무역을 돕고 국내 경제 활동의 자유를 확대하는 과정이 효과적으로 진행되었습니다.

농촌에서 진전된 자본주의는 노동력이 제조업과 서비스업으로 이동하도록 유도하고, 도시화를 진전시켰으며, 상품 경제를 널리 확산시켰습니다. 물론 제조업과 서비스업의 종사자 중 다수가 대외 무역이 늘어나면서 이익을 보았어요. 그 결과로 자본주의 발전이 세계화를 더욱 진전시키고, 세계화의 진전은 다시 자본주의의 확산을 이끄는 현상이 일어났습니다.

한 예로 잉글랜드 상인과 제조업자는 수공업이 발전한 아시아와 교역하며 새로운 기술과 디자인을 적극적으로 받아들였고, 이런 혁신 덕분에 식민지 시장과 유럽 시장에서 큰 이익을 거두었지요. 이런 성공에 힘입어서 네덜란드와 잉글랜드는 유럽 경제를 넘어 세계 경제에서도 막강한 영향력을 발휘하게 되었어요.

6   자본주의 산업화와 '대분기'

자본주의가 뿌리내리기 전의 유럽에서는 대개 수공업 장인이 제조업을 수행했고, 이들의 생산 활동은 길드guild, 즉 동업 조합이 규제했어요. 같은 업종에 종사하는 사람들의 결사체인 동업 조합은 자본주의 경제를 특징짓는 시장 경쟁보다는 독점 원리에 바탕을 두었지요. 16세기 잉글랜드 농촌에서 서서히 모습을 드러내기 시작한 자본주의는 이러한 기존의 제조업 영역에도 영향을 미치기 시작했습니다.

근면 혁명이 일어나다

기본적으로 동업 조합은 이윤의 극대화에 관심을 두지 않았어요. 구성원들 간 형제 같은 관계의 유지를 지향했던 동업 조합은, 모든 구성원이 사회적 처지에 걸맞은 생활 수준을 유지하는 데에 관심을 기울였습니다. 동업 조합의 규칙은 작업 관행을 세밀히 정했고, 생산할 수 있는 특정 상품의 수량부터 품질까지 구체적으로 규제했어요. 이런 환경에서는 혁신을 도모하거나 축적을 지향하기 어려웠겠지요.

한때 막강한 힘을 발휘했던 동업 조합의 힘은 상인 자본이 제조업에 침투하면서 서서히 무너지기 시작했습니다. 그러면서 시장 원리가 확산되었어요. 동업 조합의 영향력에서 벗어나 좀 더 값싸게 대량으로 제조업 제품을 생산하고자 했던 상인에게, 주로 도시 근교나 농촌에서 일거리를 찾는 데 몰두했던 농민들은 매력적인 투자처였지요.

임금이 싼 농촌 노동자에게 원료를 미리 주면서 일정한 개수의 제품을 주문하고, 농촌 노동자가 생산한 제품을 멀리 떨어진 시장에 내다 파는 선대제 방식으로 상인 자본은 농촌 공업을 창출해 냈습니다. 16~18세기 유럽 여러 지역에서 이런 농촌 공업이 확산되었는데, 특히 그동안 농업에 전념했던 잉글랜드의 북부와 서부 지역에서 농촌 노동력으로 여러 직물 제품과 철물 제품을 생산하는 일이 빈번해졌어요.

농촌 공업은 농촌에서 경제의 상품화를 더욱 진전시켜서 자본주의 발전에 기여했습니다. 농민이 시장에 참여하는 경우가 늘면서 이들의 생활 방식도 달라졌습니다. 선대제 아래에서 살게 된 농민 가구는 구성원 모두가 생산에 참여하므로 가구 구성원의 구매력이 향상되었습니다.

농민들이 상인에게 물건을 납품하고 현금을 받자, 이전에 누리지 못했던 새로운 상품을 구매하기도 했지요. 예를 들어 설탕이나 차, 담배처럼 신세계나 아시아에서 들어온 진귀한 상품도, 18세기가 되면 농촌이나 도시의 하층민까지 즐기게 됩니다. 또

검은 빵 대신에 중간 계층의 소비자가 주로 찾던 흰 빵을 산다거나, 회중시계처럼 값비싼 제품을 구매하는 이들도 등장했어요.

자본주의 시장이 제공하는 소비의 기쁨을 일단 맛본 사람들은, 긴 노동 시간을 감수하더라도 수입을 늘리려는 생각을 품게 되었지요. 최근에 역사학자들은 이런 변화가 잉글랜드 등에서 일어났음을 실증적으로 밝히며, 근면 혁명industrious revolution이라고 부른 바 있습니다. 나중에 이 사람들은 규율이 더 엄격한 공장 노동도 비교적 수월하게 받아들이지요.

산업 혁명의 세 가지 혁신

자본주의 경제 원리가 널리 확산되는 중에 18세기 중반부터 영국에서는 산업 혁명이라는 거대한 변화가 일어났어요. 일부 경제사학자는 산업 혁명을 근대 경제 성장, 즉 인구 증가와 경제 성장이 빠르고 꾸준히 함께 일어나는 일이라고 규정하면서 이 시대에 실제로 산업 혁명이 일어났는지 의문을 품기도 하지요. 인구가 빠르게 증가했지만, 경제 성장은 예전에 생각했던 것처럼 급격하지 않았다는 점이 이런 의심을 뒷받침합니다.

산업 혁명처럼 복잡한 사건을 자세히 다룰 여유는 없습니다만, 대략 1750~1850년대에 자본주의의 핵심이라고 할 수 있는, 혁신에 바탕을 둔 이윤 추구와 자본 축적이 활발히 일어났다는 사실은 지적해야겠습니다. 또한 경제 성장이 이 시기부터 지속적으로 진행되어, 경제가 예전처럼 성장과 후퇴를 반복하는 일은 더 이상 일어나지 않았다는 점도 기억해야 합니다.

혁신은 세 방면에서 진행되었습니다. 첫 번째 혁신은 생산 기술과 제품이었어요. 면직업을 보면 원면原綿에서 실을 뽑아내는 방적 공정, 직물을 짜는 직조 공정과 관련된 여러 기계가 발명되었지요. 대표적인 혁신 사례로 직조 공정에 쓰는 방직기를 증기 기관과 연결한 역직기의 발명을 꼽을 수 있습니다.

두 번째 혁신은 생산 조직이었습니다. 예전에는 여러 곳에서 진행되던 생산 공정을 한 지붕 아래 통합한 공장의 출현이 대표적입니다. 기업가가 공장에 관심을 기울이게 된 까닭은 증기 기관을 이용하는 기계를 가동하기 위해서이기도 했지만, 생산 과정에서 노동자가 수행하는 작업을 더 면밀히 감독·통제하고 싶었기 때문이에요. 더 엄격한 노동 규율과 특정한 생산 공정에 특화된 기계·도구를 도입해서 생산성을 높이려는 것이었지요.

세 번째 혁신은 새로운 에너지원의 도입입니다. 잉글랜드에서는 이미 16세기부터 땔감이 부족했던 까닭에 석탄을 연료로 썼습니다. 17세기에는 에너지 소비가 큰 유리 제조업 같은 분야에서 석탄이 쓰였고, 18세기 중반부터 증기 기관을 도입하면서 석탄 소비가 크게 늘었습니다. 그 결과로 19세기 초에 석탄은 인간 노동력, 축력, 풍력, 수력을 모두 포함한 잉글랜드 전체의 에너지 공급원 가운데 80퍼센트를 차지할 만큼 중요해졌지요. 인간이 이용하는 에너지 총량도 폭발적으로 늘었어요. 그만큼 생산력과 생산성도 향상되었습니다.

산업 혁명으로 살림살이가 나아졌을까?

자본주의적 혁신은 인간의 삶을 얼마나 개선했을까요. 이 문제에 대해서는 오랜 논쟁이 있습니다. 역사학에서는 이것을 '생활 수준 논쟁'이라고 부르는데, 낙관론과 비관론의 두 진영으로 나뉘지요.

최근까지 나온 몇 가지 지표는, 산업 혁명이 한창 진행된 19세기 중반까지는 생활 수준이 뚜렷하게 향상되지 않았다는 비관론을 뒷받침하는 것으로 보입니다. 두 가지 지표가 특히 흥미로운데요.

첫 번째는 실질 임금입니다. 최근 추계에 따르면 영국은 산업 혁명 직전, 즉 18세기 중반에 이미 세계에서 실질 임금이 가장 높은 국가였는데, 산업 혁명을 거치며 오히려 조금 떨어지는 모습을 보입니다. 실질 임금이 상당히 향상된 것은 19세기 중반에 성인이 된 사람들부터 해당되는 이야기예요.

두 번째는 평균 신장 자료입니다. 신장은 물려받은 유전자와 성장기의 영양 상태에 따라 결정되므로, 평균 신장이 커지면 그만큼 생활 여건이 좋아졌다고 볼 수 있습니다. 그런데 산업 혁명 시대 영국인의 평균 신장은, 그 이전에 비해 오히려 몇 센티미터가 줄어드는 양상을 보입니다. 그러므로 산업 혁명의 혜택은 그

것이 일어난 다음 세대부터 제대로 누리게 되었다고 볼 수 있습니다.

이렇듯 산업 혁명 시대를 살아간 많은 이들이 직접 혜택을 누리지는 못했지만, 영국 경제 전체는 산업 혁명 덕분에 세계적으로 두각을 나타내게 되었어요. 그런 만큼 영국과 경쟁하던 유럽 여러 국가와 신생 독립국 미국도 산업화에 관심을 기울이게 되었지요. 영국보다 자본주의 발전이 늦었던 이들 후발 국가는 온갖 수단을 써서 영국의 앞선 기술을 도입하려 애썼습니다. 산업 스파이를 보내는 방법도 널리 쓰였어요.

하지만 기술 도입만으로 모든 문제가 해결되지는 않았어요. 영국 정부의 강력한 규제를 뚫고 영국산 기계를 몰래 들여오거나 아예 영국인 기술자를 데려오더라도, 영국처럼 넓고 잘 통합된 시장을 갖추지 못했거나 혁신을 추구하는 문화가 자리 잡지 않으면 소용없었지요.

그래서 벨기에나 독일, 미국 같은 후발 주자는 우선 전국적으로 통합된 시장을 만드는 데 많은 노력을 기울였습니다. 이때 교통·통신망이 중요한 역할을 했어요. 영국인들은 17세기 말부터 유료 도로와 운하를 깔아 교통·통신망을 개선했는데, 후발 국가에서는 철도와 전신이 이런 역할을 맡았습니다. 이런 식으로 영국에서 시작된 자본주의 산업화는 19세기 중반에 유럽의 몇 개 국가와 미국으로 확산되었지요.

세계 경제의 대분기

그런데 자본주의 산업화로 일부 지역에서는 생산력과 생산성이 크게 향상된 반면, 다른 지역은 그렇지 못했으므로 이 두 지역 사이에 경제적 격차가 크게 벌어지게 되었어요. 세계 경제의 중심은 자본주의 산업화에 성공한 영국을 포함한 몇 국가로 이동했고, 그 전에 세계 경제를 지배했던 중국이나 인도, 이슬람 세계가 저개발 지역으로 전락했지요.

이런 현상을 역사학자들은 '대분기Great Divergence'라고 불러요. 세계 경제의 추세를 연구한 한 학자가 추계한 바에 따르면 1900년의 1달러를 기준으로 1500년 서유럽 주요 12개 국가의 1인당 국내 총생산은 795달러였던 데 비해서 아시아 국가들의 1인당 국내 총생산은 568달러 정도였어요. 그런데 영국에서 산업 혁명이 한창 진행되던 1820년에 이르면 유럽의 1인당 국내 총생산은 1,234달러까지 올라갔던 데 비해서 아시아는 여전히 581달러 수준에 머물러 있지요. 이렇게 유럽과 아시아의 격차가 벌어지고 시작했고, 그 격차는 산업 혁명 이후에 더 벌어집니다https:// www.rug.nl/ggdc/historicaldevelopment/maddison/releases/maddison-database-2010 참조.

물론 이런 수치들은 조금 조심스럽게 해석할 필요가 있습니다. 아시아에는 너무 다양한 국가와 지역이 포함되어 있기 때문이지요. 실제로 어떤 학자들은 17세기에 중국이나 인도의 1인당 생산성이 유럽보다 앞섰다고 주장하고, 또 다른 학자들은 18세기에도 아시아가 세계 인구의 60퍼센트와 상품과 서비스 산출의 80퍼센트를 차지했다고 지적하기도 하니까요.

물론 영국에서 시작되어 유럽의 몇 국가와 미국으로 확산된 산업 혁명이 대분기의 중요한 지점이었음은 분명해 보여요. 산업 혁명의 충격과 그에 따른 세계 경제 내의 서열 변화는 여러 국가의 산업 잠재력을 비교해 보아도 알 수 있지요. 최근에 널리 읽히고 있는 데이비드 크리스천David Christian의 『시간의 지도』Maps of Time에서는 1900년 영국의 산업 잠재력을 100으로 놓고, 다른 여러 국가의 산업 잠재력을 시기별로 살펴보았습니다. 그에 따르면 1750년경 중국과 인도의 산업 잠재력이 각각 42와 31이었던 것에 비해 영국은 불과 2였습니다데이비드 크리스천, 이근영 옮김, 『시간의 지도』(심산, 2013), 597쪽 참조.

국가의 면적과 인구 규모가 크게 다르므로 정확한 비교는 아니지만, 중국의 산업 생산력은 영국의 20배였던 것으로 보입니다. 그런데 놀랍게도 산업 혁명이 끝난 1860년에 이르면, 이 격차가 사라져 버려요. 그때 영국의 산업 잠재력은 45까지 올라갔는데, 중국은 44정도였고, 인도는 19에 머물렀지요. 약 한 세기 동안 중국은 정체되었고, 인도는 크게 후퇴한 반면에, 영국은 무서운 속도로 생산력을 키운 것이지요.

세계 무역 구조를 뒤바꾼 산업 혁명

1900년에 이르면 세계 경제의 판도가 다시 한 번 크게 변해요. 서양에서는 미국이 영국의 생산력 수준을 뛰어넘었고, 독일과 프랑스, 러시아도 영국을 빠르게 추격했습니다. 반면 중국과 인도의 생산력은 크게 후퇴했어요. 인도의 쇠퇴가 특히 빨랐습니다. 1830년까지도 영국을 앞섰던 인도의 생산력이 반세기만에 영국의 10퍼센트 이하로 위축되었으니 말이지요.

이런 역전·분기 현상은 세계의 무역 구조가 바뀌는 원인이 되었습니다. 산업 혁명 이전에 유럽과 아시아 사이의 무역은, 간단히 말해서 유럽의 은과 아시아의 사치품을 맞바꾸는 것이었어요. 영국이나 다른 유럽 국가가 인도산 면직물이나 중국산 차를 수입하려면, 아시아가 원하는 유일한 상품인 은을 수출하는 길밖에 없었던 것입니다.

어떤 면에서 보면 영국의 산업 혁명은 대아시아 무역에서 나타난 불균형을 극복하는 과정이었습니다. 17세기 말부터 영국 시장에 쏟아져 들어온 인도산 면직물에 대응하기 위해 영국의 제조업자와 상인은 여러 방법을 모색했습니다. 처음에는 면직물 수입이나 소비를 법으로 금지하려 했는데 별로 효과를 거두지 못했어요. 그러자 인도산 면직물을 대체할 만한 영국산 면직물을 만들자는 생각이 확산되었지요.

그런 생각이 방적기와 직조기의 발명과 공장제라는 새로운 생산 조직의 실험을 낳았습니다. 그 결과로 영국 면직업의 생산성은 크게 개선되었습니다. 예를 들어 방적 공정을 보면, 19세기 초에 널리 사용된 자동 뮬mule 방적기가 인도 수공업자의 작업 속도보다 160배 이상 빨랐어요. 생산성 격차가 이렇게 커지면서 인도산보다 더 저렴한 영국산 면직물이 전 세계에 대량으로 공급되었지요. 산업 혁명이 무역 구조를 완전히 바꾸어 놓은 것입니다.

무역 구조의 이러한 변화는 서양의 산업화가 다른 지역에서는 탈산업화를 초래했음을 보여 주는 듯합니다. 다시 한 번 강조하자면, 영국을 필두로 서양의 몇 국가에서 생산력이 크게 향상되는 사이에 중국과 인도의 산업 생산력은 후퇴했어요.

공장에서 대량 생산된 영국산 면제품이 세계 시장에 쏟아져 나오면서 그 이전에 여러 세기 동안 시장을 지배했던 인도 면직물 산업은 시장에서 자취를 감추었지요. 심지어 인도는 면직물이 아니라 면직물의 원료, 즉 원면을 영국에 공급하는 나라로 전락했어요. 견실했던 제조업 강대국이 원료를 수출하는 농업 국가가 된 것입니다.

비슷한 일은 이란에서도 일어났습니다. 한때 번성했던 이란 면직업도 영국과의 경쟁에 밀려 위축되었습니다. 단적인 예로 이란의 직물업 중심지인 이스파한Isfahān에서 가동되던 직조기의 수는 1830년으로부터 60여 년 만에 10분의 1로 줄었고, 이란은 원면 수출국이 되었습니다. 1910년에 이르면 이란이 수출한 원면의 총액이 면직물의 20배에 달했지요.

자본주의를 위한 노력

자본주의가 처음 발전한 영국에서 산업 혁명이 시작되자, 영국과 경쟁하던 유럽의 여러 국가와 미국은 자본주의 원리를 받아들여 산업화에 나설 수밖에 없었습니다. 영국의 자본주의는 시장 발전의 자연스러운 결과가 아니었어요. 경제생활에서 직면한 여러 도전을 기회로 바꾸려 했던 영국인들의 의식적인 노력에서 비롯된 것이었지요. 자본주의의 확산도 역사의 필연이 아니라, 인간의 의식적인 선택과 노력으로 진행되었어요.

자본주의 산업화를 이끌며 생산력과 생산성이 앞서게 된 서양 여러 국가의 기업이 세계 시장에 대거 진출하면서 경쟁은 아주 치열해졌습니다. 이 경쟁에서 승리하기 위해 세계 시장의 교류를 뒷받침하는 규칙과 제도를 자국에 유리하게 만들려는 움직임도 강해졌습니다. 세계화의 물결이 다시 거세진 것이지요.

이 흐름을 주도한 서양 각국의 힘은 더욱 강해진 반면, 세계 시장에 끌려 들어가면서도 자본주의 산업화에 아직 성공하지 못한 나머지 국가들은 크게 뒤처지고 말았어요. 바로 이러한 19세기 세계화의 물결을 좀 더 자세히 들여다보지요.

7   자본주의가 이루어 낸 19세기 세계화

지금까지 자본주의 산업화에 성공한 국가와 여기서 뒤처진 국가 사이에 경제적 격차가 확대되는 과정을 보았습니다. 이 흐름과 함께 전 세계 차원에서 분업과 전문화가 일어났어요. 산업화에 성공한 국가는 수익성 높은 공업 생산에 치중하면서 국내 시장은 물론 해외 시장까지 장악해 나갔습니다. 반면 산업화에 뒤처진 국가는 원료와 농산품은 산업 국가에 수출하고 공산품을 수입했지요. 고전 경제학에서 이야기하는 비교 우위가 전 세계에 걸쳐 본격적으로 관철되기 시작한 것입니다.

19세기 말에 이르면 이런 분업 구조가 분명해집니다. 제조업뿐만 아니라 농업도 발전한 미국을 예외로 한다면, 유럽의 산업 국가들은 미국이나 인도에서 밀을 수입하고, 오스트레일리아에서는 양모를 수입했으며, 아르헨티나로부터 쇠고기를 수입했어요. 공업 생산의 여러 원료도 세계 곳곳에서 수입했는데, 특히 아프리카와 아시아의 여러 국가에서 대량으로 들여왔지요.

세계 무역의 급격한 성장

19세기에 세계적인 차원에서 분업과 전문화가 진전되면서 무역량이 크게 늘었습니다. 한 역사학자의 추정치에 따르면, 1815~1914년에 세계 무역은 매년 3.5퍼센트씩 성장했다고 합니다. 1500~1800년에 세계 무역이 매년 1퍼센트 정도 성장한 것과 비교하면 19세기에 들어서 세계 무역 규모가 매우 빠르게 성장했음을 알 수 있지요.

영국을 추격하기 위해 독일과 미국 같은 국가에서 산업화가 아주 빠르게 진행된 19세기 후반에는 세계 무역의 성장세도 더 급격해졌지요. 그 시기를 거치면서 세계 무역 규모는 네 배가 확장되었으니 말입니다. 그런 만큼 상품이 국경을 가로지르며 이동하는 세계화도 빨라졌다고 할 수 있어요.

19세기에는 상품뿐만 아니라 자본도 세계 곳곳으로 빠르게 이동했습니다. 세계 총생산에서 차지하는 비중으로 볼 때 해외 투자는 1870년의 7퍼센트 수준에서 1913년에는 20퍼센트까지 늘었습니다. 1980년대가 되어서야 해외 투자가 다시 이 정도로 활발해졌어요.

영국이 해외 투자에 특히 적극적이었어요. 영국인은 이미 19세기 전반에 유럽 여러 국가와 미국, 그리고 남아메리카의 여러 신생 독립국에 활발히 투자하고 있었습니다. 19세기 후반이 되면 영국인의 해외 투자는 더욱 늘어서, 1870~1914년에는 매년 국민 총생산의 4.5퍼센트 정도였지요. 제1차 세계 대전이 일어날 무렵에 영국의 해외 투자는 전 세계 해외 투자의 50퍼센트를 차지할 정도였어요. 그 뒤를 이어 프랑스가 전 세계 해외 투자의 21퍼센트를 차지했고, 독일이 17퍼센트였습니다.

전 세계에 흩어지는 노동력

국가 간의 노동력 이동, 즉 이민도 비교할 수 없을 정도로 활발해졌어요. 산업화가 급격히 진행되면서 제자리를 잃거나, 비유럽 국가에서 밀려온 값싼 농산물 때문에 타격을 입은 유럽의 노동자와 농민들은 토지와 자원이 풍부하고, 일자리가 풍부한 국가로 대거 이주했습니다. 1820~1914년에 대략 6,000만 명의 유럽인이 새로운 기회를 찾아 떠났습니다. 그 가운데 60퍼센트가 미국에 정착했으니 미국은 그야말로 이민자가 세운 나라라고 할 수 있지요.

1870년대부터 이민의 흐름이 더욱 빨라져서 그 시기에는 매년 30만 명, 1900년부터 제1차 세계 대전까지는 매년 100만 명이 이민 대열에 합류했다고 합니다. 규모는 다소 작지만 인도인과 중국인의 이민도 활발했어요. 1834~1937년에 해외로 이주한 인도인은 630만 명에 달하는데, 서인도 제도와 아프리카, 태평양 군도의 플랜테이션 농장 노동자가 된 사람이 특히 많았습니다. 과잉 인구, 빈번한 기근이나 봉기, 반란 때문에 사회 혼란이 극심했던 중국에서도 이민은 중요한 탈출구가 되었지요. 1922년에 이르면 820만 명의 중국인이 해외 곳곳에서 살고 있었습니다.

인도인, 중국인의 이민에 비해 규모는 훨씬 작았지만, 19세기 말이 되자 한국인도 가까운 만주滿洲부터 먼 미국까지 각지로 이민을 떠나기 시작했습니다. 만주 이민은 특히 규모가 커서, 1910년에 이르면 만주의 옌볜延邊에만 10만 명이 거주했고, 1912년에는 만주 전역의 한국인이 23만 명을 넘었어요. 20세기 초 러시아의 블라디보스토크Vladivostok에도 2만여 명의 한국인이 거주했으며, 하와이Hawaii에는 7,000여 명이 자리를 잡았지요.

증기선의 시대

19세기 세계화를 이끈 중요한 힘 중 하나는 기술 진보, 특히 교통·통신 부문의 발전이었어요. 교통망 개선의 움직임은 영국이나 미국에서는 18세기 중반~19세기 초에 활발히 일어났습니다. 영국에서는 기존 도로의 표면을 좀 더 매끄럽게 재포장하거나 유료 도로와 운하를 건설해서 새로운 공업 중심지와 런던London 같은 주요 도시를 연결했지요. 이런 공공사업은 의회의 승인하에 지주와 상인, 제조업자 같은 민간의 주도로 진행되었습니다.

19세기 초부터 미국에서는 대서양 연안의 상공업 중심지들과 내륙 농업 지역을 연결하는 운하를 적극적으로 건설했어요. 이런 사업은 주로 주 정부가 주도했지요. 예를 들어 1817~1825년에 건설된 이리Erie 운하는 뉴욕New York주의 버펄로Buffalo시와 뉴욕시 간 교통비를 85퍼센트 낮추고 여행 시간을 21일에서 8일로 줄이는 효과를 거두었어요. 이런 노력이 있었지만 육상 수송은 여전히 마차에 의존해서 느리고 비용이 많이 들었습니다. 두 국가 모두 해상 수송은 여전히 16세기의 범선 기술에서 크게 벗어나지 못했지요.

19세기 초부터 증기선과 철도, 전신이 차례로 등장하면서, 상황은 그야말로 혁명적으로 바뀌었습니다. 처음에 증기선은 미국 내륙의 수로나 지중해, 발트해에서 목재, 석탄과 곡물을 나르는 데 쓰였고 스크루 추진기가 발명되자 원양 항해에 이용되기 시작했습니다. 철제 선체와 복식 엔진, 표면 응축기 같은 새로운 기술도 증기선이 널리 이용되는 데 도움을 주었어요.

1830년대에 대서양에서 증기선 운항이 시작되었고, 1850～1860년대에는 아프리카와 아시아에서 차례로 증기선이 다녔습니다. 초기의 증기선은 승객과 우편, 부가 가치가 높은 상품을 나르는 데 주로 쓰이다가, 19세기 말에 이르면 곡물과 육류처럼 싸고 부피가 큰 상품의 대량 수송에 사용되었습니다. 게다가 1869년 수에즈 운하가 개통되어 유럽과 아시아 사이의 항로가 수천 마일이나 단축된 덕분에 증기선의 효과가 배가되기도 했지요.

증기선의 등장은 운송비를 크게 낮추었어요. 19세기에 전 세계적으로 상품이 이동하는 데 가장 큰 영향을 준 것은, 증기선의 발전으로 크게 낮아진, 대양을 가로지르는 선박의 운송비였지요. 예를 들어 1910년의 대양 간 운송비를 100이라고 한다면, 1790년에는 398이나 되었습니다. 한 세기가 조금 넘는 기간에 운송비는 거의 4분의 1로 줄어든 셈이지요. 이런 기술 진보 덕분에 19세기에 세계 무역이 번성할 수 있었습니다 송병건, 『경제사: 세계화와 세계 경제의 역사』(해남, 2012), 453쪽 참조 .

철도의 시대

철도의 시대는 1830년 영국에서 공업 도시인 맨체스터Manchester 와 대서양 무역항 리버풀Liverpool을 연결하는 철도의 개통으로 시작되었습니다. 철도는 곧 유럽 여러 국가에 확산되어 산업화의 강력한 원동력이 되었지요. 철도는 이전까지 단절되었던 여러 시장을 하나로 통합해 전국적인 유통망을 만들어 냈고, 기계 공업과 제철·석탄 산업 같은 연관 공업의 발전을 이끌어서 산업화를 진전시켰어요.

19세기 중반 이후 철도는 유럽과 미국을 넘어 아시아로 뻗어 나갔습니다. 영국은 효과적인 식민지 지배를 위해서, 인도에 19세기 중반부터 대규모 철도망을 건설했습니다. 뒤이어 아시아 여러 국가에서도 철도 건설이 성황을 이루었지요. 대한 제국 시대의 한반도에서도 1897년 경인선이 개통되면서 철도 시대가 시작되었어요.

철도 부설은 증기선의 발전과 함께 상품의 이동 시간·비용을 크게 낮추었지요. 1870~1914년에 실질적인 화물 운송 요금이 50퍼센트 이상 절감되었다는 사실이 이 점을 잘 보여 줍니다.

전신의 시대

지식과 정보의 이동 속도·범위는 전신이 발명되며 크게 개선 되었습니다. 전신은 영국과 미국에서 거의 동시에 등장했어요. 1837년 영국의 찰스 휘트스톤(Charles Wheatstone, 1802~1875년)과 윌리엄 쿡(William Forthergill Cooke, 1806~1879년)은 자침 다섯 개를 이용하는 전신을, 미국의 새뮤얼 모스(Samuel Morse, 1791~1872년) 는 자침 한 개로 정보를 전달하는 모스 부호를 발명했지요.

이렇게 등장한 전신은 철도망과 함께 확산되었습니다. 안전한 열차 운행을 위해서는 역 사이에 출발·도착 신호가 빠르게 전달 되어야 했는데, 전신망이 바로 그런 역할을 담당하면서 철도 선 로를 따라 가설되었지요. 1840년대 말에 이르면 미국과 서유럽 의 거의 전역에 전신망이 구축되었고, 1851년 영국과 프랑스 간 도버Dover 해협의 해저 케이블 매설로 시작해 한 세대 동안 대서 양과 인도양, 극동 지역에 이르는 대륙 간 전신망이 완성되었어 요. 해저 케이블 부설 사업은 증기선의 발전과 영국이 지배한 말 레이Malay 식민지의 고무 덕분에 가능했습니다.

이렇게 해서 정보의 전달 속도가 크게 향상되었습니다. 예를 들어 1857년 인도에서 일어난 세포이Sepoy 항쟁의 소식이 런던

까지 전달되는 데는 46일이나 걸렸습니다. 시간당 6킬로미터의 속도로 정보가 전달된 것이지요. 반면 전신망 구축 후인 1891년 일본의 미노美濃-오와리尾張 지진 발생이 런던에 전달되는 데는 단 24시간이 걸렸습니다. 시간당 396킬로미터의 속도로 정보가 전달된 셈이지요송병건, 『경제사: 세계화와 세계 경제의 역사』, 452쪽 참조.

자유 무역 체제의 첫 등장

19세기 후반의 교통·통신 혁명이 세계화를 뒷받침하는 물질적인 토대였다면, 정치·정책으로 세계화를 이끄는 제도적인 바탕도 마련되었습니다. 가장 중요한 변화는 19세기 세계 경제의 주축이었던 영국의 주도로 자유 무역의 이념·제도가 확산된 것이지요.

1820년대부터 영국의 경제 정책을 결정하는 과정에 자유 무역 이념이 본격적으로 영향을 미치기 시작했어요. 그 무렵부터 1860년대까지 영국 정부·의회는 여러 법을 제정해 관세를 크게 낮추고, 특정 상품의 수입 금지나 수출 보조금 지급과 같은 기존의 관행을 중단했습니다. 1849년에는 17세기 중반부터 영국 해운업을 보호해 왔던 「항해법」을 폐지해 영국과 식민지 시장의 문을 열었고, 이 결정에 앞선 1846년에는 「곡물법」을 폐지해서 기본 생필품으로 오랫동안 보호했던 곡물 무역을 자유화했지요.

영국에서 자유 무역 이념이 널리 수용된 데는 여러 요인이 있지만 무엇보다 시장을 활짝 열어도 좋다는 영국 상공업계의 자신감이 작용했다고 생각합니다. 산업 혁명의 초기만 하더라도 영국 상공인들은 여전히 보호주의를 굳게 신봉했으며, 정부와 의회에 압력을 넣고는 했지요.

하지만 산업 혁명이 진전되어 제조업의 경쟁력이 크게 강화되자 정치적인 수단을 동원해 시장을 보호할 까닭은 없다는 생각이 확산되었습니다. 산업 혁명의 성과를 제대로 누리려면, 다시 말해 끝없는 혁신과 자본 축적을 요구하는 자본주의의 원리를 잘 구현해 내려면, 오히려 세계 시장에 자유롭게 진출할 여건이 마련되어야 한다고 생각한 것이지요.

이런 변화가 서서히 정책에 반영되었습니다. 구체적으로 살펴보면 영국 정부는 여러 국가와 자유무역협정을 맺고자 했습니다. 이런 협정은 최혜국 대우 조항을 포함한 까닭에, 협정을 맺은 두 국가가 특정 상품에 대한 관세를 내리면 무역 관계를 맺은 다른 모든 국가에도 같은 혜택을 주게 되었어요. 이런 식으로 관세 인하 효과가 널리 확산된 것이지요.

1860년에 영국이 프랑스와 맺은 콥든-슈발리에Cobden-Chevalier조약은 이런 기대에 어느 정도 부응했습니다. 영국과 프랑스가 무역 관계를 맺은 국가가 많다 보니, 두 국가 사이의 관세 인하 효과가 널리 퍼져서 유럽은 자유 무역 지대에 가까운 모습을 갖추게 된 것이지요. 영국에서는 자유로운 시장이 이루어지면 자국 기업이 마음껏 이윤을 획득할 수 있다고 생각했어요.

불황의 압박에 흔들리는 자유 무역

이 시대의 많은 영국인은 자유 무역이 자유주의를 실천하는 길이라고 여겼습니다. 개인의 자유를 지상 가치로 여겨 삶의 모든 영역에서 개인이 스스로 결정을 내리고 그에 따르는 책임도 기꺼이 감수하며, 정부의 간섭은 최소한에 그치는 것이 좋다는 자유주의 원칙을 시장에 적용하려 한 것이지요.

이런 원칙을 세계 경제에서 실현하기 위해 영국은 시장 개방을 선도함으로써, 도덕적인 모범을 보여 주려 했습니다. 그러면 다른 국가도 영국의 선례를 따르리라고 기대했어요. 하지만 미국이나 유럽의 여러 국가는 철저히 자국의 이해관계를 고려하며 대응했습니다. 생산력이 영국 수준에 미치지 못한 상태에서 시장을 개방하는 일은 영국 기업에게만 좋은 일이라고 믿었지요. 그런 까닭에 미국은 국내 공업을 육성하기 위해 19세기 내내 관세율을 꽤 높은 수준으로 유지했습니다.

1870년대부터 미국이나 캐나다, 오스트레일리아, 아르헨티나에서 저가의 농산물이 들어오자 독일, 프랑스는 자국의 농업을 보호하기 위해 보호주의를 택했어요. 1880년대에 영국을 제외한 대부분의 산업 국가들은 보호주의로 돌아가려는 의지를 강하게 드러냈지요. 그 무렵 생산력이 크게 늘자 세계 시장에서 공급이 급증한 반면에, 수요가 부족해서 가격은 지속적으로 하락하는 불황이 지속되었고 그만큼 국제 경쟁도 더 치열해졌기 때문입니다.

살벌한 국제 경쟁에서 살아남기 위해, 미국과 유럽 여러 국가의 기업은 규모를 키우기 시작했습니다. 이 점을 설명하려면 제2차 산업 혁명이라는 사건을 잠시 살펴보아야 해요.

제2차 산업 혁명은 19세기 중반부터 철강, 전기, 화학, 기계 같은 중화학 공업을 축으로 진행된 산업화의 새로운 물결이었습니다. 소규모 자본으로도 충분히 사업에 나설 수 있었던 제1차 산업 혁명의 시대와 달리, 제2차 산업 혁명을 이끈 공업 분야는 처음부터 대규모 설비 투자가 필요했지요. 그런 만큼 참여하는 기업의 규모도 컸어요.

그런데 19세기 말에 경쟁이 치열해지자, 새로운 공업 분야에 진출한 기업들은 경쟁 과열을 막고 시장에서의 우위를 지키기 위해 인수 합병 등으로 기업의 수를 줄이고 개별 기업의 몸집은 더욱 키우는 한편, 원료 채취부터 제품 판매까지 전 과정을 한 기업이 모두 맡으려 했습니다. 생산량이 늘면 그만큼 단위당 생산비가 떨어지는 규모의 경제와, 같은 생산 설비에서 다양한 상품을 생산하는 범위의 경제가 주는 이익을 동시에 노린 것이지요.

이것이 오늘날의 한국인에게 익숙한 대기업이라는 존재가 처음 등장한 배경입니다. 이런 움직임은 미국에서부터 시작되었고, 뒤이어 다른 국가로 퍼졌습니다. 그 결과로 미국의 생산력은 19세기 말에 영국을 추월하고, 독일도 영국에 버금가는 생산력을 갖추게 되었지요.

자유 무역의 희생양

미국이나 유럽 여러 국가가 자국의 경제 상황에 따라 무역 정책을 조정하고 그 국가의 기업들이 생산력을 크게 확대해서 경쟁력을 키웠던 반면에, 어떤 국가는 자유 무역 체제 아래서 큰 희생을 치러야 했습니다.

유럽 내에서도 가장 가난했던 아일랜드가 그런 경우에 속해요. 아일랜드는 1800년의 통합법으로 영국과 한 국가가 되었는데도, 자유 무역 때문에 큰 희생을 치렀지요. 아일랜드는 감자가 주식이었는데, 1845~1847년에 피토프토라 인페스탄스Phytophthora infestans라는 균이 원인인 감자 역병이 전국을 강타하면서 대기근이 발생했고 여기에 이질痢疾과 발진 티푸스typhus 같은 전염병까지 창궐했습니다. 그 결과로 100만 명 이상이 사망하는 비극을 겪었어요.

이런 상황에서도 영국 정부는 생계유지가 전적으로 개인의 책임이라는 자유주의 원칙을 고수하며 아일랜드인들을 제대로 돕지 않았어요. 결국 기근과 질병을 견디지 못한 수많은 아일랜드인은 이민을 갈 수밖에 없었습니다. 기근이 발생하고 10년 동안 매년 평균 20만 명이 낯선 땅으로 떠났지요.

유럽 내의 특정 지역에서 자유 무역 원리를 고수하려다가 엄청난 희생을 낳았듯이, 이 원리는 서양 바깥에서도 상당한 희생을 치르며 퍼져 나갔습니다. 19세기 영국은 서구에서 자유 무역을 확산시키기 위해 '도덕적 모범'이라는 방법을 택한 반면, 그 바깥의 세계에 대해서는 강압적 수단도 서슴없이 동원했어요.

대표적인 사례가 중국의 청 왕조에 행사한 시장 개방 압력입니다. 18세기 초부터 영국은 청과의 무역에서 발생하는 적자를 줄이기 위해 아편을 수출했습니다. 19세기 초 청에서 아편 사용이 폭발적으로 늘어나자, 영국은 청과의 무역으로 막대한 흑자를 거두었지요. 반면 청은 아편 중독자가 크게 늘어나 심각한 사회 문제에 직면합니다. 예를 들면 군대에 아편 중독자가 너무 많아서 군사력을 유지하기도 어려운 처지가 되었어요.

그런 이유로 1839년 청의 도광제(道光帝, 1782~1850년)는 아편 거래를 금지하고 영국 상인들의 아편을 몰수해 불태우는 강한 조치를 취했습니다. 그러자 영국은 함대를 보내 청에 무력을 행사했어요. 아편 전쟁이 벌어진 것입니다.

이 전쟁은 1842년에 체결된 난징南京조약으로 마무리되었는데 청은 막대한 전쟁 배상금, 다섯 개 항구의 개항, 영국에의 최혜국 대우라는 조건을 받아들여야만 했습니다. 일본에서도 비슷한 상황이 벌어졌어요. 일본을 통치하던 에도 막부江戸幕府가 미국의 무력시위에 굴복해 1854년 미일화친조약米日和親条約을 맺고 문호를 개방한 것입니다.

조선에 닥친 개방 압력

서양 여러 국가가 아시아에 대해 무력을 앞세워 문호 개방을 요구하는 일은 19세기 말에 빈번했습니다. 그것은 한때 자유 무역의 원리를 확대한다는 이유로 정당화되었지만 이 시기에 이르면 불황이 닥쳐서 미국과 유럽에서 보호주의가 다시 한 번 득세하며, 원료·식량 공급원과 시장을 확보하려는 국가들 간에 격화된 식민지 쟁탈전과 연관됩니다. 문호 개방은 제국 팽창의 도구가 된 것이지요.

오랫동안 세계 경제와는 무관했던 조선에도 19세기부터 개방 압력이 들이닥쳤습니다. 잘 알려진 것처럼 이 무렵의 조선 경제는 쉽게 극복하기 어려운 난관들에 직면했어요. 인구 성장과 산업의 근간을 이루었던 농업 생산성이 정체되었으며, 부정부패가 극심해 국가 재정은 거의 파탄 지경에 이르렀지요.

이런 와중에 서양 여러 국가가 조선을 개방하기 위해 문을 두드렸습니다. 조선은 개방 압력에 저항했으나 결국 1876년에 해군을 앞세운 일본의 강요로 문호를 열었지요. 강화도조약江華島條約을 체결한 것입니다. 이 조약으로 조선은 부산釜山 외에 원산元山과 인천仁川을 개항했고, 군사·경제적 침투를 위한 해안 측량권을 허락했으며, 개항장에서는 치외 법권을 허용했습니다. 전형적인 불평등 조약이었어요.

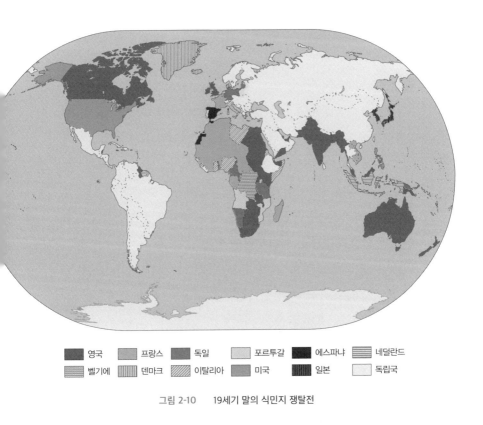

그림 2-10   19세기 말의 식민지 쟁탈전

일본에 잠식된 조선의 산업

조선에서도 19세기부터 청나라를 거쳐 유입되는 서양 제품이
증가하기 시작했는데, 조선 조정은 처음에 이것을 묵인하다가
1866년 병인양요丙寅洋擾를 거치면서 금지하는 것으로 방침을 바

꾸었습니다.

이미 그 시절에 어떤 이는 "서양의 물건은 손으로 만들며 하루 동안 만들어도 쓰고 남는 것(공산품)이지만 우리 물건은 땅으로부터 나오며 1년 동안에 만들어도 쓰기에 모자라는 것(농산품)입니다. 따라서 후자를 가지고 전자와 교역하면 저들은 부유해지고 우리는 가난하게 되는 것입니다."『일성록』日省錄, 고종 3년 9월 19일라고 주장하며 서양 제품의 수입 금지를 정당화하기도 했어요. 그러나 강화도조약 이후 서구 열강과 문호 개방 조약을 차례로 맺으면서 일본과 서양의 상품이 물밀듯이 들어옵니다.

우선 일본과의 조약 체결 후에 일본 제품뿐만 아니라 일본을 거친 서양 제품이 대거 유입되었어요. 한 통계에 따르면 1877~1882년에 일본 제품 수입은 30퍼센트 정도 증가한 반면 서양 제품 수입은 10배가 늘었습니다. 특히 면직물 수입이 크게 늘어, 면직물은 전체 수입 상품 가운데 64퍼센트를 차지하게 되었습니다.

그러다가 을사늑약 이후가 되면 일본에서의 수입이 서양 여러 국가를 압도합니다. 1909년에 이르면 조선의 수입량 가운데 일본의 비중이 약 60퍼센트였어요. 일본과 서양에서 들어오는 상품으로는 면직물이 가장 중요했고, 그 밖에 여러 공산품이 있었습니다. 조선의 가장 중요한 수출품은 쌀을 비롯한 1차 산업 제품이었지요.

이러한 교역 양상은 앞에서 언급한 19세기의 세계 무역 구조, 즉 자본주의 산업화에 성공한 국가가 고부가가치의 공산품을 수출하고 산업화를 이루지 못한 국가로부터 농산품 같은 1차 산업 제품을 수입하는 구조와 동일하지요. 그 과정에서 조선의 무역 적자는 크게 늘었습니다. 1909년의 적자 규모를 보면 일본에 대해 약 1,000만 엔이었고, 영국에 대해서도 600만 엔 이상이었어요. 당시의 조선 같은 국가가 세계 경제에 편입되면 무역 적자를 비롯한 충격에 노출될 수밖에 없었습니다.

대공황의 습격

19세기 중반 이후 위세를 떨쳤던 세계화는 제1차 세계 대전이 시작되면서 끝났습니다. 유럽에서 5년 넘게 전쟁이 이어지자, 세계화를 이끌던 유럽 여러 국가에서 해외 무역이나 자본 투자는 뒷전으로 밀려났지요.

19세기에 또 한 번의 산업 혁명을 거치면서 크게 성장한 공업 생산력은 전쟁 물자를 생산하며 더욱 신장되었지만, 세계적인 차원에서는 자본이 전쟁 물자 생산에 집중되어 해외 투자와 무역은 크게 위축되었으며 노동력 이동도 중단되었어요. 최대 1,600만 명에 가까운 사망자와 2,000만 명이 넘는 부상자를 남기고 전쟁이 끝난 후에도, 세계 경제는 19세기 후반 같은 활력을 되찾지 못했어요. 오히려 종전 10년 만에 대공황이 찾아왔습니다.

1929년 10월 뉴욕 주식 시장에서 주가가 폭락하며 시작된 대공황은, 예상과 달리 곧 세계 불황으로 확산되었어요. 한 통계 자

료에 따르면 1929년의 세계 생산량을 100이라고 볼 때 1932∼
1933년에는 70까지 떨어졌습니다http://www.voxeu.org/sites/default/files/
image/20090317Irwin1.png 참조. 미국 같은 주요 산업 국가의 산업 생산량
은 40퍼센트 가까이 떨어지고 실업률은 30퍼센트까지 치솟았지
요. 불황이 심화되자 각국은 시장의 문을 닫아걸기 시작했습니
다. 미국은 관세율을 높여 경제 고립을 자초했고, 영국은 영 연방
국가와 식민지를 포함하는 광범위한 블록을 형성하여 자국 시장
을 보호했어요. 독일이나 일본 같은 국가는 군사력 증강으로 위
기를 극복하려 했지요.

　그 결과로 생산이 크게 늘어났지만, 무역은 그만큼 늘지 않는
상황이 벌어졌습니다. 국제 사회의 긴장도 고조되었고, 마침내
또다시 세계 대전이 벌어집니다. 19세기 중반부터 전 세계를 경
제적으로 통합했던 세계화는 결정적으로 후퇴했어요.

8 세계화의 재구성

1945년 8월에 제2차 세계 대전이 끝났을 때 세계 경제의 미래는 암울해 보였어요. 전쟁은 엄청난 경제적 희생과 물적 손실을 강요했습니다. 제1차 세계 대전 직전까지만 해도 전 세계 해외 투자의 절반을 차지할 정도로 엄청난 금융 자산을 보유했던 영국은, 제2차 세계 대전에 모든 자산을 쏟아 붓고 채권국으로 전락했지요.

그래도 영국의 형편은 나았습니다. 소련은 총인구의 13퍼센트에 해당하는 2,700만 명이 죽었습니다. 연합국 측의 집중적인 공습을 받았던 독일에서는 인명 피해에 더해 생산 설비와 교통·통신 시설의 파괴가 막대했어요. 사정은 또 다른 추축국 일본도 비슷했습니다. 일본은 애초부터 연합국에 비해 열세였던 경제 역량을 만회하기 위해, 자국은 물론 한국을 포함한 식민지의 모든 물적·인적 자원을 소진했지요.

미국 경제를 구한 제2차 세계 대전

전 세계가 군수품 생산에 거의 모든 역량을 동원한 터라, 전쟁이 끝나고 일상생활에 필요한 소비재부터 식량까지 많은 것이 부족해졌습니다. 승전국인 영국조차 1950년이 되도록 식품부터 석유까지 배급제를 시행해야 했습니다. 패전국인 독일의 국민은 더욱 극심한 생활고에 시달렸어요. 1946년 중반 독일 일부 지역의 남성은 1일 평균 1,500칼로리를 섭취하는 데 그쳤고, 그마저도 1947년 초에 이르면 1,050칼로리로 떨어졌습니다. 성인 남성이 하루에 섭취하도록 권장되는 열량은 2,500칼로리 내외입니다.

그런데 미국의 경제 상황은 전혀 달랐습니다. 1941년부터 전쟁이 끝날 때까지 미국은 연합국의 군수 물자 대부분을 공급했어요. 1941년 3월에 제정된 무기 대여법에 따라, 1945년 6월까지 502억 달러어치의 군수 물자를 제공한 것이지요. 1941년 12월 일본의 진주만 공습으로 참전하게 된 미국은, 자국 군대가 쓸 군수 물자 생산도 크게 늘렸습니다. 1942년 상반기에만 연방 정부가 1,000억 달러 이상의 군수 물자 공급 계약을 체결할 정도로 어마어마한 수준이었어요.

이렇게 군비 지출이 크게 늘면서 대공황 때부터 미국을 괴롭힌 실업과 과잉 설비 문제가 한꺼번에 해결되었습니다. 실질 국내 총생산은 1939~1944년에 55퍼센트 성장했어요. 게다가 군사비 지출이 크게 늘었는데도 민간 소비는 줄지 않았지요. 국민 순생산에서 군비 지출이 차지한 비중을 보면 1944년에 독일 76퍼센트, 일본 64퍼센트, 러시아 69퍼센트, 영국 56퍼센트에 비해서 미국은 45퍼센트에 그쳤습니다. 그만큼 민간 부문을 위한 생산도 활력을 유지했던 것이지요.

종전 후에 만개한 연구 개발의 성과

전쟁 동안 미국은 기존의 생산 설비를 충분히 이용했을 뿐 아니라 새로운 설비를 크게 늘리고 연구 개발 사업에 엄청난 자금을 투입했습니다. 그만큼 공업 생산력과 생산성이 크게 향상되었지요. 제1차 세계 대전 후와 같이 전쟁 중에 갑자기 투자를 늘렸다가 전후에 과잉 설비로 경영난이 닥칠까 두려워했던 민간 기업은 투자를 꺼렸지만, 미국 정부는 세금 혜택 같은 수단을 동원해서 투자를 독려했습니다.

동시에 무기 개발을 위한 연구·개발 투자가 생산력과 생산성 향상에 기여했어요. 무려 13만 명에 달하는 인원과 20억 달러의 예산이 투입된 원자 폭탄 개발 프로젝트, 즉 맨해튼 프로젝트Manhattan Project가 보여 주듯이 기술 혁신에 대한 미국 정부의 투자는 과감했습니다. 전쟁 기간에 전체적으로 15배 정도 늘어난 미국 연방 정부의 연구·개발비는 벨 연구소 같은 민간 기업의 연구소와 MIT 같은 연구 중심 대학에 지원되면서, 정부와 기업, 대학 간에 지속적인 협력이 이루어지는 밑바탕이 되었지요.

그 덕분에 미국은 전기·전자와 기계, 항공, 화학, 제약 같은 여러 공업 부문에서 신기술을 보유하게 됩니다. 전쟁 이후 널리 사용될 진공관이나 텔레비전, 컴퓨터, 합성 고무, 제트기 같은 새로운 제품이 모두 전쟁 기간의 연구·개발 덕분에 만들어졌어요.

세계 경제를 재편하려는 미국

이처럼 전쟁 직후 유럽·일본과 미국의 경제 사정이 크게 달라지자 세계 경제의 미래에 대한 미국의 구상이 중요해졌습니다. 제1차 세계 대전의 전후 처리와 대공황의 경험, 전쟁이 끝나갈 무렵부터 첨예한 문제로 떠오른 미국과 소련 간의 체제 대결이 미국 정부의 선택에 영향을 주었어요.

제1차 세계 대전 직후에 미국은 세계 최대의 공업 생산국이 되었고, 1920년대에 자동차를 비롯한 여러 내구 소비재 공업에서 생산력 향상을 이루었는데, 자유로운 국제 무역보다는 내수 시장 위주의 고립주의를 택했지요. 그것은 대공황이 오래 지속된 중요한 원인이었어요.

공황이 길어지자 미국은 뒤늦게 고립주의에서 벗어나 보려 했지만 그때는 이미 영국과 프랑스가 식민지를 중심으로 폐쇄적인 블록 경제를 구축하고, 독일과 일본은 군비 증강과 공격적인 대외 팽창 정책을 추진했던 터라 성과를 거둘 수 없었습니다.

미국은 제2차 세계 대전 이후에 이런 상황이 반복되지 않아야 한다고 생각했습니다. 동시에 소련의 영향력도 견제할 필요가 있었지요. 전쟁이 끝나자 소련은 인접한 동유럽이나 아시아의 중국과 한반도는 물론 서유럽에까지 영향을 미치는 듯했어요. 대공황 시대에 경기 침체와 파시즘의 대두를 막지 못한 기존 정당에 대한 환멸과 전쟁 기간에 소련 국민이 치른 엄청난 희생, 레지스탕스 운동에서 사회주의자가 보여 준 용기와 같은 기억들이 어우러져, 유럽 각지에서 사회주의 정당이 약진했습니다.

미국이 부흥시킨 자본주의 세계 질서

이러한 사정들을 감안해서 미국은 자본주의 세계화를 되살리는 길을 선택했습니다. 자유 무역에 바탕을 둔 열린 세계 경제의 재건은 "미국의 체제가 존속하고 번영할 수 있는 세계적 환경을 조성하는"1950년 봄에 완성된 미국 국가 안보 회의 보고서 NSC 68, 배영수 외, 『세계화 시대의 서양 현대사』(아카넷, 2009), 556쪽에서 재인용 일이라고 여긴 것입니다. 이것은 자본주의 진영의 역량을 키워서 점점 거세지는 소련의 영향력을 봉쇄하는 길이기도 했지요.

무엇보다 먼저 미국은 서유럽 재건에 관심을 기울였어요. 전쟁 전에 미국과 함께 세계 경제를 이끌었던 서유럽이 되살아나야만, 공산주의의 확산을 막고 미국 경제가 지속적으로 성장하는 데 필요한 시장을 확보할 수 있기 때문이었지요. 다시 말해 미국의 정책 결정자들은 중앙 정보국장 앨런 덜레스(Allen Dulles, 1893~1969년)가 말했듯이, "세계 시장에서 우리와 경쟁할 수 있고 경쟁할 유럽, 그리고 바로 그 이유 때문에 상당한 양의 우리 상품을 구매할 수 있는 유럽"Tony Judt, *Post War: A History of Europe Since 1945*(New York,

2005), 94쪽을 원했던 것입니다.

아시아에서는 일본의 재건이 중요했어요. 1949년에 중국이 공산화되면서 일본은 전략적으로 더 중요해졌을 뿐만 아니라, 아시아에서 유일하게 산업화를 이룩한 일본이 되살아나야 미국과 동아시아 경제 사이의 매개가 될 수 있다고 믿었던 것이지요. 그래서 미국은 독일과 일본을 농업 국가로 만들며, 일본의 경제 구조는 근본적으로 바꾸겠다던 원래 구상을 포기하고 이 두 국가의 재건을 지원했습니다.

미국은 한편으로는 북대서양조약기구(North Atlantic Treaty Organization, NATO)와 미일안보조약米日安保條約과 같은 군사 동맹 체제로 서유럽과 일본에 군사적 안정을 제공하고, 다른 한편으로는 전후 재건 자금을 제공했습니다. 유럽부흥계획, 즉 마셜플랜Marshall Plan으로 1948년부터 5년간 130억 달러라는 큰 자금이 서유럽 여러 국가에 들어갔어요. 일본은 1950년에 발발한 한국전쟁 기간에 군수 물자를 조달하는 역할을 맡게 되어 마셜플랜과 비슷한 혜택을 누렸지요.

자유 무역을 위한 새로운 제도

서유럽과 일본의 재건 못지않게 중요한 과제는 개방적인 세계 경제를 뒷받침할 국제 제도의 틀을 짜는 일이었습니다. 19세기 영국이 자유 무역을 세계적으로 확대하기 위해 썼던 방식은 더 이상 통하지 않는다고 여겼기 때문입니다.

앞에서 이야기한 것처럼 영국은 자국 시장을 먼저 개방하는 모범을 보이면서, 몇몇 국가와 양자 협약을 맺어 자유 무역 원리를 퍼트렸습니다. 그런데 1880년대부터 보호 무역이 다시 서양 여러 국가에서 세력을 떨치자, 영국이 구상했던 전 세계적인 자유 무역 확대는 이상에 그치고 말았어요. 보호 무역주의가 득세하자, 경쟁적으로 환율을 평가 절하해서 주변 국가에 타격을 가하는 근린 궁핍화 정책 등을 펴는 국가를 막을 방법이 부족했던 것이지요. 이런 문제를 염두에 두고 미국은 영국을 비롯한 주요 국가들의 협조를 얻어 몇 가지 제도를 만들었습니다.

크게 보면 두 가지 제도가 마련되었습니다. 첫 번째는 환율과 자본 이동을 규제해 해외 무역이 원활히 이루어지도록 하는 것이 목적이었어요. 이 과제는 1944년 7월 미국 뉴햄프셔New Hampshire주의 휴양지인 브레턴우즈Bretton Woods에서 열린 역사적인 회의를 거쳐 IMF와 세계은행World Bank을 설립함으로써 해결했지요.

IMF 설립은 1930년대에 나타난 환율의 경쟁적인 평가 절하나 1920년대 말 국제 금융계의 혼란을 낳았던 단기 자본 이동을 막으려는 조치였습니다. 각국 통화 가치를 달러에 고정하고, 회원국의 국제 수지 문제가 심각하면 일정한 범위 내에서 환율을 조정할 권한을 부여했어요. 국가 사이에 자본이 단기적으로 과다하게 이동해서 혼란이 일어나는 경우에 대응하기 위해, 특정 국가가 자본 유출입을 통제할 권한을 주고, 자본 유출국과 유입국이 서로 협조해서 자본의 흐름을 통제하도록 해 주었습니다. 세계은행의 본래 이름은 '재건과 개발을 위한 국제은행'이었는데, 명칭에 걸맞게 여러 국가의 재건 사업을 돕는 역할을 맡았습니다.

두 번째 제도의 목적은 자유 무역 원리의 확대였어요. 바로 1947년에 체결된 관세 및 무역에 관한 일반 협정(General Agreement on Tariffs and Trade, GATT)이지요. 이 협정은 자유 무역의 원리를 널리 확산시켰습니다. GATT 체제는 19세기의 영국이 추진했던 양자 협약이 아니라 다자간 협약을 기본 원리로 삼았습니다. 처음에 23개 국가가 가입했는데 이 국가들 간에는 무차별 원칙과 호혜주의 원칙이 적용되었고, 참여국들은 협정에 따라 관세를 낮추어 가는 것이었어요. 이렇게 해서 전후 세계 경제가 작동하는 기본 틀이 마련되었지요.

노동조합과 사회 보장 제도의 등장

이런 제도가 마련되었다고 해서 저절로 무역이 늘어나고 자본주의가 번영을 누리지는 않았습니다. 각국은 다른 무엇보다도 지속적인 경제 성장을 이루는 데 관심을 기울였습니다. 압도적인 경제력을 자랑하던 미국은 물론 전후 재건에 몰두하던 서유럽과 일본은 이 문제에 대한 나름의 해법을 발견하는 데 성공했지요. 그 해법 역시 대공황과 전쟁 경험을 되돌아보면서 발견했어요.

영국의 경제학자 존 메이너드 케인스(John Maynard Keynes, 1883 ~1946년)의 유명한 주장처럼 수요가 공급을 따라가지 못해 일어 난 현상이 대공황이었다면, 위기 재발을 막고 성장을 이어 가기 위해서는 수요가 지속되어야 했습니다. 수요를 유지하고 진작하 려면 대중의 구매력을 유지하거나 상승시키는 것이 관건이었지 요. 또한 그것은 제2차 세계 대전 때 각국 국민이 치렀던 경제적 희생을 어떻게 보상할 것인지에 대한 문제와도 연관되었어요.

미국을 비롯한 주요 자본주의 국가는 두 가지 제도를 택했습 니다. 첫 번째는 국가가 노동조합의 권리를 보장하고 대규모 노 동조합은 국가의 중재 아래서 자본을 대표하는 조직과 타협해 임 금을 인상하면서, 기업의 생산성 향상에 필요한 여러 조치를 수 용한 것이었지요.

사회 보장 제도의 확산이 두 번째였습니다. 전쟁 직후 영국 정 부가 내걸었던 '요람에서 무덤까지'라는 유명한 구호처럼 사회 복지의 범위가 널리 확대되었어요. 사회 복지란 국가가 베푸는 시혜가 아니라 시민의 당연한 권리라는 인식이 자리 잡았지요. 임금이 상승하고 국가가 제공하는 다양한 부조를 받으면서, 자본 주의 세계의 중심에 있었던 여러 국가에서 시민들의 구매력이 크 게 향상되었습니다. 그 결과로 대량 생산과 대량 소비가 결합한 새로운 성장 모델이 착실히 뿌리내렸지요.

20년의 장기 호황

바로 그 덕분에 주요 자본주의 국가는 1950년대 초~1960년대 말의 약 20년간 역사에서 유례를 찾아보기 어려운 호황을 누렸어요. 이 기간을 '장기 호황기'라고 부릅니다. 전쟁 후에 가장 시급한 관심사가 되었던 경제 성장 속도가 빨라졌어요. 1913~1950년에 세계 경제의 총생산은 매년 1.7퍼센트 성장하는 데 그쳤지만, 1950~1973년에는 매년 5.3퍼센트씩 늘었지요.

일본과 독일의 성장이 특히 빨랐습니다. 일본은 이 기간에 매년 10퍼센트에 가까운 성장률을 기록했고, 1950년대의 독일 경제는 매년 8퍼센트씩 성장했습니다. 전쟁 때 파괴된 생산 설비를 최신식으로 바꾸고 미국의 기술과 생산 조직을 받아들여 생산성이 향상된 덕분이었습니다.

미국이 시장을 개방하고, 해외 투자에 적극적으로 나선 것도 이 호황에 도움이 되었습니다. 서유럽의 여러 국가와 일본 정부는 관세 이외에 다른 정책 수단을 동원해 자국 기업이 미국 기업과 경쟁할 수 있도록 보호했고, 미국에서 들어오는 자본도 자국 기업에 도움이 되도록 규제했어요. 그 덕분에 미국이 세계 경제에서 차지하는 비중은 조금 줄어들고, 서유럽 국가들과 일본의 비중이 높아졌습니다.

1950년에 선진국의 총생산에서 미국이 차지하는 비중은 무려 58퍼센트였지만, 1970년에 이르면 47퍼센트로 낮아졌어요. 생산성 격차도 줄었지요. 1950년대 미국 제조업의 생산성은 독일의 3배, 일본의 8.6배 수준이었지만 1970년에는 각각 1.7배, 2.4배가 되었습니다.

선진국만의 세계화

호황과 시장 개방으로 세계 무역의 규모도 크게 늘었습니다. 1913~1950년에 매년 평균 0.5퍼센트씩 늘어나는 데 그쳤던 세계의 수출량은 전후 장기 호황 시대에 해마다 9.9퍼센트씩 늘었어요. 그러면서 무역 구조도 바뀌었지요.

앞에서 살펴본 것처럼 19세기 후반 세계화 시대에 세계 무역의 특징은 산업화에 성공한 몇몇 국가와 나머지 세계의 교역이 크게 증가한 것이었습니다. 그 과정에서 이전에는 세계 경제와 전혀 통합되지 않았던 조선과 같은 국가에도 자본주의 원리가 서서히 확산되며 세계 경제의 힘을 느끼기 시작했지요.

반면에 제2차 세계 대전 이후의 장기 호황 시대에 일어난 세계 무역의 성장은 다른 무엇보다도 공산품 무역이 중심이었어요. 그런 만큼 무역은 공산품을 생산하는 국가에 집중되었습니다. 그 무렵 세계 무역의 약 3분의 2가 미국과 서유럽, 일본 사이에 일어났고, 공산품 수출에서 주요 자본주의 국가가 4분의 3을 차지할 정도로 무역 집중 현상이 뚜렷해졌지요. 그러므로 장기 호황 시대의 세계화는 주로 자본주의 체제에 속한 선진국들 사이에서 이루어졌다고 볼 수 있습니다.

그러자 주요 자본주의 국가를 제외한 나머지 세계, 흔히 개발 도상국이라 불린 국가들은 세계화에 참여할지 말지 중요한 결정을 내려야만 했습니다. 한편에서는 세계화의 흐름을 적극적으로 거부하려는 움직임을 보였습니다. 1955년 인도네시아의 반둥 Bandung에 모인 아시아와 아프리카 여러 정상이 시작한 '비동맹 운동'이나 라틴 아메리카 여러 국가가 추진했던 수입 대체 공업화가 여기에 해당합니다.

이 국가들은 미국이 주도하는 세계 경제는 과거 제국주의 시대의 경제적 착취가 겉모습만 바꾸었을 뿐이라고 비판했습니다. 자유 무역이란 결국 부가 가치가 낮은 농산물과 원료를 부가 가치가 높은 공산품과 교환하는 것에 불과하며, 선진국 기업이 생산하는 싸고 질 좋은 공산품이 있는 한, 나머지 국가에서 자본주의 산업화가 성과를 거두기는 어렵다고 생각한 것이지요. 그런 까닭에 세계화를 비판한 국가에서는 공산품 수입을 중단하고 필요한 물건을 스스로 제조하는 길을 걸으려 했어요.

수출만이 살길인가

다른 한편에는 원료나 농산품 수출에 대한 의존에서 벗어나기 위해서라도 공산품 수출을 중심으로 한 세계화 물결에 뛰어들어야 한다고 생각한 국가들이 있었습니다. 동아시아의 여러 국가, 특히 한국이 1960년대 초부터 이런 구상을 실천하기 시작했어요. 한국은 값싸고 풍부한 노동력에 외국에서 들여온 차관과 투자, 기술을 결합해 노동 집약적인 공업 분야 몇 가지를 집중적으로 육성했지요. 성과는 놀라웠습니다.

한국의 수출은 1961년에야 겨우 1953년 수준으로 회복되었는데, 세계 시장에 적극적으로 진출하면서 수출이 눈부신 속도로 증가합니다. 1960년대 한국의 연평균 수출 증가율은 40퍼센트 수준을 유지할 정도로 빨랐습니다. 1963년에 약 8,600만 달러였던 수출은 1970년에 약 8억 4천만 달러로 늘었어요. 10년도 채 안 되는 기간에 거의 10배로 증가한 것이지요.김형아, 신명주 옮김, 『유신과 중화학 공업: 박정희의 양날의 선택』(일조각, 2005), 201쪽 참조. 여기에는 정부 정책이 큰 역할을 담당했어요. 한국 정부는 수출 기업에 시장보다 훨씬 싼 이자로 자금을 빌려주고, 공장을 설립, 가동할 때에 여러 특혜를 베풀었습니다. 특히 이른바 '수출입국輸出立國'이라는 구호를 내걸면서 수출을 독려하고, 수출 상황을 면밀히 감독하며 성과를 내는 기업에는 더 큰 혜택을 주었던 것이 주효했지요.

한국이 추진한 수출 주도형 공업화 전략은 장기 호황 덕분에 실현되었는데, 1960년대 말부터 몇 가지 문제를 드러냈어요. 가장 중요한 시장이었던 미국에서 보호 무역으로 되돌아가려는 움직임이 나타나기 시작했고, 그동안 권위주의 정부가 강압적으로 대처했던 노동 운동이 억압 속에서도 서서히 일어나 임금과 노동 조건 개선을 강하게 요구했습니다.

더 심각한 문제는 수출 주도형 공업화 전략에 그 자체로는 극복하기 어려운 모순이 있었다는 점입니다. 이 전략의 핵심은 모두 해외 자본으로 수입한 원료와 중간재, 생산재를 값싼 국내 노동력으로 가공해 수출하는 것인데, 그러다 보니 수출이 늘어날수록 수입도 함께 늘어날 수밖에 없었어요. 게다가 한국이 주로 수출하는 상품은 부가 가치가 낮았으므로 원료나 생산재의 가격이 크게 급등하거나 환율이 갑자기 변하면 수출 경쟁력을 상실할 수도 있었지요. 이런 변화가 1970년대 초에 세계 경제에 닥치면서 실제로 한국 경제는 큰 어려움에 빠집니다.

9   자본주의의 미래는 있을까?

1970년대에 세계 경제는 큰 변화를 겪게 됩니다. 1960년대 말~
1970년대 초 미국은 물론 서유럽 여러 국가와 일본의 경제 성장
속도가 느려지기 시작했어요. 임금이 생산성보다 더 빨리 오르면
서 기업 수익률이 1960년대 중반부터 떨어졌지요.

경제 전체가 좀 더 심각한 상황에 봉착한 쪽은 미국이었습니
다. 장기 호황 시기에 기업과 은행이 무역보다는 해외 투자에 더
매진하고, 미국 정부가 베트남 전쟁, 소련과의 군비 경쟁에 막대
한 예산을 소모한 데다가 무역 적자, 물가 인상, 달러 가치 하락
과 같은 문제가 나타났어요.

경제 위기가 부른 또 다른 위험 요인

1973년에 닥친 오일 쇼크가 이런 상황을 더 악화시켰습니다.
아랍의 산유국들이 주도하는 석유수출국기구(Organization of
Petroleum Exporting Countries, OPEC)가 원유 생산량을 제한하고 가
격을 네 배 인상하기로 결정하자 전 세계 물가가 요동쳤어요. 그
러자 장기 호황을 뒷받침했던 소비와 투자가 크게 위축되었지요.

물가 인상과 경기 위축이 동시에 일어나는 스태그플레이션 stagflation이 찾아온 것이지요. 예전에는 경기가 위축되면 정부가 시장에 개입해 여러 방법으로 경기를 끌어올렸지만, 이때는 물가가 상승 중이었기 때문에 기존의 처방을 쓸 수 없었습니다. 오히려 지나친 국가 개입과 정부 지출이 위기를 악화시킨 원인이라는 비판이 쏟아졌어요.

위기의 결과는 두 가지였습니다. 먼저 위기 징후 가운데 하나였던 달러 가치의 하락은 달러를 기준으로 각국 환율을 고정하는 브레턴우즈 통화 체제의 유지가 어렵다는 것을 일깨워 주었어요. 결국 1973년 유럽 공동체 소속 국가들이 변동 환율 제도를 택하면서 이 체제는 막을 내립니다. 환율이 시장 상황에 따라 시시각각으로 변하는 시대가 되자 국제 투자와 거래가 크게 늘기 시작했지요. 환차익을 노리는 투기 자본이 급증한 것입니다.

환율 변동은 한 국가의 수출 경쟁력에 직접적으로 영향을 미치고, 다른 금융 상품의 실질 이자율과도 연관되므로, 자산 가치를 보전하거나 투자 위험을 줄이고 부채를 효과적으로 관리하기 위한 여러 금융 기법이 등장했어요. 이렇게 해서 국제 금융 시장이 빠르게 성장하자, 국가 간의 자본 흐름을 통제하기가 더욱 어려워졌습니다.

실제로 1974년 미국이 자본 통제를 포기하자, 영국을 포함한 서유럽의 여러 국가도 같은 길을 택했어요. 그때부터 자본 자유화와 금융 자유화가 본격적으로 시작되었지요. 이것은 필요한 지역에 자본이 더 쉽게 공급되는 여건을 제공하면서도, 단기 수익을 노리는 투기 자본에게 각국의 경제가 쉽게 흔들리는 상황을 불러왔습니다.

1970년대의 경제 위기가 낳은 또 다른 결과는 전 세계적인 경쟁 격화였습니다. 1960년대 말에 무역 적자가 쌓이자 미국 내에서 보호 무역주의로 돌아가자는 요구가 높아졌고, 이것은 다시 서유럽과 일본에서 비슷한 움직임을 낳았지요. 전 세계적으로 보호 무역주의가 확산될 조짐이 보이자 선진국 지도자들은 오히려 자유 무역을 더 확대해 위기를 극복하려 했어요.

GATT 체제가 시작된 이후로 주요 국가의 관세율이 여러 차례 인하되어서, 1970년대 말에 이르면 관세는 이미 5퍼센트 수준으로 떨어진 상태였습니다. 그러므로 자유 무역을 확대하려면 관세 이외의 무역 장벽들을 없애는 노력이 필요해 보였어요.

그래서 1973~1979년 도쿄라운드Tokyo Round부터 1986~1994년 우루과이라운드Uruguay Round를 거쳐, 1995년에 세계무역기구(World Trade Organization, WTO)를 설립할 때까지 비관세 무역 장벽과 구조적 장애물을 없애는 데 다양한 노력이 집중되었습니다. 치열한 협상 끝에 의결된 조치들은 국제적인 규준이 되어서, 각국은 여기에 맞추어 무역과 관련된 법과 제도, 관행을 고치게 되었어요.

IMF가 1980년대 초 몇몇 라틴 아메리카 국가들과 1997~1998년 아시아 국가들에 구제 금융을 제공하며 요구했던 규제

완화, 세금 감면, 복지 축소, 노동 시장의 유연화와 같은 구조 조정과 개혁은 자유 무역 질서가 개발 도상국까지 확대된 중요한 계기였습니다.

선진국을 넘어서 확산되는 세계화

금융 자유화와 자유 무역의 확대는 분명히 세계 경제에 새로운 활력을 불어넣었습니다. 자본이 전 세계 곳곳으로 빠르게 흘러들면서, 자본주의 체제에 속한 선진국의 자본 투자와 기술 혁신은 물론 개발 도상국의 산업화도 활기를 띠게 되었어요.

생산성 위기를 맞았던 선진국의 기업들은 시장 규제가 철폐되자 과감히 국내 사업을 정리하고 값싼 노동력을 찾아 해외로 진출하는 한편, 부가 가치가 높은 새로운 산업을 개척했습니다. 그것은 일부 개발 도상국들에게 새로운 기회를 제공했지요. 한국이나 타이완처럼 오랫동안 수출 지향 공업을 추진해 온 국가들은 물론, 한동안 세계 시장에 참여하지 않았던 중국과 인도 같은 국가가 산업화 대열에 뛰어들었어요.

1980년대 초부터 사회주의 시장 경제라는 묘한 구호를 내세우며 개방에 나선 중국은 매년 9퍼센트 이상 성장을 기록하면서, '세계의 공장'으로 떠올랐습니다. 인도는 1991년부터 중국과 같은 길로 나섰어요. 한때 비동맹 운동을 주도하며 자립 경제를 추구했던 인도가 공기업을 민영화하고, 무역과 외국인 투자를 적극적으로 추진하기 시작했지요. 한때 선진국 간의 경제 교류 강화에 머물렀던 세계화가, 아프리카를 제외한 아시아, 라틴 아메리카, 그리고 구 사회주의권 국가들로 이렇게 확대되었어요.

10 맺음말

하지만 세계화의 속도가 빨라지고 그 범위도 확대되면서 비판과 우려의 목소리 역시 높아졌어요. 2008년 미국에서 시작되어 전 세계를 강타한 금융 위기 이후로 이런 비판은 더욱 거세졌는데, 그것은 몇 가지 주제로 요약할 수 있습니다.

미국을 비롯해 자본주의 체제에 속한 몇몇 주요 국가가 세계화를 뒷받침하는 국제 기준을 대부분 결정하는 반면, 이 기준을 따라야만 하는 대부분의 국가는 자국 경제에 관해 스스로 결정할 수 없는 상황이 되었어요. 자율성을 상실했지요. 국가 주권의 위기라는 이야기를 여러 매체에서 빈번히 듣는 까닭이 여기에 있습니다.

이것과 연관된 또 다른 비판은, 국경을 자유롭게 넘나드는 자본 흐름이 세계 경제의 불안정성을 높였다는 것입니다. 1997년 아시아의 금융 위기뿐만 아니라 2008년 세계 금융 위기는 이런 의심에 설득력을 더했지요.

더욱 강력한 비판은 세계화가 빈부 격차, 즉 양극화를 심화시키고 있다는 것입니다. 국가 간의 빈부 격차는 1950년대에 비해 크게 줄었어요. 특히 동아시아 국가들이 급속한 경제 성장을 이루고, 과거의 사회주의 체제 국가들과 라틴 아메리카의 국가들이 산업화와 해외 무역에 관심을 기울이면서 자본주의 체제의 기존 선진국들이 공업 생산과 수출에서 차지하는 비중은 분명히 줄었지요. 그 결과로 세계 인구 가운데 절대 빈곤에 시달리는 사람의 비율도 줄었습니다.

그런데도 양극화에 대한 우려는 그치지 않습니다. 미국을 포함하여 자본주의 선진국들 내에서 빈부 격차가 더 심해질 뿐만 아니라, 전 세계적으로도 극소수 부유층에게 부가 집중되는 현상이 심화되기 때문이지요. 1퍼센트와 99퍼센트 사이의 대립이라는 표현이 자주 들리는 이유예요. 그 밖에도 지나친 물질주의, 점점 더 치열해져서 약육강식이 지배하게 된 경쟁의 폐해, 환경 오염과 생태계 위기 같은 여러 문제가 세계화의 부정적인 결과로 흔히 거론됩니다.

이 문제들이 인류의 미래에 결정적인 영향을 미칠 정도로 중요하므로 세계화에 대한 논란이 점점 거세지는 것입니다. 빈부 격차나 국가 주권의 미래, 다국적 기업과 국제 금융 자본에 대한 규제, 생태계 위기 같은 문제는 당장 해결하기도 어렵지만 그렇다고 외면할 수도 없어요. 2008년 금융 위기 이후에도 전례 없이 세계화된 자본주의 세계 경제가 아직까지 위기를 완전히 극복하지 못했을 뿐더러, 오히려 점점 더 불안정해지는 듯한 상황은 불안감을 더합니다.

자본주의는 그 체제가 출현한 때부터 지금까지 숱한 논란을 불렀어요. 한편으로는 인류가 이제껏 누리지 못했던 수준의 놀라운 물질적 풍요를 선물한 체제이며, 동시에 너무나 많은 사람이 절망감을 맛보게 되는 체제입니다. 자본주의와 긴밀히 연관되어 지난 두 세기 사이에 진행된 세계화도 그렇지요. 세계화는 어떤 사람에게는 더할 나위 없는 축복이었지만, 또 다른 사람에게는 모든 악의 근원과도 같으니 말입니다.

그러므로 자본주의와 세계화가 일방적인 공격이나 찬양의 대상이 되어서는 곤란합니다. 게다가 상황이 앞으로 어떻게 전개될지 예측하기는 더욱 어렵습니다. 자본주의와 세계화가 기술 진보의 당연한 결과이거나 인간 본성의 자연스러운 발현이라는 생각을 버리고, 이 책에서 강조했듯이 한 국가 내부의, 또한 국가들 간의 관계에서 수많은 사람이 갈등하며 타협한 역사의 산물이라는 점을 되새긴다면 예측은 더욱 어려울 수밖에 없겠지요.

자본주의 세계화가 역사의 산물이라는 점을 깨닫는다면, 다른 방향에서 새로운 희망을 찾을 수도 있습니다. 다른 모든 역사 현상처럼 인간의 의식적인 선택은 시대의 거대한 흐름도 바꿀 수 있다는 전망을 얻게 되니 말이지요. 그러므로 이제는 자본주의 세계화의 역사와 현재를 냉정히 반추하며, 새로운 미래를 상상해야 한다고 봅니다.

3부

제국과
민족주의

지금 세계에는 거의 200개에 이르는 국가가 있어요. 국제 사회에서 이들 국가는 모두 주권sovereignty을 보유한 국민 국가nation-state로 간주됩니다. 국민 국가라는 단어는 때로 민족 국가라고 옮기기도 하지요. 이 책에서는 문맥에 따라 두 용어를 번갈아 쓰겠습니다.

주권은 국제 사회가 인정한 영토 안에서 행사하는 최고의 권위를 일컫는데, 주권 국가는 다른 국가와 독립된 정치체로 간주합니다. 이런 생각은 국제연합(United Nations, UN) 헌장에 잘 녹아 있어요. 이 헌장 제2조에 따르면 UN은 소속 국가 사이의 주권 평등 원칙에 바탕을 두고, 소속 국가는 무력이나 그 밖의 어떤 수단으로 다른 국가의 영토 보전과 정치적 독립을 위반하는 행동을 해서는 안 됩니다. 아무리 강대국이라도 적법 절차에 따라서 국제 사회의 동의를 얻지 않고는 다른 국가의 일에 함부로 간섭할 수 없다는 것이지요.

1 국가들은 서로 평등할까?

현재 국제 관계의 현실을 보면 앞의 원칙이 정말로 잘 지켜지는
지 의구심이 들 때도 있을 것입니다. 국제 사회의 질서를 규정하
는 몇몇 국제기구나 조직이 실제로 돌아가는 방식을 떠올려 보아
도 그렇지요. 예를 들어 UN에서 가장 큰 권한을 지닌 안전보장이
사회의 상임 이사국은 미국을 포함한 다섯 국가에 불과해요. 제
2차 세계 대전 직후에 탄생한 IMF의 의사 결정권도 평등하게 나
뉘지 않았어요. 이 기금에 얼마나 많은 분담금을 냈는가에 따라
행사 가능한 표결권이 다릅니다. 여덟 개 선진국의 정상이 모이
는 G8이나 20개 국가 정상이 모이는 G20 같은 모임도 또 다른
예로 들 수 있어요. 선진국들의 이런 모임은 국제 사회의 여러 문
제를 해결하는 데 큰 영향을 미치지요. 이런 사례들을 보면 여전
히 힘의 논리가 국제 관계를 지배하는 것은 아닌지 생각해 보게
됩니다.
　국제 사회는 과연 평등한 국가들의 모임일까요, 아니면 힘의
논리가 관철되는 공간일까요? 이것을 다른 말로 바꾸면 지금 평
등한 국민 국가의 시대에서 살고 있는지, 아니면 여전히 제국 중
심의 질서 아래에서 살고 있는지에 대한 질문이기도 합니다.

제국을 막강한 힘을 바탕으로 국제 관계를 재편하는 정치체라고 규정한다면, 지금도 국민 국가와 제국 사이의 긴장 속에서 산다고 생각할 수 있겠지요. 그런 점에 비추어 볼 때, 제국과 국민 국가의 역사를 돌아보는 일은 단순히 먼 과거를 관찰하는 데 그치지 않습니다. 민주주의의 역사나 자본주의 세계화의 역사와 같이, 이 주제도 현재의 삶을 규정하는 중요한 조건이라고 이야기할 수 있어요.

주권 국가의 태동, 베스트팔렌조약

지금 국제 사회에서는 국민 국가의 존재와, 국민 국가의 주권은 마땅히 존중해야 한다는 생각이 널리 받아들여진 것으로 보여요. 그런 까닭에 미국이나 중국처럼 제국이라고 부를 수 있을 정도인 강대국이 국제 관계에서 보이는 행보가, 때로 이런 원칙을 위반한 것이 아닌지 우려하는 목소리도 들려옵니다.

특히 지난 2001년의 9.11 테러 이후 미국이 뜨거운 논란을 불러일으켰지요. 이 테러 이후 미국은 국제 테러 조직 소탕은 물론 이 조직을 돕는 '불량 국가'를 응징한다면서 대규모 군사 행동에 나섰어요. 그런데 문제는 미국이 UN의 동의와 승인을 제대로 받지 않았다는 데 있습니다. 한편에서는 국제 사회의 평화를 위해 미국이 마땅히 할 일을 했다고 옹호하지만, 다른 한편에서는 미국이 국제 사회의 기본 원칙을 어겼다고 비판했지요. 어느 쪽의 생각이 옳은지는 더 따져 보아야 하지만, 이런 논란 자체가 국민 국가의 평등에 바탕을 둔 국제 관계의 이상이 널리 받아들여졌다는 사실을 방증한다고 봅니다.

이 문제를 생각하며 되새길 사실 하나는, 주권 국가 사이의 평등한 국제 관계라는 이념이 근대에 접어들면서 비로소 등장했다는 것입니다. 아무리 빨리 잡아도 이런 생각은 17세기 중반에나 비교적 선명히 표현되었어요. 16세기 초에 루터가 종교 개혁을 시작하자 프로테스탄트(Protestant, 개신교)와 가톨릭 사이의 갈등이 여기저기서 심각한 충돌을 낳았습니다. 종교적인 신념을 지키려는 전쟁이 끊이지 않았으며, 이런 무력 충돌은 1616년에 시작한 30년 전쟁으로 절정에 달해요.

오랜 갈등을 매듭지은 베스트팔렌조약Westfälischer Friede은 종교 문제를 결정할 최고 권위가 각국의 통치자에게 있음을 밝히고, 각국의 결정에 서로 간섭하지 않는다는 원칙을 제시했습니다. 국가 간의 관계, 즉 근대적인 의미의 국제 관계는 이렇게 탄생했지요.

하지만 이 원칙은 유럽에 속한, 그것도 일정 규모의 영토와 중앙 집중적인 행정 체제, 언제라도 동원 가능한 상비군을 갖춘 몇몇 국가에만 적용되었습니다. 이런 자격을 갖추지 못한 국가들은 18세기의 폴란드처럼 강대국 간의 세력 다툼 끝에 영토가 분할·정복되기도 했습니다.

제국에서 태어난 민족주의

유럽에서 국제 관계의 원칙이 등장할 무렵, 유럽 열강은 아메리카와 아프리카, 아시아에 제국을 건설했습니다. 유럽인의 손길이 닿지 않은 곳에서도 제국의 위력은 마찬가지로 대단했습니다. 지중해부터 동아시아까지 이르는 광대한 영토는 오스만 제국과 무굴 제국, 명·청 제국이 지배했으니 말이지요.

긴 안목으로 역사를 보면 평등한 국가 간 관계보다는 제국의 지배가 좀 더 흔하므로, 어쩌면 이쪽을 '정상 상태'라고 말할 수도 있겠다고 생각하게 됩니다. 고대 로마 제국은 지중해 서쪽 지역에 한정하더라도 거의 600년이나 이어졌고, 동로마 제국까지 합하면 1,600년이나 유지되었어요. 그보다는 짧지만 오스만 제국도 20세기 초까지 600년이나 살아남았지요.

그에 비하면 인도나 중국에 등장했던 제국의 수명은 짧았습니다. 하지만 그곳에서도 분열과 통합을 거듭하며 여러 제국이 자리 잡았어요. 러시아 제국도 주변 여러 지역과 민족을 통치하면서 오래 이어졌지요.

제국의 오랜 역사에 견주어 보면, 근대 민족 국가와 이것을 뒷받침하는 이념 체계인 민족주의의 역사는 아주 짧아요. 민족주의를 간단히 말하면 하나의 민족이 한 국가를 이루어 국가 밖에서는 주권 국가로 자율성을 누리고, 국가 안에서는 최고의 권위를 행사해야 한다는 이념입니다.

민족 국가 건설의 열망을 담은 민족주의는 18세기 말 유럽에서 제 모습을 갖추었고, 유럽 바깥으로는 19세기 중반 이후에야 확산되었어요. 유럽 안에서는 강대한 제국들 사이에서 응집력 강한 민족 국가를 만들려는 노력이 19세기에 치열히 전개되었습니다. 그러면서 민족주의 이념도 변화를 겪었지요.

처음에는 그저 같은 법 아래에서 사는 평등한 시민이 주권을 지니고 국가를 형성한다는 생각이었지만, 민족을 혈연이나 언어, 역사, 전통을 공유하는 집단으로 정의하면서 더 배타적인 모습을 띠었어요. 이런 민족주의가 국가 밖에서 민족의 우월함을 과시하려는 제국 건설의 열망과 결합하자, 더욱 배타적이고 공격적인 모습을 드러냈지요.

유럽을 넘어선 민족주의

민족주의는 19세기 중후반에 유럽 내에서 점점 더 위세를 떨쳤지만 실제로 강력한 민족 국가를 세우는 데 성공한 경우는 적었습니다. 바로 이 몇몇 국가가 유럽 바깥의 세계를 장악하려 들었어요. 19세기 말에 이르면 이미 광대한 제국을 보유했던 영국이나 프랑스에 도전하면서, 독일과 이탈리아, 미국, 러시아, 일본 같은 강대국들이 제국 확장에 박차를 가합니다. 그 결과 아프리카와 아시아의 거의 전역이 제국들의 손에 넘어갔지요.

그 과정에서 특히 유럽과 아시아의 여러 지역에서는 제국의 침투와 지배에 대항해 강력한 민족 국가를 건설하려는 열망이 분명히 드러나기 시작합니다. 제국으로부터 독립된, 명실상부한 주권 국가를 건설하기 위해서는 무엇보다도 경제력과 군사력을 갖추어야 했고, 그러려면 서양의 근대와 비교할 만한 독자적인 근대를 이룩해야 했어요.

서구 제국들과 일본의 파상 공세 가운데서 부국강병을 모색했던 조선의 지식인들이 한 예가 되겠지요. 19세기 중반 이후 중국 지식인도 같은 경험을 합니다. 빈번한 반란과 지나치게 많은 인구를 감당하지 못하는 경제 체제에 부정부패까지 더해지면서 국가가 파탄 위기에 빠지다 보니 지식인들은 부국강병과 새로운 근대 국가 수립을 열망했어요.

그러나 열강 간의 두 차례 전쟁 이후에 결국 일본에게 병합된 조선이나, 청이 멸망하고 열강이 각축하는 와중에 전쟁과 내전 속으로 휘말린 중국에서 볼 수 있듯이 자주적인 근대 민족 국가 수립은 결코 쉽지 않았습니다. 제국 체제에 균열이 일어나야만 좀 더 수월해졌지요.

두 차례의 세계 대전 이후에 이런 상황이 벌어졌습니다. 제1차 세계 대전으로 독일, 오스트리아-헝가리, 오스만 제국이 무너지고, 유럽에서 여러 민족 국가가 탄생했습니다. 아직까지 영제국에 속했던 인도 같은 곳에서도 제1차 세계 대전의 참전을 계기로, 자치를 넘어서서 독립에 대한 요구가 등장하지요. 제2차 세계 대전이 끝난 후에는 영 제국과 프랑스 제국처럼 가장 오래

되고 강력한 제국까지 해체되기 시작하면서, 새로운 민족 국가 수립의 열망이 전 세계로 확산되었어요.

국민 국가 건설의 어려움

제국 체제의 균열 이후에 본격적으로 진행된 자주적 민족 국가의 건설 과정은 지난했습니다. 비교적 동질적인 집단으로 구성되어, 오랫동안 한 국가로 살았던 한국 같은 곳도 단일한 민족 국가 형성에 실패했다는 사실이 이런 어려움을 웅변하는 듯해요.

한국인은 새로운 민족 국가의 이념 지향을 합의할 수 없었습니다. 한편으로는 식민지 시대의 유산 극복을 둘러싼 갈등이 깊었고, 새로운 민족 국가가 나아갈 방향을 둘러싸고 대립했으며, 여기에 한반도를 인위적으로 분할해서 진주한 미국과 소련이라는 두 강대국의 갈등까지 더해진 탓이었어요. 그 결과로 한국인은 내전과 분단의 비극을 경험할 수밖에 없었습니다.

새로운 민족 국가 건설을 위한 노력은 다른 국가에서도 역시 어려웠습니다. 해체된 제국 안에는 여러 민족이 거주했으므로 민족 국가 수립의 원칙, 즉 한 민족이 하나의 국가를 건설해야 한다는 민족주의 이념을 실현하는 과정에서 소수 민족 문제가 불거지고는 했어요. 게다가 여기에 자본주의와 사회주의 간의 갈등이나 종교 갈등이 겹치면 민족 국가의 건설 과정은 폭력적인 대결로 번지기 십상이었지요. 이렇듯 제국 지배의 유산과 민족 국가가 건설되는 과정은 긴밀히 얽혔다고 볼 수 있습니다.

한국이 경험한 제국주의

한국의 시민들에게 제국과 국민·민족 국가 형성은 익숙하면서도 꽤 불편한 주제입니다. 멀지 않은 과거에 혹독한 식민 지배를 겪었고, 독립 후에 국민 국가를 건설하면서 국토가 둘로 쪼개져 지금도 지구상의 유일한 분단국가로 남아 있으니 말이지요.

이런 과거를 혹시 잊을까 걱정이라도 하듯, 여러 매체는 식민지 시대와 건국의 역사적 기억을 계속해서 생산·전파합니다. 그 탓인지 한국인들은 이 문제에 대해 이미 많은 것을 안다고 착각하기도 해요. 게다가 제국이나 국민 국가에 대한 토론은 흔히 정치적인 견해 차이와 맞물리면서, 아주 격렬한 감정싸움으로 치닫기 일쑤입니다. 지난 몇 년간 한국 사회를 뜨겁게 달구었던 친일 과거사 청산이나 종군 위안부, 역사 교과서 국정화에 관한 토론이 어떻게 진행되었는지 떠올려 보면 쉽게 알 수 있지요.

결론은 내기 어렵지만, 토론을 보다 생산적으로 진행하려면 과거와 좀 더 거리를 두어야 한다고 봅니다. 우리의 역사를 좀 더 객관적으로, 냉철하게 되돌아볼 여유를 가져야 하는 것이지요. 그러려면 제국과 국민 국가 문제를 좀 더 넓은 맥락에서 바라보는 안목도 필요할 듯합니다.

제국과 국민 국가의 정확한 의미를 따져 보고, 그것이 어떤 역사적 맥락 속에서 탄생·변형·진화해 왔는지 살펴보아야 해요. 이 주제에 대한 수많은 연구 성과가 보여 주듯이, 이것은 아주 큰 작업입니다. 그러므로 여기서 이 주제와 관련된 모든 문제를 다룰 수는 없어요. 다만 독자 여러분이 이 중요한 역사적 현상을 앞으로 좀 더 깊이 생각해 보도록 주의를 환기할 수 있으리라 기대합니다.

먼저 제국이란 무엇인가 하는 문제를 이야기하고, 제국이 무엇 때문에 건설·확장되는지 이어서 살펴보겠습니다. 다음으로 근대 이후에 등장한 국민 또는 민족의 의미를 검토한 후에 민족주의 이념의 등장과 그에 따른 민족 국가 건설을 위한 노력을 훑어보도록 하지요. 이렇게 살펴본다면 지금도 세계 곳곳에서 일어나는 민족주의 운동의 뿌리와 국민·민족 국가 건설이라는 열망에 대한 이해가 좀더 풍성해지리라 생각합니다.

2   제국의 정체

제국은 정확히 무엇일까요. 우리가 앞에서 살펴본 다른 개념들처럼, 제국도 자주 접하지만 막상 정의하려면 막연해집니다. 더군다나 제국이라는 용어와 연관된 여러 개념, 가령 제국주의 imperialism나 식민주의colonialism 같은 말을 함께 사용하다 보니 제국 자체를 정의하기가 더 어려워진 듯도 해요. 게다가 제국이라는 말은 정치적으로 중립적인 학술 용어에 그치는 것이 아니라, 현실 정치를 토론할 때 자주 사용되는지라 논란이 더 분분하지요.

예를 들어 지난 십수 년 사이에 미국은 물론 세계 각지의 무수한 매체에서, 과연 미국을 제국이라 불러야 하는지에 대해 치열한 논쟁이 벌어진 바 있습니다. 많은 이들이 2001년 9.11 테러 이후 미국이 이라크와 아프가니스탄 등에서 벌인 전쟁을 '제국주의' 전쟁이라고 비판하며, 미국을 제국으로서 언급했지요.

또 다른 이들은 세계 질서가 안정과 평화를 누리려면 어떤 한 국가가 세계의 경찰 노릇을 해야 하는데, 지금 그런 힘을 가진 국가는 미국뿐이므로 차라리 미국이 스스로 제국임을 인정하고 그에 따른 역할을 해야 한다고 주장했어요. 아주 오래 전 고대 로마 제국이 이탈리아를 넘어 서유럽과 서남아시아, 아프리카에 수립한 '로마의 평화Pax Romana'나, 중세 시대의 몽골 제국이 유라시아 대륙에 구축한 '몽골의 평화Pax Mongolica'처럼 말이지요.

그렇지만 많은 미국인들은 이런 주장을 불편해 합니다. 본래 미국이 영 제국의 식민지에서 독립한 국가인데다가, 그때부터 지금까지 미국은 제국주의를 비판하는 국가였으니까요.

황제가 다스리면 제국인가

이런 논란만 보더라도 제국이란 정치적으로 아주 민감한 문제일 뿐만 아니라, 정의하기도 쉽지 않다는 사실을 알 수 있지요. 실제로 역사에 등장한 여러 제국의 사례에 바탕을 두고 제국을 정의하려 했던 시도들도, 개념적으로 허점이 많아 보입니다. 우리가 제국을 정의할 때 동원하는 몇 가지 기준도 조금 찬찬히 따지면 불만족스러운 대목이 보여요.

제국을 '황제가 다스리는 나라'라고 정의하면 어떨까요? 누가 이렇게 단순히 정의할까 싶지만 전혀 설득력이 없는 것도 아닙니다. 흥미롭게도 이런 용법은 한국사에서도 발견됩니다. 제국이라는 용어가 한반도에서 어떻게 사용되었는지 추적한 한 연구에 따르면, 제국이라는 말은 일찍이 삼국 시대부터 등장한다고 해요. 6세기 백제의 성왕(聖王, ?~554년)이 일본에 불교를 전하면서 일본 국왕에게 전달한 외교 문서에 제국이라는 단어가 등장한다고 하지요. 이때 성왕은 일본을 제국이라 불렀습니다. 이때 제국은 황제를 가리키는 제帝와 국가를 일컫는 국國을 합친 것이므로 '황제의 나라'가 되는 셈입니다.

그런데 이 글에 따르면 성왕이 일본을 제국이라 불렀을 때, 흔히 제국과 연관 짓는 지배와 종속 관념은 전혀 없었다고 해요. 그것은 단지 황제라 자칭하는 국가의 통치자를 외교적으로 예우하기 위해서 쓴 단어라는 것입니다. 비슷한 용법은 신라의 최치원(崔致遠, 857년~?)이 당 제국에 보낸 외교 문서에서도 발견된다고 해요.

이런 예들은 통치자를 황제라고 칭한 나라는 제국이라고 부른 경우인데, 19세기 말에 고종이 황제를 칭하며 국호를 대한 제국이라고 바꾼 경우도 여기에 해당하지요. 이 사례는 뒤에서 다시 언급할 테지만, 그 무렵 서양에 황제가 다스리는 국가가 여럿 있었고 이들이 모두 제국으로 불렸던 사실과 무관하지 않습니다.

황제가 없는 제국

하지만 제국을 황제의 나라라고 정의하면 황제가 없는 제국도 분명히 있었다는 반론에 부딪칩니다. 단적인 예로 18세기 중반, 7년 전쟁 시기의 영국을 볼까요. 어떤 역사가들은 7년 전쟁을 '최초의 세계 대전'이라고 부르는데, 유럽·아시아·아메리카 대륙에서 동시에 진행되었기 때문입니다. 영국과 프랑스가 패권을 다툰

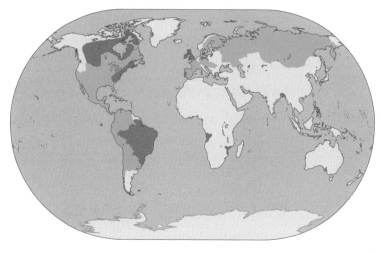

■ 영국 · 프로이센 · 포르투갈의 세력
■ 프랑스 · 에스파냐 · 오스트리아 · 러시아 · 스웨덴의 세력

그림 3-1   최초의 세계 대전, 7년 전쟁의 참전국

이 전쟁에서 영국이 승리해요.

그 결과로 영국은 인도에서 프랑스 세력을 몰아냈고, 캐나다와 서인도 제도의 몇몇 식민지를 확보했으며, 유럽에서 프랑스의 세력 확장도 막을 수 있었습니다. 이렇듯 영국은 인도, 북아메리카 대륙과 서인도 제도에서 식민지를 보유한 제국이었고, 당연히 역사가들은 영 제국이라는 표현을 사용합니다. 하지만 당시 영국을 다스렸던 국왕 조지 3세(George III, 1738~1820년)가 황제라고 불리지는 않았어요.

7년 전쟁 이후로 북아메리카의 13개 식민지가 영 제국으로부터의 독립을 선언하면서 북아메리카 독립 전쟁이 일어났고, 영국은 식민지를 잃었습니다. 하지만 그 후부터 19세기 중반까지 영국은 제국의 판도를 꾸준히 넓혀서 그야말로 '해가 지지 않는 나라'가 되었지요. 그런데도 여전히 영국의 왕은 황제라고 불리지 않았어요. 영국 국왕은 1876년 빅토리아 여왕(Queen Victoria, 1819~1901년)이 인도 황제로 등극했을 때에 처음으로 황제라 불렸습니다. 이렇게 보면 황제의 존재 여부는 어떤 국가가 제국인지 판별하는 기준으로는 불충분하지요.

영토가 넓으면 제국인가

황제의 존재 유무를 떠나, 제국을 넓은 영토에서 여러 민족을 다스리는 나라라고 정의하면 어떨까요. 좀 복잡하지만 다민족 광역 국가 정도로 표현할 수 있겠지요. 이런 용법은 근대 초의 서양 문헌에서 쉽게 찾을 수 있습니다. 17세기나 18세기에 영국에서 출간된 여러 문헌의 제목을 쭉 살펴보면, 한 가지 흥미로운 사실이 있어요. 영국을 일컬을 때는 제국이라는 말을 거의 사용하지 않은 데 반해, 러시아에 대해서는 흔히 러시아 제국이라는 명칭을 사용한 것이지요.

러시아를 제국이라고 부른 영국인들은 두 가지 사실을 염두에 두었던 것으로 보입니다. 하나는 고대 로마의 황제를 뜻하는 단

그림 3-2   19세기까지 확장된 중국 청 제국의 판도

어 중 하나인 카이사르Caesar에서 나온, 차르라고 불리는 황제가 러시아를 다스렸다는 점입니다. 다른 하나는 러시아의 영토가 무척 넓고, 그 안에 여러 민족이 살았다는 점이지요.

광대한 영토에서 여러 민족을 다스린 국가를 제국이라 부른다면, 러시아뿐만 아니라 다른 여러 나라에도 같은 명칭을 쓸 수 있겠지요. 영토가 가장 광대했던 청을 비롯해 중국의 넓은 영토를 지배했던 여러 왕조들이나 지중해 동부 지역을 중심으로 동유럽까지 세력을 떨쳤던 오스만 제국, 인도 아대륙을 지배한 무굴 제국도 모두 제국이라 부를 수 있으며, 실제로 그렇게 부르고는 해요. 이탈리아 반도의 작은 도시 공동체에서 시작해 영토가 유럽과 아프리카, 서남아시아를 아울렀던 고대 로마 제국이나 13세기의 유라시아 대륙을 휩쓸었던 몽골 제국도 빼놓을 수 없겠지요.

이렇게 영토가 넓었던 제국에서는 여러 민족이 공존했습니다. 고대 로마 제국이나 몽골 제국에서는 이민족 출신이 관리가 되거나 심지어 황제 자리에 오르기도 했습니다. 그런데 이런 용법은 근대 초의 영·프랑스 제국에 적용하기는 어렵습니다. 이 제국들이 아메리카 대륙에 넓은 식민지를 갖추기 시작했지만, 원주민을 제외한 그곳의 주민은 대개 영국과 프랑스 출신이었기 때문이지요. 그래도 우리는 여전히 영 제국이나 프랑스 제국이라는 표현을 씁니다.

식민지라는 단어의 기원

영국인들이 적어도 18세기까지 영 제국이라는 표현을 자주 쓰지 않았다는 사실은, 바로 앞에서 언급한 대로 영 제국에 주로 영국 출신 이주민이 정착했다는 점과 연관되는 듯합니다. 대신 영국인들은 '식민지'라는 표현을 주로 사용했어요.

식민지라는 말은 원래 로마 사람들이 쓰던 말입니다. 영어로 콜로니colony인 이 말을 일본인은 식민植民, 즉 "백성을 심는다."라는 뜻으로 번역했는데, 그럴듯한 번역어이지요. 로마 시대에 식민지는 로마 시민이 이주·정착한, 수도 로마에서 멀리 떨어진 땅을 일컬었으니까요. 그런데 이런 곳에는 로마인이 대개 큰 농장을 세웠으므로, 식민지를 플랜테이션이라는 말로 바꾸어 쓰기도 했어요.

근대의 식민지라는 개념은 16세기에 유럽인이 해외로 진출하면서 다시 널리 쓰였습니다. 가령 모어가 『유토피아』에서 식민지를 "모국으로부터 멀리 떨어진 땅에 이주한 자손의 땅"이라는 의미로 사용한 것이 여기에 해당하지요. 따라서 영국인들이 이주·정착한 북아메리카 대륙과 서인도 제도의 여러 섬이 말 그대로 '식민지植民地'였으므로, 영국인은 제국 대신에 식민지라는 표현을 즐겨 쓴 것으로 보입니다.

그런데 15세기 말부터 대항해 시대를 거치면서, 식민지에 지배와 종속 관념이 스며든 것 같습니다. 에스파냐인이 아메리카 대륙으로 건너가 정착해 식민지를 세우고, 원주민을 약탈·착취한 일과 연관되지요.

원주민은 이론적으로는 에스파냐 국왕의 지배를 받았지만, 수천 킬로미터나 떨어진 왕이 직접 원주민을 다스릴 수는 없었습니다. 그래서 현지의 지배자에게 원주민들을 보호하며 기독교를 믿도록 전파하는 임무와 그 대가로 이들의 노동력을 활용할 권한을 주는 제도, 즉 엔코미엔다encomienda를 도입했어요. 식민지 정착민과 원주민 사이에 지배와 종속 관계가 자리 잡았지요.

그러다 본국과 식민지의 관계에도 지배와 종속 관념이 자리잡게 됩니다. 예를 들어 7년 전쟁 이후에 영국과 북아메리카 식민지가 갈등하면서, 이 점이 분명히 드러났어요. 영국 정부는 북아메리카에서 진행된 7년 전쟁이 식민지인을 프랑스의 위협에서 보호하는 일이었다고 믿었기 때문에, 전쟁이 끝나고 식민지인에게 세금을 부과해서 전쟁 비용을 회수하려 했습니다.

식민지인은 강력히 항의했지요. 명예혁명 이후 제정된 「권리장전」을 근거로, 자신들이 직접 뽑은 대표가 없는 본국 의회는 식민지에 과세할 수 없다고 반발한 것입니다 "대표 없는 과세 없다."라는 유명한 구호가 여기에서 나오지요. 영국 의회가 기어이 식민지에 세금을 부과한다면, 정부와 의회가 식민지인이 영국인으로서 당연히 누려야 할 권리를 침해하며 본국민보다 열등한 존재로 취급하는 것이라고 주장했습니다. 이렇게 시작한 갈등이 결국 1775~1783년의 북아메리카 독립 전쟁으로 이어졌습니다.

식민지를 원하지 않는 제국

그렇다면 식민지의 보유 여부는 제국을 정의하는 잣대가 될 수 있을까요. 반드시 그렇지는 않습니다. 식민지가 없는 제국도 분명히 존재했기 때문이지요. 19세기 중반의 영 제국에서 이 점이 잘 드러납니다. 앞에서 이야기했듯이 그 무렵 영국은 북아메리카의 캐나다와 서인도 제도의 여러 식민지, 인도 일부를 다스렸습니다. 마음만 먹으면 아프리카와 아시아 여러 지역에서 식민지를 확장할 수 있었고, 실제로 확장하기도 했습니다.

영국은 그럴 만한 힘이 있었지요. 산업 혁명에 성공해서 생산력이 크게 늘어, 전 세계 공산품 수출의 거의 절반을 차지할 정도로 경제력이 막강했습니다. 게다가 영국은 유럽의 다른 어떤 강대국도 넘볼 수 없는 강력한 해군을 보유했어요. 그렇지만 영국은 식민지 확장을 꺼렸습니다. 예컨대 1840년대에 도미니카 공화국이 생존을 도모하기 위해 영국을 비롯한 몇몇 열강에게 식민지로 삼아 달라는 요청을 했는데, 영국 정부는 정중히 거절했습니다. 비슷한 일은 1880년대 이집트에서도 벌어졌지요. 영국은 수에즈 운하라는 경제·전략적 요충지를 보호하기 위해 이집트를 사실상 지배하게 되었지만 식민지로 삼지는 않았어요.

그 시기에 영국은 식민지를 넓히기보다는 약소국의 문호를 개방해 무역의 자유를 얻는 데 관심이 있었습니다. 식민지 지배에 따르는 비용을 치르는 것보다, 경제적 이익만 얻는 것이 훨씬 더 나았으니까요. 영국은 1842년과 1860년에 아편 전쟁에서 승리한 후, 문호 개방과 조차지 획득에 만족했을 뿐 청 제국의 영토에 더는 관심을 보이지 않았습니다.

그 무렵 영국은 남아메리카의 여러 국가에서도 경제적 영향력이 막강했지만 식민지 확장에는 무관심했습니다. 이것을 자유 무역 제국주의라고 부르기도 합니다. 여기서는 제국이 반드시 식민지를 보유해야 하는 것은 아니라는 사실이 무엇보다 중요합니다.

공식적 제국과 비공식적 제국

어떤 학자들은 영토 확장을 원하지 않은 영국에서 착안해, '공식적 제국'과 '비공식적 제국'을 구별합니다. 공식적 제국이란 하나의 독립 국가가 그 국가에 속하지 않는 지역을 복속시킨 후, 관리를 파견해 지역 주민을 지배하는 것이지요. 반면 비공식적 제국은 공식적 지배 이외의 수단을 동원해 한 국가가 다른 국가를 통제하는 경우를 뜻해요.

이 두 유형의 요점은 '통제력'의 행사일 것입니다. 그래서 어떤 학자는 제국을 이렇게 정의합니다. "제국이란 결국 공식적이든 비공식적이든 간에 한 국가가 다른 정치 사회의 유효한 정치적 주권을 통제하는 관계"인데, 이 관계는 "무력이나 정치적 협력, 혹은 경제적이거나 사회적이거나 문화적인 의존으로 형성될 수 있다."Michael Doyle, *Empires* (Ithaca, 1986), 45라는 것입니다.

이 정의는 요즘 학계에서 널리 사용되는데, 여기에도 문제가 전혀 없지는 않습니다. 독립된 정치 사회의 대외 관계에 대해, 강대국이 강압이나 설득으로 자국의 의사를 강요하는 일은 시대와 지역을 막론하고 쉽게 볼 수 있어요. 그러므로 제국과 강대국을 어떻게 구별해야 하는가라는 새로운 문제에 부딪치지요.

이런 어려움을 헤쳐 나가기 위해, 어떤 역사학자는 제국이라는 말이 사용된 다양한 용례를 차근차근 살펴보라고 조언합니다. 제국empire이나 황제emperor, 제국주의라는 말은 모두 고대 로마의 임페리움imperium이라는 개념에서 나왔어요. 임페리움은 "명령하다."라는 뜻의 동사인 임페라레imperare에서 파생된 것으로 뜻이 두 가지였습니다.

하나는 최고위 집정관이 행사하는 공권력이었고, 다른 하나는 군 지휘관이 병사를 통솔하는 권한이었지요. 그런데 공화국 시대의 로마에서는 외적의 침입 같은 위기가 터지면 두 집정관 가운데 한 사람에게 군대 통솔권을 부여했으며, 그 경우에 집정관은 공권력과 군 통솔권 모두를 행사할 수 있었습니다. 이처럼 막강한 권한을 부여받은 집정관은 전쟁으로 정복한 지역의 주민을 다스리는 권한까지 누렸어요.

그러므로 임페리움은 원래 사람에 대한 명령권을 뜻하다가 나중에는 정복 지역에 대한 명령권, 더 나아가 지배 지역 자체를 표현하는 말이 되었습니다. 로마 공화정 말기에 쓰인 '로마 인민의 지배Imperium populi Romani'라는 말은 로마인이 타민족에게 행사하는 힘을 가리키는 데 쓰였지요.

그러다가 로마 제정 시대에 들어오면 임페리움의 의미가 더 확장됩니다. 기원전 31년 옥타비아누스(Octavianus, 기원전 63~기원후 14년)가 악티움Actium 해전에서 승리한 때부터 로마 제정이 시작되었다고 하지요. 옥타비아누스는 왕이 되려는 야망을 품었다는 이유로 암살당했던 율리우스 카이사르의 선례를 피하려고 프린켑스princeps, 즉 시민 가운데 으뜸가는 시민이라는 호칭을 쓰면서 공화국의 제도를 그대로 유지했습니다. 하지만 실제로는 군과 원로원, 속주의 엘리트를 견고히 통제하면서 황제 같은 권력을 누렸어요. 그래서 로마 제국Imperium Romanum이라는 말이 쓰였습니다.

제국의 재구성

로마의 제국 개념은 476년 서로마 제국이 멸망한 이후, 중세 유럽에서 변합니다. 잘 알려진 것처럼 서로마 제국 멸망 후에 유럽은 다양한 체제와 권력을 보유한 여러 국가로 분열되었어요.

그런 와중에도 유럽을 통합해 로마 제국의 영광을 되찾으려는 열망이 때때로 분출되었습니다. 800년에는 프랑크족인 샤를마뉴(Charlemagne, 742~814년)가 오늘날의 프랑스와 독일 지역에 제법 규모가 큰 국가를 이루어, 교황 레오 3세(Leo III, 750?~816년)에게 황제의 관을 하사받았습니다. 물론 샤를마뉴의 제국은 수명이 짧아서 그의 사후에 다시 여러 국가로 분열되었습니다.

그러다가 962년에 독일의 작센Sachsen 지역에 자리 잡았던 오토 1세(Otto I, 912~973년)가 신성 로마 제국의 황제가 되면서 제국 건설의 열망이 다시 나타났어요. 이런 열망의 이면에는 여전히 건재한 동로마 제국에 견주어도 손색이 없는 제국을 건설하려는 세속 군주와 교회의 바람이 있었지요. 물론 오토 1세의 신성 로마 제국은 별로 신성하지도 않고 제국답지도 못하다는 조롱을 받을 정도로 세력이 약했습니다. 이미 갈라질 대로 갈라진 유럽 안에서 다른 세속 군주나 교황의 세력과 치열히 경합해야 했으니까요. 그런데도 제국이라는 명칭은 유지하려 애썼습니다.

그러면서 제국과 황제의 개념도 다듬어졌습니다. 신성 로마 제국이 제국을 표방하고 그 지배자를 황제라고 불렀을 때는 제국이 다른 국가보다 우월하고, 그 통치자인 황제도 보통 군주보다 우월하다는 생각이 들어 있었지요. 중세 유럽의 공식 문서에 등장한 '세계의 통치자'라거나 '군주의 군주'라는 표현이 이런 변화를 알려 줍니다.

이렇게 되자 전에는 로마 제국이나 신성 로마 제국에만 사용되었던 황제와 제국이라는 명칭을 다른 국가에도 적용하는 경우가 나타났어요. 신성 로마 제국만큼 넓은 영토와 우월한 세력을 지닌 국가와 통치자에게 제국과 황제라는 칭호를 붙여도 무방하다는 생각이 확산된 것이지요. 그래서 14세기에 이르러 황제라는 칭호는 『옥스퍼드 영어 사전』Oxford English Dictionary의 '황제' 항목에 따르면, 제국의 주권자이자 "왕보다 위엄이 높다고 간주되는 주권자"라는 뜻으로 사용되었습니다.

헨리 8세의 제국

주권자 중에서 특히 위엄이 높은 주권자라는 의미로 황제라는 단어를 사용한다면, 그 주권자가 다스리는 국가도 당연히 왕이 다스리는 보통의 국가보다 위엄이 더 높다는 생각이 나타나게 됩니다. 따라서 제국과 황제라는 말에는 국제 관계에서 위치가 특별히 높은 최고의 권력, 즉 지상至上 권력이라는 관념이 들어갔어요. 그와 함께 제국의 권력은 다른 무엇보다도 높으므로, 어떤 외부 세력도 함부로 간섭할 수 없다는 생각 역시 이 개념에 깃들었지요.

그러므로 근대 초에 제국이라는 말은 요즘과는 조금 다른 뜻으로 쓰이기도 했습니다. 예를 들어 잉글랜드 국왕 헨리 8세(Henry VIII, 1491~1547년)는 자신을 '잉글랜드 제국'의 황제라고 칭한 바 있습니다. 그 무렵 유럽은 종교 개혁의 충격으로 혼란스러웠습니다. 헨리는 에스파냐 제국의 공주인 아라곤의 캐서린(Catherine of Aragon, 1485~1536년)과 혼인했고, 독실한 가톨릭 신자로서 루터의 교리를 비판하는 글을 쓴 까닭에 교황으로부터 '진정한 믿음의 수호자'라는 호칭까지 하사받았지요.

그런데 헨리는 아들을 낳지 못했다는 명목으로 캐서린과 이혼하고 앤 불린(Anne Boleyn, 1501?~1536년)과 결혼하려 했습니다. 이혼을 하려면 가톨릭교회의 허락이 필요했는데 당시 세계 최강이었던 에스파냐 제국의 영향력 탓에 교회는 헨리 8세를 도울 수 없었어요.

결국 헨리 8세는 종교 개혁을 선택했습니다. 그는 잉글랜드 국교회의 수립을 선포하고 세속 문제뿐만 아니라 신앙 문제에서도 자신이 최고 권위를 지닌다고 선언했습니다. 자신의 이런 독립성을 널리 알리기 위해서, 잉글랜드를 '제국', 자신은 '황제'

라고 칭한 것이지요. 적어도 잉글랜드의 영토 내에서는 에스파냐 제국이나 가톨릭교회도 함부로 권위를 행사할 수 없다는 의미였습니다. 좀 더 어려운 말로 "국왕은 자신의 영토에서 황제이다."Rex est imperator in regno suo라는 원칙을 내세운 것이지요.

헨리 8세의 이런 사례가 흥미로운 이유는 더 있습니다. 그가 다른 지역과의 관계에서도 자신이 최고 권력을 지녔다는 자신감을 드러내기 시작한 것이지요. 당시 그는 아일랜드 정복에도 관심을 기울였습니다. 이 문제도 외부의 간섭에서 자유로운 잉글랜드를 만들려는 노력의 일환이었다고 볼 수 있어요. 가톨릭을 믿는 아일랜드가 에스파냐 제국이나 프랑스와 손을 잡고 잉글랜드의 안전을 위협할 수 있다고 여겼기 때문이지요.

실제로 아일랜드의 귀족 세력은 자국의 통치권을 교황과 신성로마 제국의 황제이자 에스파냐 국왕이었던 카를 5세(Karl V, 1500~1558년)에게 의탁하려 했는데, 헨리 8세는 이것을 용납할 수 없었어요. 그는 아일랜드를 무력으로 응징하고 아일랜드 귀족이 보유한 모든 토지를 차지하려 했습니다.

이렇게 시작된 아일랜드 정복 사업은 헨리 8세가 죽은 뒤에도 지속되어서, 아일랜드에 잉글랜드인과 스코틀랜드인을 정착시켜 가톨릭 세력의 뿌리를 뽑는 식민 사업으로 확대되었어요. 그러면서 아일랜드인은 열등한 백성, 아일랜드는 잉글랜드에 종속된 지역으로 간주하기에 이르렀습니다. 즉 잉글랜드라는 영토에서 지상 권력을 행사하는 잉글랜드 제국이, 제국 바깥에서는 다른 지역을 지배하게 된 것이지요.

무시당하는 제국

제국 개념이 역사 속에서 변화하는 과정을 살펴보면, 제국을 정
의하는 데 중요한 두 가지 단서를 찾을 수 있어요. 이미 언급한
것처럼 제국은 지상 권력을 추구합니다. 그런데 지상 권력을 추
구하는 것과 그것을 다른 국가에게 인정받는 것은 별개의 문제입
니다. 즉 제국이 되려면 지상 권력을 누릴 만한 내적 역량을 갖추
어야 하는 것이지요.

　이런 역량에는 당연히 경제력이나 군사력 같은 여러 요소가
들어갈 것입니다. 더 나아가서 국제 사회를 구성하는 여러 정치
체가 호불호와 무관하게, 특정 국가는 제국에 걸맞은 역량을 충
분히 갖추었다고 수긍해야 하겠지요. 그럴 때에 제국으로 인정받
습니다.

　바로 이 문제를 대한 제국으로 변신할 무렵의 조선에서 확인
할 수 있어요. 19세기 말 고종은 조선이 더 이상 청나라의 속국이
아니라 자주적인 독립 국가라고 선언하면서, 대한 제국이라는 명
칭을 사용하고, 황제라 자칭했습니다. 이웃의 일본이 개항과 메
이지 유신明治維新을 거치며 국제 사회에서 독립국임을 인정받기
위해 제국이라는 명칭을 사용한 것과 비슷하지요.

　그런데 조선이 제국을 선포했을 때 일본이나 청, 서양 열강

은 물론, 심지어 조선 내부에서도 이것을 심각하게 여기지 않았어요. 당시의 조선은 누가 보더라도 제국에 어울리는 내적 역량을 갖추지 못했기 때문이지요. 대표적인 개화파 지식인이었던 윤치호(尹致昊, 1866~1945년)조차도 일기에 "도대체 정부 대신들 가운데 어떤 작자가 이렇듯 애처로운 생각을 국왕의 머리에 집어넣었단 말인가."앙드레 슈미드, 정여울 옮김,『제국, 그 사이의 한국, 1895-1919』Korea Between Empires 1895~1919(휴머니스트, 2007), 203쪽에서 재인용라고 쓸 정도였습니다.

지상 권력과 위계질서

하지만 경제력이나 군사력 같은 역량을 갖춘 강대국이라고 해서 모두 제국은 아닙니다. 여기서 제국을 규정하는 두 번째 기준이 나옵니다. 제국과 강대국을 구별하려면, 제국은 자국의 내적 역량을 활용해 국제 관계에서 자국이 정점에 선 위계질서를 세우려 한다는 점을 지적해야 하지요.

앞에서 언급한 것처럼 제국의 지배와 종속 관계는 형태가 다양해요. 특정 지역을 정복해 식민지로 삼을 수 있고, 공식적으로 지배하지는 않더라도 특정 지역의 내부 사정에 여러 방식으로 깊이 개입할 수도 있습니다. 19세기 후반에 서양 여러 제국이 아프리카와 아시아에 널리 퍼뜨렸고, 일본이 조선에 대한 영향력을 강화할 때도 이용했던 보호국이나 영향권 개념이 이런 경우에 해당합니다.

다시 말해 어떤 국가가 식민지를 가졌는지 여부는 그 국가가 제국인지를 판별할 때 부차적인 조건입니다. 더 근본적인 기준은 타국과의 관계에서 자국의 의지를 일상적으로 관철하고, 권력의 위계가 자국보다 낮은 국가와 그 국민을 열등한 존재로 규정하며, 이것을 제도적으로 실현할 힘을 지녔는가의 여부이지요.

역사 속의 여러 제국은 지상 권력을 추구하면서 자국을 중심으로 한 권력의 위계 구조를 전 세계로 확장하려는 야심을 드러냈습니다. 로마 공화정 말기의 정치가이자 명연설가였던 키케로(Cicero, 기원전 106~43년)는 폼페이우스(Pompeius, 기원전 106~48년)의 야망을 "그는 땅과 바다에서 벌어지는 모든 전쟁을 통해 전 세계의 땅 끝 경계로 로마 인민의 지배를 확정 지을 수도 있었다."외르크 피쉬 외, 라인하르트 코젤렉 외 엮음, 황승환 외 옮김, 『코젤렉의 개념사 사전 3 제국주의』 *Imperialismus*(푸른역사, 2010), 15쪽에서 재인용라고 묘사한 바 있지요. 로마가 제정에 접어들면서 이런 야심은 더욱 확산되었어요. 로마인은 자신들의 제국을 '세계orbis terrarum', 황제는 '세계의 제왕dominus totius orbis'이라고 불렀으니 말이지요.

이런 관념은 고대 그리스 세계에서 등장한 보편적 세계 질서 이념을 확장한 사례라고 볼 수 있습니다. 고대 로마에서 더욱 널리 활용된 이 관념은, 서로마 제국이 멸망한 후에 등장한 기독교 세계의 여러 제국에서도 나타나지요. 기독교 제국은 세계 제국 건설의 야심을 품었을 뿐만 아니라, 비기독교 세계를 '야만'으로 규정하며 더욱 배타적인 모습을 보였어요.

유사한 양상은 서양 밖의 세계에서도 볼 수 있습니다. 이슬람의 세계 제패를 꿈꾸었던 이슬람 제국의 경우가 그렇고, 천명을 받은 사람만이 세계의 통치자인 천자가 되고 나머지 국가의 통치자는 군왕에 지나지 않는다는 중국의 중화주의 전통도 그렇지요. 단일한 세계 제국 건설을 향한 이런 열망은 대개 실현되지 않았습니다만, 제국은 지상 권력이라는 내적 역량과 권력의 위계 구조라는 외적 맥락을 갖추려 했습니다.

중국 제국의 위계질서

어느 역사가는 이런 논의에 바탕을 두고 제국 개념을 간명히 정리했습니다. 제국은 "지상 권력을 추구하면서 국제 관계를 자국을 정점으로 하는 위계 구조로 재편하는 국가"^{배영수, 『미국 예외론의 대안}^{을 찾아서』(일조각, 2011), 410~411쪽}라는 것이지요.

이런 식의 개념 규정은 서양의 사례에만 적용되는 것은 아닙니다. 우리와 가까운 중국에서 명멸한 여러 제국에도 같은 정의를 적용할 수 있어요. 근대 초의 여러 서양 제국이 장거리 항해에 이어 해외 식민지를 건설하는 데 매진했던 것과 달리, 중국의 명은 토착 부족을 복속시키고 한족 농민을 그 지역에 이주시키는 방식으로 식민화를 진행했다는 것이 차이라면 차이겠지요.

소수인 만주족과 다수의 한족으로 구성되었던 청은 서양 제국에서는 찾아보기 어려운 민족 분리 정책을 시행했습니다. 만주족은 팔기제八旗制로 편성해서 토지를 하사하고 수도 베이징北京에는 만주족만 거주할 수 있는 특권을 준 반면에, 한족은 별도의 군대에 소속시키고 행정관으로 기용했어요.

하지만 명과 청은 국내에서 제국의 권력을 유지하는 방법이 달랐을 뿐이고, 그 영역 내에서 지상 권력을 추구했다는 점은 다르지 않았어요. 대외적인 위계질서 구축에서도 명과 청 모두 조공 제도를 활용했지요. 제국 변방의 유목 민족을 달래기 위해 물질적인 혜택을 베풀었으며, 베트남이나 오늘날의 오키나와沖繩인 유구琉球, 조선과도 물질적인 교류를 유지했습니다. 청의 경우는 조선과 전쟁을 치르며 우위를 확인한 후에, 조선을 제국의 가장 중요한 동맹으로 삼았습니다. 이런 식으로 국제 관계의 위계질서를 유지했어요.

서양을 모방한 일본의 제국 건설

1870년대 이후 제국 건설에 나섰던 일본도 서양 제국과 유사한 모습을 보입니다. 독일처럼 국내에서는 산업화를 맹렬히 추구하는 동시에 군사력을 키우면서, 국외로는 제국 팽창에 돌입했지요. 제국 건설은 자국의 역량을 빠른 시일 내에 극대화하는 방법이기도 했어요.

프랑스와 독일, 영국, 러시아가 쇠락해 가는 청 제국에서 영향력을 확대하자 일본의 통치자들은 자국의 영향력이 줄어들까봐

두려워했습니다. 청은 일본의 산업화에 필요한 상품 시장이자 원료 공급처였으니까요. 일본이 조선을 식민화한 과정도 영 제국이나 다른 유럽 제국이 식민지를 확장한 과정과 유사합니다. 조선을 강제 개항한 이후, 한때 일본은 자유 무역 제국주의와 유사한 정책을 취했습니다. 공식적인 합병 없이 시장을 확대하려 한 것이지요.

그러나 조선의 동학 농민 혁명과 의병 항쟁에서 나타나듯 일본의 침투에 대한 저항이 거세지자, 마침내 조선을 힙병하는 노선을 걷습니다. 타이완臺灣과 조선을 장악하자 일본은 만주에 눈을 돌렸고, 그 후 제2차 세계 대전 때는 동남아시아까지 세력을 확장했지요. 이 무렵 내세운 '대동아 공영권'이라는 이념은, 지배 영역 내에 위계적인 권위 구조를 수립해서 그 정점에 서려했던 일본의 의도를 보여 줍니다.

3 부를 추구하는 제국

서양이나 동양 모두에 적용할 만한 제국 개념을 찾았으므로, 제국과 관련된 몇 가지 문제를 좀 더 생각할 준비가 되었습니다. 주로 근대 이후에 출현한 여러 제국의 사례를 이용해, 제국은 무엇을 원하는가, 제국은 어떻게 통치되었는가, 제국은 어떻게 정당화 되었는가와 같은 문제를 간략히 살펴보고자 합니다.

3부의 서두에서 이야기한 것처럼 제국은 지금도 정치적으로나 학문적으로나 뜨거운 논란을 불러일으키는 문제여서, 논의되는 주제도 그만큼 다양하며 복잡합니다. 연구 성과도 이루 헤아릴 수 없을 만큼 축적되어 있지요.

따라서 제국과 관련된 수많은 쟁점들에 대한 연구 성과들을 여기서 모두 반영하기는 어렵습니다. 핵심적인 몇 가지 문제를 간략히 정리하면서, 독자 여러분이 이 주제의 복잡다기함을 인식하도록 돕는 데 주력하는 것이 가장 좋을 듯합니다.

그렇다면 제국은 과연 무엇을 원했을까요? 좀 더 자세히 묻는다면, 국제 관계에서 자국을 정점으로 한 위계 구조를 만들어서 제국이 이루려 했던 목표는 무엇일까요? 이 물음에 한두 마디로 답하기는 어렵습니다. 다양한 시공간의 구체적인 맥락에서 등장한 여러 제국의 목표는 당연히 서로 달랐기 때문이지요. 그래도 몇 가지 공통된 특징을 찾아서 유형별로 분류할 수 있을 듯해요.

가장 먼저 떠올릴 수 있는 목표는 부의 추구입니다. 역사 속에 등장한 대부분의 제국이 부의 추구를 가장 중요한 목표로 내세우지는 않았어요. 수탈만 내세운다면 종속민의 반발을 사기 십상이었겠지요. 그렇지만 부의 추구가 고대부터 근대 초까지 제국 건설과 확장의 주요한 동기였음은 부정하기 어렵습니다.

예를 들어 고대 로마 제국이 팽창을 거듭할 때, 로마인늘은 세계의 지배라는 원대한 목표를 내세우면서도 정복지에서 쏟아져 들어오는 농산물과 귀금속, 노동력을 충분히 활용했습니다. 이 점은 다른 고대 제국도 마찬가지여서 정복 지역에 대한 약탈은 물론이요, 공납을 거두고는 했지요.

근대 초에 해상 진출과 식민지 건설에 매진했던 서양의 여러 제국은 더 공공연히 부를 추구했어요. 콜럼버스는 선교를 가장 중요한 사명으로 여겼지만, 그 후의 에스파냐 제국은 식민지에서 원주민 노동력으로 채취한 금과 은을 귀하게 여겼습니다. 영국인은 북아메리카와 서인도 제도의 식민지에서 귀금속을 발견하지는 못했지만, 원료와 상품 작물을 얻고 본국 제품은 팔 수 있는 시장의 확장을 식민화의 주된 근거로 여겼습니다.

제국주의가 본격화된 19세기

그렇다면 제국 경쟁이 훨씬 더 치열해진 19세기 말의 상황은 어땠을까요. 그 무렵 제국 간의 경쟁은 그야말로 절정에 이르렀습니다. 1876~1915년에 지구 면적의 4분의 1을 단 여섯 나라가 차지했으니 말이지요. 그 기간에 영국은 1,000만 제곱킬로미터도 넘게 영토를 확장했고, 프랑스는 900만 제곱킬로미터가 넘는 영토를 얻었으며, 독일과 벨기에, 이탈리아도 각각 약 260만 제곱킬로미터가 넘는 영토를 확보했습니다.

오랫동안 식민지 획득에 큰 관심을 보이지 않았던 미국도 19세기 말에는 드디어 경쟁에 뛰어들어, 하와이를 병합하고 쿠바와 필리핀을 복속시켜서 26만 제곱킬로미터에 이르는 식민지를 얻었습니다. 앞에서 언급했듯이 일본은 서양의 여러 제국이 경쟁하는 와중에 문호를 개방한 후, 자신들도 제국으로 변신하지 않으면 독립을 유지하기도 어렵다는 생각에 거의 병적으로 집착했어요. 그래서 청일 전쟁 후에 타이완을 식민지로 삼고, 러일 전쟁 후에는 조선을 병합하면서 약 26만 제곱킬로미터의 영토를 확장했습니다.

역사에서 19세기 말처럼 식민지 쟁탈전이 치열했던 적은 없었습니다. 제국들 간의 경쟁을 부르는 새로운 용어도 등장했는데, 바로 제국주의입니다. 1870년대에 영국에서 사용되기 시작해, 1890년대에 확산된 이 용어는 몇몇 국가가 특권이나 권력,

경제적 이익을 확보하기 위해 다른 국가나 지역을 수탈하고 정치적으로 병합하는 일을 뜻했어요. 도덕·정치적인 비난이 분명히 깔려 있었지요.

자본주의와 결합한 제국주의

제국주의를 '약자에 대한 지배와 수탈'이라고 규정하는 데 특히 큰 영향을 미친 것은 19세기 말에 등장해서 20세기 초에 정교해진 마르크스주의자들의 이론이었습니다. 강조하는 대목은 조금씩 다르지만, 제국이 끝없는 자본 축적을 갈망하는 자본가의 도구라고 비난했습니다. 블라디미르 레닌(Vladmir Lenin, 1870~1924년)이 1917년에 발표한 『제국주의: 자본주의 발전의 최고 단계』*Империализм как высшая стадия капитализма*라는 책의 영향력이 특히 컸는데, 그는 이 책에서 19세기 말에 치열했던 식민지 쟁탈전이 이윤율 저하 같은 자본 축적의 위기에 봉착한 자본가들, 이들의 도구인 자본주의 국가들이 경쟁한 데서 비롯되었다고 주장했지요.

실제로 19세기 말의 제국 경쟁에는 마르크스주의자들의 비난이 설득력을 얻을 만한 측면이 있습니다. 앞의 2부에서 19세기 말 자본주의 세계화를 다루며 간단히 언급한 것처럼, 이 시기에 유럽과 미국, 러시아, 일본의 공업 생산력이 크게 향상되었지만 수요는 그만큼 늘지 않아서 심각한 불황이 닥쳤지요.

특히 미국 같은 국가가 값싼 곡물을 대량으로 수출하면서 다른 국가에서는 농업 불황이 심각해졌고, 19세기 중반부터 1896년까지 새로운 금광이 발견되지 않아서 통화량 부족으로 가격이 하락하는 현상도 일어났습니다. 이렇게 불황이 지속되자 기업의 이윤은 큰 압박을 받았고, 경쟁은 더 치열해졌지요. 자본주의 국가의 여러 기업은 카르텔 같은 방법을 동원해, 경쟁을 제한하고 기업 규모를 키워 시장 지배력을 높이려 했어요.

제국 확장의 경제적 요인들

제국의 확장은 경제 환경의 이러한 변화를 뒷받침하는 데 여러모로 유용했습니다. 기술 진보로 등장한 새로운 공업 부문의 원료를 제국이 제공했으니까요. 예를 들어 19세기 말에 발명된 내연기관과 자동차가 널리 쓰이려면 석유와 천연 고무가 필요했는데, 이 원료를 확보하려는 경쟁이 중동과 아프리카, 아마존 열대 우림, 말레이시아 등지에서 치열했어요.

불황 탓에 국내에서 적절한 투자 대상을 찾지 못한 자본이 새로운 투자처를 찾아 나선 것도 제국 경쟁과 관련이 있었습니다. 19세기 말의 조선에서 일본이나 서양 여러 제국이 철도 부설권, 전신 부설권, 광산 채굴권 같은 것을 따내기 위해 경쟁했던 사실을 상기해 볼 수 있습니다.

또 제국의 영향력이 미치는 지역에서 곡물이나 육류 같은 농업 생산품을 수입하고, 자국의 공산품을 수출하는 무역 관계도 생각해 볼 수 있습니다. 일본과 한국의 관계에서도 이런 사례가 잘 드러납니다. 일본이 조선에 면직물과 같은 공산품을 대거 수출하고, 조선에서는 쌀을 수입하는 무역 관계가 19세기 말~20세기 초에 확실히 자리 잡았지요.

그렇다고 해서 경제적 이익 추구가 제국 경쟁의 근본 원인이라고 주장할 수 있는지는 의문입니다. 말레이시아의 고무, 남아프리카의 금, 칠레·페루·자이레·잠비아의 구리 같은 원료가 식민 사업을 벌일 만큼 중요한 원료였음은 사실이에요. 하지만 이런 원료를 얻기 위해서 반드시 제국을 확장해야 했을까요?

식료품 수입과 공산품 수출의 경우에도 같은 물음을 던질 수 있습니다. 곡물이나 육류 수출에서 두각을 나타낸 지역은 식민지로 전락한 아프리카와 아시아가 아니라, 유럽인들이 오래 전부터 정착했거나 아예 독립 국가였던 북아메리카와 남아메리카의 여러 국가와 러시아, 오스트레일리아였어요.

제국의 자본이 식민지에서 출구를 찾았다는 주장에도 문제는 있습니다. 일본 자본의 한국 시장에 대한 강렬한 침투 의지는 이런 견해의 근거로 보이지만, 전 세계의 자본 수출에서 40퍼센트 이상을 차지한 영국의 투자자들은 미국과 백인 정착 식민지인 캐나다, 오스트레일리아, 뉴질랜드, 남아프리카와 남아메리카의 아르헨티나나 우루과이에 집중적으로 투자했으니 말입니다.

제국과 자본의 관계를 다시 보기

결론적으로 말하자면, 제국의 경제적 맥락을 완전히 무시하기는 어렵지만 그것만으로 제국들의 경쟁을 완전히 설명해 낼 수는 없어요. 어느 역사가는 19세기 말의 식민지 쟁탈전에서는 원료 확보와 식료품 수입, 자본 수출 같은 동기보다 시장 확보가 더 중요했을 것이라고 추측해요.

제국이라는 든든한 배경을 지닌 사업가들이 식민지 시장에서 얻은 이윤이 그리 크지 않았다는 사실 자체는 부차적일지도 모릅니다. 사업가들이 식민지 시장에 대해 품은 환상이 제국 경쟁을 부추겼기 때문이지요. 19세기 말에는 어떻게든 과잉 생산 문제를 해결해야 한다는 생각이 팽배했어요.

이런 분위기에서 공급 과잉 상태인 기존 시장을 벗어나, 대단히 많은 수의 잠재적 소비자가 있는 새로운 시장을 독점하는 일이 얼마나 매혹적으로 보였을지는 쉽게 짐작할 수 있습니다. 인구가 4억 명이 넘었던 중국 같은 시장에서 마음껏 물건을 판다는 것은 꿈 같은 일로 여겨졌겠지요. 영국보다 늦게 산업화에 뛰어든 국가들의 사업가에게 이런 시장은 특히 매력적이었을 것입니다. 19세기 말의 유럽이나 미국에서는 보호 무역이 득세했으니, 식민지 시장이 더 중요해 보였지요.

다시 말해 식민지 쟁탈전이 자본 축적의 위기를 극복하는 방편이었다는 마르크스주의 제국주의 이론에도 일정 부분은 설득

력이 있어요. 물론 이론적인 맹점은 여전히 남지요. 제국을 자본
주의의 산물로 환원해 버리고, 국가는 그저 자본가의 도구하고
보는 시각에는 분명히 맹점이 있습니다. 자본주의가 등장하기 전
부터 제국은 경제적 수탈의 도구였다는 점도 설명하지 못하지요.
그렇지만 식민 지배가 제국의 경제와 어떤 방식으로든 긴밀히 얽
혔다는 주장 자체는 되새겨 볼 만합니다.

식민지 근대성에 대한 논란

제국이 식민지에서 거둔 경제적 이익은 사례마다 달랐습니다.
영 제국만 하더라도 남아프리카에서는 귀금속 덕분에 막대한
이윤을 누렸지만, 아프리카의 다른 지역에서는 이렇다 할 이익
을 거두지 못했지요. 영국령 인도도 일방적인 수탈 대상으로 보
기는 다소 어렵습니다. 인도에서 본국으로 이전된 경제 자원은
1868년부터 1930년대까지 인도 국민 소득의 0.9~1.3퍼센트뿐
이었으니 말입니다.

　제국마다 수탈의 정도도 달라서, 비슷한 시기에 인도네시아
를 지배한 네덜란드의 수탈은 훨씬 심했습니다. 20세기 전반기에
네덜란드의 국민 소득에서 인도네시아 식민지로부터 얻은 소득
이 차지하는 비중은 8~18퍼센트에 이르렀지요. 일제 강점기의
일본과 한국의 관계에 대해서는 비슷한 통계를 찾을 수 없지만,
1930년대 이후인 만주 사변과 중일 전쟁, 제2차 세계 대전 기간

에 일본이 다른 어떤 제국보다도 혹독한 전시 동원 체제로 한국을 수탈한 사실은 충분히 알려져 있습니다. 강제 징용으로 수십만 명에 이르는 노동력을 착취한 일도 빼놓을 수 없지요.

그런데 제국과 종속 지역 간의 경제 관계를 일방적인 수탈로만 볼 수 없다고 주장하는 학자들이 최근에 등장했어요. 이런 주장을 둘러싼 논란이 뜨거운데, 식민지를 수탈의 피해자로만 볼 수 있는지가 핵심 쟁점입니다. 식민지에서 살았던 사람들도 엄연히 역사의 주체이고, 그런 만큼 식민지 상황에서 나름대로 살길을 모색하는 능동적인 모습을 보여 주었다는 주장입니다. 이들을 수탈의 일방적인 피해자로만 단정 지으면, 이런 능동성은 역사 서술에서 사라져 버린다는 말이지요.

이 주장을 더 구체적으로 보면, 제국의 지배하에서도 일부 식민지인은 산업화의 길을 모색했고 새로운 자본주의 시장 관계를 이용해서 부를 획득했으며, 적극적으로 식민지의 경제 발전을 추진했다는 내용입니다. 근대성을 성취하기 위한 식민지인 스스로의 노력도 있었다는 것이지요. 이런 주장을 내세우는 이들은 제국의 지배가 식민지인의 근대화 노력에 도움이 되었던 사례를 강조합니다. 식민지 경험에는 일방적인 지배와 종속의 이분법으로는 포착하기 어려운 부분이 있다는 의미예요. 어떤 학자들은 이런 측면을 식민지 근대성colonial modernity이라는 개념으로 재조명합니다.

실제로 식민지가 변화하여 근대성의 면모를 보이기도 했습니다. 예컨대 영 제국이 오랫동안 지배한 인도에서는 철도와 전신으로 대표되는 근대적 교통·통신 체계나 관개 시설이 확충되었고, 석탄 산업 같은 신산업이 발전하였으며, 고등 교육까지 아우르는 근대 교육이 도입되어 인적 자본도 양성되었다고 합니다.

1853년에 처음으로 개통된 인도 철도망은 반세기만에 3만 8000킬로미터까지 확장되었어요. 식민지 정부가 적극적으로 관개 사업을 지원해서, 인도 전체 토지의 25퍼센트에 관개 시설을 갖추기도 했습니다. 인도에 대한 잉국인늘의 자본 투자도 활발했지요. 1880년대가 되면 영국인 해외 투자의 25퍼센트 이상인 2억 7000만 파운드가 인도로 들어왔을 정도예요.

이런 자본은 여러 산업의 발전을 촉진했는데, 인도의 석탄 산업은 1914년에 매년 1,600만 톤의 석탄을 생산할 정도로 성장했습니다. 근대 교육의 확산 속도는 빠르지 않았어요. 다만 초등학교 재학 인구의 비중은 1867년 0.5퍼센트 수준에서 1931년에는 3.5퍼센트까지 조금 올랐지요. 전체 인구 중에서는 극소수였지만 영국식 고등 교육을 받은 사람도 늘어서, 인도의 근대화를 이끄는 중심 세력이 되기도 했어요.

한국사에서 본 식민지 근대화의 근거

일제 강점기의 한국에 대해서도 비슷한 주장을 펼칠 근거가 조금은 있습니다. 이른바 '식민지 근대화'를 강조하는 이들은, 19세기 말 근대화에 실패한 한국 경제가 일본의 지배하에서 비로소 근대 자본주의의 모습을 갖추었다고 주장하지요. 재산권 개념이 확실히 자리 잡았고 법치가 확립되어 자본주의 발전에 필요한 제도적인 환경이 마련되었다는 것입니다. 철도와 전신, 관개 시설 같은 사회 간접 자본도 크게 늘었다고 하지요.

일본 자본이 공격적으로 한국 경제에 침투해 이윤을 거둔 사실은 부정할 수 없지만, 그 사이에 일부 한국 기업가도 자본가로 성장했다는 점 역시 지적합니다. 이미 1910년대 중반부터 방적 산업 같은 신산업 분야에서 한국인 소유의 공장이 등장했고, 1920년대에는 생산량과 공장의 수가 빠르게 늘었다고 해요.

이렇게 시작된 산업화는 경제적 수탈도 급증한 1930년대, 즉 일본이 만주와 중국에서 전쟁을 치르던 기간에 더 빨라졌습니다. 1938년 조선 총독부는 한국을 '전진 병참 기지'로 규정하면서, 전쟁 물자 생산에 필요한 화학·기계·금속·가스 공업을 육성하기 시작합니다. 그만큼 공업 생산량도 늘었지요.

1931년 3억 엔에 미치지 못했던 공업 생산액은, 1937년 10억 엔, 1943년 20억 엔으로 늘었고, 경제 활동에서 공업이 차지하는 비중도 1921년 15퍼센트에서 거의 40퍼센트까지 치솟았습니다. 공업 노동자의 비중도 크게 늘었을 뿐 아니라, 일부 한국인 노동자는 숙련공이나 관리자가 되기도 했습니다. 공업화와 근대 경제 성장의 바탕인 인적 자본이 성장한 것입니다.

이렇게 보면 제국의 지배가 식민지인에게도 새로운 기회를 주었다는 주장은 꽤 설득력 있는 듯이 들립니다. 하지만 여기서 잊지 말아야 할 사실은 일부 식민지인이 누렸던 번영을, 제국이 식민지의 체계적인 경제 발전을 도모했다는 증거로 받아들이기는 어렵다는 것입니다.

근본적인 문제는 식민지인은 자신이 속한 지역의 경제가 어떤 방향으로 나아가야 하는지 스스로 결정할 자유를 온전히 누리지 못했다는 것입니다. 애덤 스미스를 비롯한 자유주의자들이 식민지의 해악을 지적하며 강조했듯이 식민지 시장은 수요와 공급에 따라 자원이 배분되는 자유 시장이 아니어서, 본국 정부와 이것을 현장에서 대표하는 식민지 권력, 그리고 이 권력들에 협조하는 식민지인 간의 정치적 결정이 좌우하는 경우가 많았어요.

게다가 식민지 근대화 같은 개념에는 유럽 중심적인 근대 인식이 짙게 깔려 있습니다. 유럽이 경험한 근대화가 근대에 이르는 유일한 길이라는 신념이 전제된 것이지요. 식민지인은 제국의 지배를 받는다는 바로 그 이유만으로, 자본주의와 산업화라는 서양의 근대화 경로를 따라야만 했어요. 따라서 그것은 식민지인이 치열한 자기 성찰을 거쳐서 스스로 선택한 근대화와 같을 수 없었습니다.

4 쉽고도 간편한 침략

경제적인 이익 추구는 제국 형성과 팽창의 주요 동기였지만, 제국 경쟁을 모두 설명하지는 못한다고 말씀드렸어요. 특히 제국 본국이 자본가의 이익을 확대하기 위해 식민지 경쟁에 몰두했다는 마르크스주의의 주장은 사실과 잘 맞지 않습니다. 국가란 자본에 봉사하는 꼭두각시가 아니었던 것이지요.

한 국가의 힘에는 경제력뿐만 아니라 정치와 외교, 군사 역량도 있게 마련이고, 그런 만큼 한 국가가 다른 국가와 지역에서 행사하는 힘도 다양한 모습을 띱니다. 어떤 때는 자국의 특정 집단이 누리는 경제적인 이익보다도 국제 관계에서 자국의 지위를 강화하거나 유지하는 것이 더 중요할 수도 있지요. 그럴 때 제국은 국가의 힘을 만방에 과시하는 중요한 징표일 뿐만 아니라, 국제 관계에서 위신과 지위를 높이는 수단이 되기도 했습니다.

예를 들어 고대의 로마 제국이 끊임없이 정복 전쟁을 치르며 위세를 떨쳤을 때, 로마의 통치 엘리트는 경제적 이익만큼이나 세계 지배의 이상 실현을 중히 여겼어요. 세계를 복속시켜 로마의 힘을 드러내는 것, 그렇게 해서 얻을 수 있다고 믿었던 로마의 위신과 영광이야말로 제국 팽창의 중요한 원동력이었지요.

이것과 비슷한 생각은 근대 이전의 중국에 등장했던 여러 제국이나 이슬람 제국에서도 찾을 수 있습니다. 중국의 통치 엘리트는 그들의 제국이 세계의 중심이며, 이 중심을 둘러싼 천하를 태평하게 하는 일을 천명이라 여겼지요. 상업 활동이 무척 번성했던 이슬람 제국도 일차적인 목표는 이슬람교의 전파, 특히 기독교 세력에 맞선 이슬람 세계의 통합과 확장이었습니다.

영 제국과 식민지 인도의 관계

19세기 말에는 제국의 위신을 높일 뿐 아니라, 치열한 국제 경쟁 속에서 본국의 전략적 이익을 지키려면 제국을 확장해야 한다는 주장이 힘을 얻었습니다. 어떤 경우에는 전략적 이익이 다른 이해관계와 너무 긴밀하게 얽혀서 서로 구분하기가 어려워요.

19세기 중반 이후에 적극적으로 진행되었던 영국의 제국 확장은, 전 세계에 퍼진 자국민의 상업적인 이해관계를 보호하는 것과 무관치 않았습니다. 하지만 이런 목표를 달성하기 위해서라도 영국은 세계 각지에 산재한 전략 요충지의 보호를 최우선 과제로 삼아야 했습니다.

19세기 후반에 영 제국은 인도로 가는 교통망을 지키는 데 큰 관심을 기울였습니다. 인도로 가는 최단거리의 항로를 보호하기 위해 이집트와 중동, 홍해, 페르시아만, 남아라비아를 통제하려 했으며, 아프리카 대륙으로 우회하는 항로를 지키기 위해 희망봉과 싱가포르를 장악하려 했지요. 이 지역들은 경제적으로 이익을 거둘 만한 곳은 아니었습니다. 특히 아프리카가 그랬어요. 1890년에 사하라 사막 남쪽의 아프리카 대륙은 영국 수출량의 5퍼센트도 차지하지 못했고, 자본 투자도 남아프리카 광산을 빼놓고는 거의 이루어지지 않았습니다.

인도로 가는 길을 지키기 위해서 영국이 많은 노력을 기울인 것은 인도가 경제·전략적으로 너무나 중요했기 때문입니다. 우선 경제적인 중요성은 영국의 주력 상품인 면직물 수출에서 단적으로 드러납니다. 영국이 수출한 면직물의 60퍼센트는 인도와 동아시아로 갔는데, 인도의 비중이 최대 45퍼센트에 이르렀어요.

전략적으로도 인도는 대단히 중요했는데, 특히 영 제국의 군사력 유지에 인도가 크게 기여했습니다. 영국은 전통적으로 육군보다 해군을 중시했어요. 일찍이 17세기 내전 시대부터 육군은 자칫 폭군의 도구가 될 수 있기 때문에 소수만 유지한 반면, 식민지와 대외 무역을 보호하는 데 필수적인 해군력 증강에는 아낌없이 투자했습니다. 그 결과로 인도에 주둔한 병력은 본국이 아닌 식민지 출신의 병사들이었지요.

1857년 인도에서 세포이 항쟁이 일어났을 때 동인도회사에 소속된 인도인 병력은 20만 명에 이르렀던 반면, 유럽인 장교가 통솔하는 유럽인 병력은 1만 6000명뿐이었습니다. 인도인 병사들이 일으킨 대규모 반란을 진압한 후에 영국은 동인도회사를 해체하고 인도를 직접 지배했어요. 그와 함께 영국군 병력을 두 배

로 늘렸지만 그래도 인도인 병력이 다수였지요. 1880년대 초에
도 인도 육군은 여전히 20만 명 수준이었는데 그 가운데 인도인
병력이 12만 5천 명이나 되었습니다.

영 제국은 대규모의 인도인 병력을 제국 곳곳의 전쟁터에 동
원했어요. 인도인 병력은 전부 인도에서 거둔 세금으로 유지했으
므로 본국 정부에게는 더욱 유용했지요. 19세기 말 영국의 유명
한 정치가인 솔즈베리 후작(3rd Marquess of Salisbury, 1830~1903년)
은 인도를 "우리가 돈을 지불하지 않고도 얼마든지 병력을 동
원할 수 있는 영국의 동방 막사"니얼 퍼거슨, 김종원 옮김, 『제국』(민음사, 2006),
245쪽, 번역은 원문을 참조해 수정라고 부를 정도였습니다.

제국의 갈등 회피 수단, 아프리카

이렇게 경제·전략적 요충지였던 인도를 지키는 데 영국 정부가
더 관심을 기울인 계기는, 19세기 후반에 전 세계로 확대된 제국
간의 경쟁입니다. 1871년부터 통일 독일이라는 강대국이 등장해
유럽 내 세력 균형을 바꾼 탓이지요. 독일을 이끌던 오토 폰 비스
마르크(Otto von Bismarck, 1815~1898년) 총리는 유럽 내 세력 균형
을 유지하기 위해 유럽 밖의 영토를 협상 카드로 활용했어요. 독
일이 프랑스와의 전쟁에서 승리한 뒤에, 프랑스가 유럽에서 잃은
영토를 아프리카에서 보상해 준 것도 한 예입니다.

이것은 강력한 민족 국가를 건설하려는 유럽 여러 국가의 공

격적인 충동을 유럽 밖의 새로운 영토로 해소시키려는 시도였어요. 그러면서 영국이나 프랑스, 러시아 같은 기존 제국과 함께, 독일과 이탈리아도 제국 건설에 매진하게 됩니다. 이런 경쟁으로 유럽 제국들이 몇 차례 충돌하기도 했는데, 전면전으로 치닫지 않도록 협상해서 이해관계를 조정하기도 했습니다. 이른바 아프리카 분할의 '기본 원칙'을 정했던 1884년의 베를린 회의가 대표적이지요.

1880년대부터 20세기 초까지 국가의 위신을 높이고 전략적 이익을 얻으려는 식민지 쟁탈전이 아프리카와 아시아에서 치열했습니다. 1881년 프랑스는 튀니지를 보호령으로 삼았고, 영국은 1869년에 개통된 수에즈 운하를 보호하기 위해 1882년 이집트를 점령했습니다. 그때부터 1898년까지 아프리카 거의 전역에서 프랑스와 영국, 벨기에, 독일, 포르투갈이 식민지 쟁탈전에 뛰어들었어요.

프랑스가 모로코를 차지한 1912년 무렵이 되면 에티오피아와 미국에서 건너온 해방 노예들이 세운 라이베리아를 제외한 아프리카 전체가 유럽 제국의 지배를 받게 됩니다. 아프리카인에게는 정말로 엄청난 변화였어요. 유럽 제국들이 들이닥치기 전에는 1만 여 부족이 다스렸던 아프리카가 40여 개의 식민지로 강제 통합되어 지배를 당한 것입니다.

제국 확장이라는 편리한 길

아시아에서는 쇠약해진 중국을 두고 제국들이 다투었습니다. 청 제국이 청일 전쟁에서 일본에 패하자, 일본은 물론 서양의 여러 제국이 청의 영토 일부를 식민지로 삼으려는 움직임을 보였지요. 영국이나 프랑스 같은 국가는 철도 부설권이나 탄광 채굴권을 받아 내서 경제적 이익을 얻는 데 주로 관심을 둔 반면, 일본과 러시아, 독일은 티이완과 만주, 산뚱반도 일부에 영토를 얻었어요.

동남아시아에서는 영국이 버마와 말레이반도(영국령 말라야, malaya)에서 세력을 구축했고, 프랑스는 서로 무관한 베트남과 라오스, 캄보디아를 합친 이른바 인도차이나 지역을 차지했습니다. 오랫동안 식민지 쟁탈전과 거리를 두었던 미국도 에스파냐와 전쟁을 치르고 필리핀을 정복했어요. 당시에 유행했던 "힘이 옳은 것이다."라는 구호를 증명이라도 하듯, 1881~1912년에 아시아와 아프리카가 이런 식으로 여러 제국의 손에 들어갔지요. 그 결과 세계는 몇 개 제국의 영토로 분할되었습니다.

일단 불이 붙자 제국 경쟁은 쉽게 그치지 않았습니다. 프랑스가 인도차이나를 차지하자 여기에 맞선 영국이 말레이반도 전체로 세력을 확대하고 버마도 합병해 인도와 동남아시아 사이의 전략적 연결 고리를 지킨 것처럼, 하나의 제국이 움직이면 그에 따라 다른 제국도 함께 움직이는 일이 벌어졌기 때문이지요. 경쟁적인 제국 확장은 본국의 정치·사회적 안정을 유지하는 데도 도

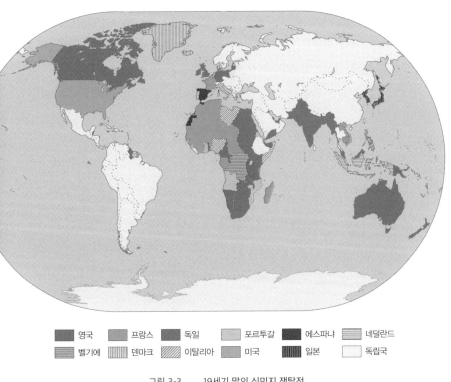

| ■ 영국 | ■ 프랑스 | ■ 독일 | □ 포르투갈 | ■ 에스파냐 | ▤ 네덜란드 |
| ▤ 벨기에 | ▥ 덴마크 | ▨ 이탈리아 | ■ 미국 | ▥ 일본 | □ 독립국 |

그림 3-3   19세기 말의 식민지 쟁탈전

움이 된다는 생각이 널리 퍼졌습니다.

예를 들어 19세기 후반 비스마르크는 산업화가 진행되면서 빠르게 확산된 사회주의와 노동 운동에 대한 관심을 다른 데로 돌리기 위해서, 식민지 획득이 독일인 전체의 이익이라고 선전하고는 했지요. 영국에서도 비슷한 주장이 나왔는데, 남아프리카에서 식민지 확장에 열을 올렸던 세실 로즈(Cecil Rhodes, 1853~

1902년)는 "만일 시민 혁명을 피하고자 한다면 제국주의자가 될 수밖에 없다."박지향, 『제국주의』(서울대학교 출판부, 2000), 72쪽라는 주장을 내놓기도 했습니다. 그만큼 제국 확장이 대중의 인기를 결집하는 편리한 길이라고 믿었던 것이지요.

하층민을 홀린 사회 제국주의

제국이 인기를 누린 이유를 경제적 이익에서 직접 찾기는 어렵습니다. 식민지 정복 덕분에 더 많은 사람이 일자리를 얻었으며 임금 인상을 누렸다고 볼 만한 근거도 없고, 아프리카나 아시아로 이주해서 새로운 기회를 잡으려는 사람도 그렇게 많지 않았으니까요.

그런데도 많은 사람들이 제국 팽창에 열광했습니다. 예를 들어 영국 하층민이 즐겨 찾았던 수많은 뮤직홀music hall에서는 영 제국의 위대함과 제국의 영웅을 찬양하는 노래가 큰 인기를 얻었어요. 빈곤, 실업 같은 사회 문제나 정치적 불평등 같은 골치 아픈 주제보다는 영국인의 위대함과 영 제국의 영광에 대한 노래가 훨씬 편안하고 신났던 것이지요. 이런 식으로 국내 갈등을 국외에서 벌어지는 전쟁이나 제국 경쟁으로 돌리는 것을 '사회 제국주의social imperialism'라고 부르기도 합니다.

국가의 위신을 세우기 위해서나 전략 요충지를 확보하기 위해, 또는 국내 문제에 대한 관심을 해외로 돌리기 위해, 서양 여러 제국이 식민지 쟁탈전에 돌입하자 아시아에서도 일본이 제국을 자칭하며 '제국 클럽'에 가입하기 위해 애쓰게 됩니다.

미국의 강압으로 문호를 개방하고 서양 여러 국가와 불평등 조약을 맺는 수모를 겪은 일본은 메이지 유신을 시작으로 근대 민족 국가 형성과 산업화에 공격적으로 돌입했습니다. 우선 굴욕적인 불평등 조약에서 벗어나야 한다는 생각에 매달렸지요. 그러려면 무엇보다 힘을 길러야 했는데, 그 힘은 일본 내부뿐만 아니라 해외로의 세력 확장에서 나온다고 믿게 됩니다.

그런데 서양 제국들이 중국과 조선을 지배하려는 야심을 본격적으로 드러내면서, 이 지역이 서양의 식민지로 전락할지 모른다는 우려가 나타났어요. 이렇게 되면 일본도 위험해질 수 있다는 생각도 하게 되었지요. 특히 한반도가 서양 열강의 손에 넘어가는 상황을 걱정했습니다. 일본은 일찍이 1870년대부터 '조선 문제'를 자국의 독립과 생존에 직결된 문제로 여겼던 것입니다.

일본은 왜 조선이 필요했을까

이렇게 볼 때 일본의 조선 침투도 정치·전략적 고려와 경제적 이익 추구가 긴밀히 얽힌 기획이었습니다. 뒤늦게 산업화에 뛰어든 일본에게, 조선은 산업화에 필요한 식품과 원료, 즉 쌀이나 대두, 원면의 훌륭한 공급지이자 일본의 공산품, 특히 다른 국가에서는 아직 경쟁력이 없었던 면직물을 판매하는 시장이 되었습니다. 한

반도로의 일본인 이민도 본국의 과잉 인구를 배출하는 좋은 방법이 될 수 있었지요. 하지만 일본이 반드시 한반도를 식민지로 삼지 않아도 원료 획득이나 공산품 수출, 이민은 가능했습니다. 이런 일은 식민화에 따르는 부수적인 결과였지, 식민화의 전제 조건은 아니었다는 의미지요.

오히려 조선이 독립을 유지하거나 일본이 조선을 완전히 통제해야만 자국의 안전을 확보할 수 있다고 믿었던 까닭에, 일본 정계와 군부의 엘리트가 조선에 깊은 관심을 보인 것입니다. 일본이 청나라와 전쟁을 벌이고, 누구도 승리를 예상하지 않았던 러시아와의 무력 대결에 나선 이유도 이런 정치·전략적 고려에서 찾을 수 있지요. 조선이 서양 열강 사이에서 도저히 스스로 독립을 유지할 수 없다고 판단하면서, 일본은 청일 전쟁 이후로 조선의 보호국화에 주력했어요.

조선인이 의병을 일으켜 이런 시도에 격렬히 저항하자, 일본은 결국 조선을 합병합니다. 타이완과 조선을 장악한 일본은 개항 이후에 오랫동안 염원했던 불평등 조약을 개정해, 국제 사회에서 다른 열강과 동등한 구성원이 되었고 결국 서양 여러 제국으로부터 '제국 클럽'의 일원으로 인정받지요.

5   오만한 문명화

우리가 먼저 빼앗지 않으면 곧 빼앗기고 말 것이라는 강박증이 만연했던 19세기 말의 식민지 쟁탈전 이면에는 또 하나의 동기가 숨어 있었습니다. 바로 제국이 '문명화' 사명을 감당해야 한다는 것이지요. 문명화란 근대 유럽 문명을 인류가 반드시 이루어야 할 보편적인 이상으로 여기면서 근대성의 여러 요소들, 즉 민족 국가와 자본주의, 산업화, 개인주의, 시민 사회, 합리적 정신과 과학 기술, 세속화, 도시화를 유럽 밖 세계로 전파해 이 지역을 유럽 수준으로 끌어올리겠다는 생각이에요. 이런 사명이 없었다면 제국 팽창의 기획이 본국에서 널리 수용되기 어려웠을지도 모릅니다. 더 나가서 그것이 없었다면, 비록 일부일지라도 종속민의 협력은 끌어내지 못했을 것입니다.

문명화라는 오랜 이상

문명화라는 이상은 근대 이전의 서양에서 나타났고, 아시아에서도 비슷한 예를 찾을 수 있습니다. 만주족이 세운 청 제국은 중국 역사상 가장 넓은 영토를 다스리면서 만주 지역 북쪽의 여러 민족과 몽골인, 조선인을 영향력 아래 두었어요. 이민족 출신 지배자였지만 청 제국의 통치 엘리트는 그 이전의 여러 제국처럼 유교 전통을 다시 세워서, 그에 따라 통치한다고 공언했지요.

이 전통에 따른다면 통치자는 인仁이라는 덕으로 국가를 다스리면서 제국의 중심이 되어야 했습니다. 또한 제국의 통치는 제국에 속한 모든 사회 구성원의 상호 의무와 책임을 규정한 엄격한 예법禮法에 따라 이루어져야 했지요. 이 예법은 청 제국 안에서는 평화롭고 조화로운 사회 질서를 유지하는 근간이었고, 제국의 경계 지역에서는 책봉과 조공이라는 형식으로 국가 간의 관계를 규정하는 제도가 되었어요. 덕치와 예법 준수는 제국 내의 백성과 제국의 테두리에 자리 잡은 조선이나 베트남 같은 국가들을 문명화하는 핵심 수단이 되어 중화 질서, 즉 중국 중심의 세계 질서를 이끌어 간다고 생각되었습니다.

서양에서도 제국의 문명화 사명은 역사가 길어요. 적어도 고대 그리스와 로마 시대까지 거슬러 올라갑니다. 그리스인은 그리스 세계의 바깥에 사는 이민족을 바르바로스barbaros라 불렀지요. 바르바로스는 원래 그리스인이 도무지 알 수 없는 말을 사용하는 사람들을 일컫는 말이었습니다. 애초에 이 어휘에는 다른 민족을 얕잡아 보는 우월감은 담기지 않았지만, 그리스가 페르시아 같은 거대한 제국과 대결하면서 이민족을 낮추는 말로 사용되기 시작했습니다. 그리스어를 할 줄 알아야 진정한 인간이고, 그렇지 못한 이들은 야만인이 되는 셈이었지요. 그러면서 그리스인은 문명화된 자신들이 야만인을 다스리는 것은 당연하다고 생각하게 되었습니다.

그리스인은 야만인의 문화에 자신들의 문명이 오염되는 일을 좀 더 경계했던 반면에 로마인은 로마의 생활 방식과 정치 체제를 전 세계로 퍼트리는 일, 즉 '로마화'를 자신들의 역사적 사명으로 여겼습니다. 문명화가 제국의 목표로 자리 잡은 것이지요.

이 관념은 서로마 제국이 멸망한 이후에도 살아남아서, 중세의 여러 제국을 거쳐 근대 초의 제국까지 이어졌습니다. 그때 문명화 사명은 이민족에게 진정한 종교, 즉 기독교를 전파하는 일로 여겨졌어요. 근대가 무르익어 가는 18세기에 이르면 유럽 여러 지역에서 계몽사상이 발전했고, 여기서 인류 사회를 수렵·채집 사회부터 목축, 농업, 상업 사회까지 나누는 구분법이 등장했습니다.

그 결과로 영국처럼 앞선 유럽 사회는 문명의 최고 단계인 상업 사회로 진보한 반면, 세계 여러 지역은 여전히 그 이전 단계들에 머물러 있다는 관념이 자리 잡게 됩니다. 그러면서 유럽의 문명과 나머지 세계의 야만이 대립한다는 생각도 힘을 얻기 시작했지요.

근대화된 문명과 야만의 구분

근대적인 문명과 야만의 구분법은 일찍이 에스파냐의 인문주의

자 후안 세풀베다(Juan Sepúlveda, 1494~1573년)가 아메리카 원주민들은 인간이라 부를 수 없는 생명체라고 주장한 데서 확인할 수 있습니다. 그의 눈에 비친 원주민은 불결하고 무지하며, 우상 숭배나 근친상간, 살인 행위나 일삼는, "인간의 형상이 거의 남아 있지 않은 난쟁이"처럼 보였습니다.

비슷한 생각은 18세기의 노예 무역 폐지 운동가인 존 헨리 뉴턴(John Henry Newton, 1725~1807년)에게서도 엿보입니다. 한때 노예 무역선 선장으로 일했던 뉴턴은 나중에 기독교에 깊이 헌신하면서 〈어메이징 그레이스〉Amazing Grace라는 찬송가를 썼습니다. 그는 노예 무역선을 타던 시절에 아내에게 쓴 편지에서 노예들을 이렇게 묘사했어요. "이 불쌍한 피조물들은 …… 기독교의 현세의 축복과 빛나는 미래의 전망 대신에 …… 마법, 마술, 무지와 결합된 두려움이 인간의 정신에 초래할 수 있는 모든 일련의 미신에 현혹되어 시달리고" 있다는 것입니다. 그는 이런 사람들이 "우리를 통해 문명화의 수단을 받아들이고, 유럽인 중에서 친구와 제자가 될 형제들을 찾기를 바란다."두 인용문은 모두 퍼거슨, 『제국』, 132~ 133쪽라고 이야기합니다.

이런 문명화 관념은 18세기 말에 이르러 체계화되어 인류 사회를 문명civilization과 미개barbarism, 야만savagery으로 나누는 구분법이 되었어요. 그에 따라 아프리카나 아메리카, 18세기 후반에 발견된 오스트레일리아와 뉴질랜드의 원주민은 야만인으로 취급받았습니다.

그렇다면 고대 문명이 꽃을 피우고 오랜 역사를 자랑했던 아시아의 여러 제국은 어떻게 구분했을까요. 인도나 중국 같은 곳은 한때 물질·문화적으로 엄청난 풍요와 번영을 누렸어요. 이 점은 모두 다 인정했습니다. 하지만 인도나 중국에서는 더 이상의 진보를 찾아볼 수 없었습니다. 이런 생각에 따르면, 문명이 '정체' 상태에 빠져들었다는 것이지요. 인도인과 중국인은 인간의 자유와 창조성을 억누르는 전제 정치 아래에서 너무 오래 산 까닭에, 진보하지 못하고 제자리걸음만 반복했다고 간주되었어요. 서구의 관점에서는 중국 제국의 변방에 자리 잡은 조선 같은 나라도 미개 상태에 불과했습니다.

사회 진화론이 정당화한 문명화

이렇게 19세기 유럽인은 자유와 진보, 역동성, 문명이 지배하는 유럽과 예속과 정체, 무기력, 야만으로 가득한 비유럽을 구분했습니다. 그런데 흥미롭게도 이런 구분을 남성과 여성 간의 성별 차이에 비유해 이야기하는 경우가 빈번했어요. 합리적이고 진취적인 서양은 남성의 특징을 지닌 반면에, 감정적이고 유치한 나머지 세계는 여성적이라고 구분했던 것이지요.

이때 여성적이라는 것은 합리적이지 못하고 자기감정을 다스릴 수 없다는 의미였습니다. 또 유럽 밖 세계는 아직 어른이 되지 못한 어린이 같은 존재로 그려진 경우도 있었어요. 유럽 밖 세계

를 어린이에 비유할 때는 그곳이 문명에 물들지 않아 순진무구하
다는 이야기가 아니었습니다. 그저 철없이 떼만 쓰는, 이성적이
지 못하고 책임감도 없는 유치한 사람들이라는 말이었지요.

　문명과 야만을 나누는 이런 구분은 19세기 후반에 사회 진화
론과 만나면서 더 큰 위력을 발휘하게 됩니다. 사회 진화론은 자
연의 진화 과정에서 우월한 종이 열등한 종을 누르는 것처럼, 인
간 세상에서도 강자가 승리하고 약자가 패하는 우승열패優勝劣敗
의 원리가 지배하는 것이 당연하다는 이념입니다. 강한 국가와
약한 국가가 공존하는 국제 관계에서도 우승열패의 원리가 통하
는데, 문명화 사명을 내세운 사람들은 강한 국가가 약한 국가를
힘으로 억누르는 데 그쳐서는 안 된다고 주장했어요. 강력한 경
제력과 군사력, 높은 수준의 문명을 누리는 국가는 정체나 퇴보
상태에 빠진 국가를 보호하고, 문명으로 이끌어야 할 도덕적 책
임이 있다고 믿었던 것이지요.

복음주의와 자유주의의 문명화

18세기 말~19세기 초에 문명화 사명이라는 관념을 널리 전파한
사람들 가운데는 영국의 기독교 복음주의자와 자유주의자가 있
었습니다. 이들은 식민 지배를 신의 명령이나 문명화된 국민의
도덕적 의무로 믿었어요.

　어느 복음주의자는 "아시아 영토가 우리에게 주어진 것은

…… 그 지역에서 해마다 이익을 창출하기 위해서만이 아니라 오랜 기간 어둠과 악, 그리고 고통에 잠겨 있는 그곳의 원주민들에게 빛과 '진리'의 은혜를 퍼뜨리게 하기 위해서라고 …… 결론 짓는 것이 필요하지 않겠는가."라고 물었습니다. 또한 그 시대의 가장 유명한 자유주의자였던 존 스튜어트 밀(John Stuart Mill, 1806~1873년)은 영국민이 "비교가 되지 않을 만큼 모든 민족 중에서 가장 양심적인 민족이며 …… 현존하는 모든 것 중에서 자유를 가장 잘 이해하는 세력"퍼거슨,『제국』, 201, 204쪽이라고 단언하기도 했어요. 이런 믿음에 따라 복음주의자와 자유주의자는 대규모로 의회 청원 운동을 벌이거나 여론과 협력해서 종속민의 문명화를 요구했지요.

한 예로 사티(sati, suttee) 폐지 운동이 있습니다. 사티는 죽은 남편의 장례식에서 산 아내까지 화장하는 힌두교 관습이에요. 영국 왕립 위원회가 보고한 바에 따르면 1813~1825년에 벵골 지방에서만 거의 8,000명 가까운 여성이 이 관습 때문에 죽었다고 해요. 힌두교 지도자 중 일부는 이것이 율법에 어긋난다고 강력히 반대했지만, 그래도 사티는 부부 사이의 정절과 여성의 경건함을 지키는 지고지순한 관습이라며 널리 시행되었습니다.

18세기 중반부터 벵골 지방을 지배한 영국의 식민지 당국은 현지인의 반발을 걱정했던 탓에, 사티에 어떤 조치도 취하지 않았습니다. 하지만 복음주의자들이 청원 운동을 벌이고 여러 언론 매체에 사티의 실상을 알리면서, 당국도 가만히 있을 수만은 없게 되었지요. 결국 1829년 영국의 인도 총독 윌리엄 벤팅크(William Bentinck, 1774~1839년)는 규제법 17조로 사티를 금지했어요.

힌두교도가 반발할 것이 뻔하므로 제국의 안정을 해칠 수도 있었지만, 벤팅크는 조치를 취할 수밖에 없었다고 말합니다. "(사티의) 단 한 가지 정당성은 국가의 필요성, 즉 영 제국의 안전인데, 그렇다고 해도 이 동방 세계의 수많은 인구의 장래 행복과 개선이 영국 통치의 존속에 전적으로 의존한다면 이런 정당화조차도 매우 불완전한 것"퍼거슨,『제국』,210쪽이라고 주장했지요.

백인의 오만이 자초한 부담

문명화를 위해서는 종속민의 낡은 관습을 뜯어고쳐야 하고, 야만적인 종속민은 스스로 문명화를 이룰 수 없으므로 백인 통치자의 도움을 받아야 한다는 생각은 19세기 중반 이후에 더욱 뚜렷이 나타납니다.

이런 생각이 확산된 데는 1857년 인도의 세포이 항쟁과 1865년 자메이카 반란이 큰 역할을 했어요. 세포이 항쟁은 동인도회사 소속의 인도 병사가 사용한 탄약포에 일부러 돼지기름이나 소기름을 발라서 힌두교도와 이슬람교도 병사를 모욕했다는 이유로 시작되었습니다.

자메이카 반란은 노예제가 폐지된 후에도 백인 플랜테이션에서 일하며 지주의 가혹한 억압에 시달리던 흑인 노동자들의 항쟁이었습니다. 이런 사건을 겪은 백인 통치 엘리트들은 황인종이나 흑인종은 무지와 편견 때문에 언제라도 제국의 자애로운 지배에 반기를 들 수 있다고 확신하게 되었어요. 그러니 문명화를 더 열심히 수행해야 한다고 믿게 되었지요.

이런 믿음은 우리에게 『정글북』*The Jungle Book*의 작가로 잘 알려진 조지프 러디어드 키플링(Joseph Rudyard Kipling, 1865~1936년)이 쓴 「백인의 부담」The White Man's Burden이라는 시에서도 잘 나타납니다. 1898년에 미국이 필리핀을 병합하자 영국인 키플링은 이 시를 써서 필리핀 원주민의 문명화가 미국인의 진정한 사명이 되어야 한다고 힘주어 말합니다. 이 시 중에서도 "반은 악마이고 반은 어린아이인 사람들"이라는 대목은 19세기 말의 서양인이 서양 밖 사람들을 어떻게 바라보았는지 너무도 분명히 드러냅니다.

백인의 부담을 받아들여라.

네가 기른 최고를 내보내라.

네 자식들에게 타향살이를 시켜라.

네 포로들의 욕구를 채워 주고,

힘든 일을 하며 기다리게 하라.

배회하는 사람들과 새로이 잡힌

사납고 무뚝뚝한 사람들

반은 악마이고 반은 어린아이인 사람들 속에서.

일본이 이용한 문명화의 사명

식민지나 보호령, 신탁 통치령과 같은 여러 이름으로 서양의 지배를 받게 된 종속민은 이런 편견을 극복하기 위해서라도 문명화에 나서지 않을 수 없었습니다. 그것은 서양의 경로를 따라가는 것, 즉 서양식 근대화를 뜻했지요. 아시아와 아프리카의 엘리트는 근대 민족 국가나 관료제, 자본주의처럼 서양의 근대를 특징짓는 제도와 이념, 습속을 디투어 받아들였고, 이떤 곳에서는 상당한 성과를 거두기도 했어요.

1868년 메이지 유신을 기점으로 근대 국가의 모습을 갖추기 시작한 일본이 대표적인 예일 것입니다. 그렇지만 안타깝게도 일본이 거둔 바로 그 성공은 일본을 제국의 길로 들어서게 만들었습니다. 메이지 유신 직후부터 일본 엘리트는 문명화 사명이라는 서양 담론을 그대로 받아들여서, 이것을 세력 확장의 근거로 쓰기 시작했어요.

일본에 문명화 담론을 널리 퍼트렸던 후쿠자와 유키치(福澤諭吉, 1835~1901년)는 아시아에서 벗어나 문명 세계의 일원이 되자는 탈아론脫亞論을 내세우면서, 고집스럽게 문명화를 거부하는 조선과 중국에 대해 "이웃 나라라고 하여 특별한 배려를 해야 하는 게 아니라 서양인이 그것과 접하는 방식에 따라 처분해야 할 뿐"니시카와 나가오, 윤대석 옮김, 『국민이라는 괴물』(소명출판, 2002), 111쪽에서 재인용이라고 주장했습니다. 이런 논리는 곧 일본의 제국 건설을 정당화하는 명분이 되었지요.

자발적 식민화를 주장한 윤치호

문명화 사명 담론은 19세기 말부터 한국의 일부 엘리트 사이에도 널리 퍼졌어요. 한반도의 지배권을 두고 서양 여러 제국과 일본이 각축하는 가운데 많은 한국인은 문명개화가 시대의 과제라는 데 공감하게 되었지요. 그런데 이 중에는 한국이 스스로 이런 목표를 성취할 수 있을지 깊은 의문을 품은 사람들도 있었습니다.

일본의 힘을 빌려서라도 근대 국가 수립이라는 과제를 성취하려 했던 갑신정변이 실패하고, 조선의 자주 독립을 선언한 광무개혁光武改革도 성과가 적자 이런 의문은 더 커졌습니다. 뒤이어 일본이 한국을 보호국으로 만들고 결국 강제로 병합하면서, 한국인이 스스로 근대에 이르는 것은 아예 불가능할지도 모른다는 불안감이 널리 퍼졌어요.

한때는 자주적인 문명개화와 독립을 열망했던 일부 지식인까지도 비현실적인 독립 운동보다 한국인의 역량을 기르는 데 힘써야 한다고 믿게 되었지요. 이런 생각은 조선의 기독교계 지도자였던 윤치호가 남긴 기록에서 단적으로 드러납니다. 그는 일찍이 중국과 미국에서 공부하면서 서양 문명의 막강한 힘을 몸으로 느낀 바 있는데, 그때부터 개인의 자유를 강조하는 자유주의 원리와 함께 사회 진화론과 인종주의에도 깊은 영향을 받았어요.

그는 바로 이런 잣대로 한국인과 한국의 현실을 진단했습니다. 그 결과로 지금으로서는 받아들이기 어려운 생각을 품었고, 행동으로 옮겼어요. 일본에게 나라를 빼앗긴 이후 윤치호는 국민 개개인의 실력 양성 없는 독립 운동이 무모하다고 비판했습니다. 그는 3.1 운동에 반대하면서 일본의 지배를 비난만 할 것이 아니라, 차라리 대한 제국을 망하게 한 낡은 제도와 습속을 없애고 실력을 기르는 기회로 삼자고 주장했지요.

그는 한반도 밖에서 어려운 씨움을 벌이던 독립 운동 단체도 서슴없이 비난했습니다. 독립 운동 자금을 요청하는 해외 단체를 힘의 논리가 지배하는 국제 관계의 현실은 외면하고 국민의 고혈이나 빨아먹는 "기생적인" 존재라고 불렀으니 말이지요. 그가 볼 때는 무장 저항은 물론 파업이나 동맹 휴업 같은 좀 더 일상적인 저항도 환영할 일이 아니었습니다. 이런 저항이 일본의 지배를 더 강압적으로 만들어서, 한국인이 실력을 기를 기회조차 빼앗아 버린다고 믿었던 탓이지요.

그의 이런 생각 밑에는 한국인이 스스로를 다스릴 수 없다는 비관, 즉 서양 및 일본 제국이 종속민에게 강조했던 믿음이 자리잡고 있었습니다. 그는 서양 문명에 대한 경외감이 대단했던 까닭에 일기도 영어로 썼는데요. 1919년 9월 16일의 일기에서도 조선 반도에서 일본을 몰아낼 수 없는 여러 이유를 들며 "조선인의 입장에서는 모든 게 불확실한 상황에서 한낱 이름뿐인 독립을 얻는 것보다는 자치를 해 가며 현재의 지위를 유지하는 게 최대의 이익을 도모하는 길이라고 확신한다."윤치호, 『물 수 없다면 짖지도 마라』(산처럼, 2013), 137쪽라고 주장했어요.

　한국인은 독립이 주어져도 제 나라를 유지할 역량이 없다고 믿었던 윤치호와 같은 사람이 선택할 길은 뻔했습니다. 제 나라를 스스로 다스릴 능력을 갖출 때까지는 제국의 지배를 받아들이는 것, 즉 협력 밖에는 없었지요.

6   제국과 협력자

앞에서 제국은 압도적인 힘의 우위에 바탕을 두고, 자국을 정점으로 하는 국제 관계를 구축하는 나라라고 이야기했습니다. 이런 제국이 유지되려면 주변국이 제국의 막강한 힘에 수긍하고 순응해야 합니다. 이런 순응을 끌어내는 한 가지 힘은 막강한 군사력이었어요. 예를 들어 고대 로마 제국은 엄청난 힘을 뽐낸 중무장 보병 부대를 보유했는데, 그 위력이 어찌나 대단했던지 실제 전투에 투입하지 않아도 그 명성만으로 주변 세력의 복종을 끌어냈다고 하지요. 군사력의 중요성은 근대 이후에도 마찬가지였습니다. 영 제국은 19세기 중반까지도 다른 모든 국가를 압도하는 해군력을 유지했는데, 바로 그 해군 덕분에 국제 무대에서 위력을 과시했어요.

하지만 군사력만으로 제국을 다스릴 수는 없습니다. 요즘 유행하는 개념으로 이야기하면 제국은 군사력 같은 하드파워hard power만으로는 오래 유지될 수 없다는 것이지요. 제국이 견고하게 지속되려면 제국의 다양한 민족과 집단이 그 지배를 받아들이도록 설득하고 정당화해야 합니다.

그래서 때때로 제국은 자신이 제공하는 안정된 정치 질서가 있어야 평화가 유지된다고 주장하기도 하고, 제국 본국뿐만 아니라 제국 내의 모든 이들에게 번영을 제공한다고 주장하기도 합니다. 제국이 문명과 야만을 나누는 경계를 제시하고 제국을 문명의 공간이라고 강조한 것도 같은 맥락에서 이해할 수 있지요.

다시 말해 제국은 소프트파워soft power를 행사해 종속민의 동의와 순응을 끌어내야만 유지될 수 있었어요. 이와 같은 동의의 획득 과정에서 중요한 역할을 담당한 사람들이 현지 사정에 밝고 그곳에서 상당한 영향력을 행사할 수 있는 지역 엘리트였지요. 제국은 이들의 협력을 얻어야 했습니다.

현지인을 이용한 제국의 지배

체제의 유지를 위해서 모든 제국은 직접 통치와 간접 통치를 어느 정도 혼합한 구조를 갖추게 됩니다. 제국에서 가장 중요한 지역은 본국이 파견한 관리가 직접 통치하고, 그 밖의 지역은 현지 엘리트에게 통치를 위임하는 방식이 흔히 사용되었지요.

교통과 통신 수단이 발달하지 못했던 근대 이전의 제국에서 이런 경향은 더 두드러집니다. 예를 들어 로마 제국은 속주와 식민지 통치를 현지 엘리트에게 위임했고, 황제는 개인적으로 긴밀한 후원 관계를 맺어서 이들을 통제했어요. 그래서 로마 제국은 관료제가 발전한 같은 시기의 중국 제국에 비해 훨씬 적은 인원으로도 제국을 통치할 수 있었지요.

또 다른 예로는 근대 초 중국의 청 제국을 들 수 있습니다. 청은 '만한일가滿漢一家', 즉 만주족과 한족이 한 가문이라는 구호를 내세웠지만 실제로는 중앙 권력을 만주족 출신이 장악했어요. 반면 지방에서는 본속주의本俗主義, 즉 종속민 고유의 풍속을 인정한다는 원칙을 내세워 한족을 비롯한 지역민이 각자 전통에 따라 다스리게 하면서 만주족으로 구성된 팔기군으로 반란의 가능성을 차단했습니다.

사정은 근대 이후 등장한 서양 제국에서도 비슷했습니다. 영 제국의 경우를 잠시 살펴보지요. 인도를 지배한 영 제국은 단 1,000여 명의 관리가 수억 명의 인도인을 다스렸습니다. 관리 한 사람이 2만 7000제곱킬로미터의 영토와 300만 인구를 담당한 것입니다. 이것은 19세기 후반부터 시행된 인도 문관 시험에 합격한 엘리트 관리만 합산한 것이므로, 여기에 하급 관리까지 더하면 1만 명이 조금 넘는 소수의 관리가 인도를 통치한 셈입니다. 그래도 여전히 놀랍지요.

영 제국의 다른 지역에서도 상황은 크게 다르지 않았습니다. 약 4,300만 명이 살았던 아프리카의 12개 식민지는 약 1,200명의 영국 출신 관리가 다스렸고, 인구 320만 명의 말레이 식민지에는 영국 관리가 220명에 불과했지요. 현지 엘리트의 협력 덕에 소수의 관리만으로도 수많은 종속민을 다스릴 수 있었습니다.

앞에서 언급했듯이 인도에서는 군사력의 절반 이상이 현지인이었고, 하급 관리도 현지인 중에서 충원했으며 농촌은 현지인

지주를 중심으로 한 자치를 허용했어요. 게다가 인도 식민지의 3분의 1은 명목상이나마 지역 토후국의 국왕이 여전히 통치했으므로, 이들에게 군사적 보호와 여러 특혜를 베풀면서 통치 비용을 줄일 수 있었지요.

일본이 구축한 치밀한 통치 체제

영 제국의 경우와 비교하면 일본의 한국 통치는 한국인의 일상에 더 깊숙이 침투하는 방식으로 이루어졌습니다. 1930년대 중반 한국에는 일본 관리가 약 5만 2000명 있었는데, 당시의 한국 인구가 대략 2,200만 명이었으므로 일본인 관리 한 사람이 한국인 420명 정도를 다스린 셈입니다.

일본 제국이 이렇게 많은 수의 관리를 동원해야 했던 이유는 여러 가지였습니다. 후발 제국인 일본은 식민지에서 가능한 많은 경제적 이익을 확보하려 했으므로, 그만큼 더 치밀한 통치 체제를 갖추려 했어요. 게다가 한국인은 식민 지배 이전에 오랫동안 중앙 집권적 관료제하에서 살았으므로 일본 제국도 그것과 유사한 수준의 관료제를 갖추어야 했겠지요.

무엇보다도 한국은 반일 민족 감정이 오랫동안 자리 잡고 있었으며, 반제국주의 민족 운동도 여전히 활발했으므로 일본의 지배에 적극적으로 동조하는 협력자를 구하기가 어려웠습니다. 물론 일본도 한국인을 하급 관리나 경찰 병력으로 널리 활용했습니다. 본국 출신 관리를 아무리 많이 파견하더라도 현지인의 협력 없이는 원활한 지배가 불가능했으니까요.

그렇지만 제국에게 협력자는 마치 양날의 검과 같은 존재였습니다. 협력자는 제국이 최소한의 비용으로 지배할 수 있도록 자원을 제공했지만, 다른 한편으로는 이들이 제국 지배에 문제를 제기하는 저항 활동의 중심이 될 수도 있었기 때문이지요.

대체로 협력자는 현지인 사이에서 오랫동안 영향력을 행사한 토착 엘리트나 제국 체제에서 근대 교육의 혜택을 입은 새로운 엘리트 사이에서 나왔습니다. 그들은 대부분 부와 권력 같은 개인적인 목표를 위해 제국에 협력했지만, 어떤 경우에는 민족의 근대화라는 더 큰 목표를 성취하는 방책으로써 협력을 택하기도 했어요. 윤치호 역시 처음에는 이런 경우에 해당했다고 볼 수도 있겠지요. 윤치호는 일본 제국이 망할 때가지 협력 노선을 지켰지만, 일본에 협력한 한국인 중에서는 제국의 지배가 민족 근대화에 더 이상 도움이 되지 않는다고 확신해서 저항 운동으로 돌아선 이들도 있었어요.

19세기 말에 등장한 인도의 민족주의 운동에서도 이런 복잡한 사정이 잘 나타납니다. 영국 정부가 토후국 통치자를 우대하는 한편으로 식민지 행정과 사법 체제에서 인도의 신흥 엘리트층을 차별하려 하자, 이들이 영국에 저항하는 민족주의 운동에 투신하고 심지어 일부는 무장 투쟁을 택해서 저항한 것이지요.

상황은 다르지만 한국에서도 비슷한 양상이 나타납니다.

1930년대부터 한국인 협력자들은 식민 당국이 표방한 '내선일체'
內鮮一體를 문자 그대로 실천하라고 요구하며 일본인과 동등한 시
민권과 자치권을 주장했어요. 물론 식민지 시대 한국의 민족주의
운동에서는 자치 운동을 인도에서처럼 중요한 위치에 놓기 어렵
습니다. 하지만 이런 사례들은 협력과 저항 사이에 흑백이나 선
악으로 분명히 구분하기 어려운 회색 지대가 존재했음을 보여 줍
니다.

7   국민, 그리고 민족

제국의 지배에는 불안 요소가 상존했습니다. 이 체제는 근본적으로 제국의 압도적인 힘에 의존했지만, 그것이 안정적으로 유지될지는 본국의 여러 정치·사회 세력, 식민지에 거주하는 본국 대리인과 본국 출신 정착민, 그리고 식민지 사회의 여러 정치·사회 세력 간의 협상에 달려 있었습니다.

이런 협상에는 타협도 있지만 당연히 갈등도 있었어요. 그 과정에서 제국 지배의 모순도 드러납니다. 문명화라는 과업이 그 단적인 예지요. 제국 지배를 정당화하기 위해 19세기에 여러 제국이 내세운 문명화 사명은 식민지의 주민들 중에서 협력자를 얻는 좋은 구실이었지만, 다른 한편으로는 제국 지배에 의심을 품는 계기도 제공했으니까요. 문명화 덕분에 자유주의와 민주주의, 사회주의, 무엇보다도 민족주의와 같은 새로운 조류를 접한 식민지의 정치 세력들은 이런 이념을 내세워서 식민 지배의 부당성을 고발하고, 결국 식민지의 자치와 독립을 요구했습니다.

이것은 그야말로 역사의 역설이라고 부를 만한 현상입니다. 제국의 지배하에서 진행된 문명화, 어떤 면에서는 제국이 강요한 근대화가 제국 지배를 규탄하고 독립을 요구하는 민족주의 운동의 계기를 제공했으니까요. 달리 말하면 일찍이 18세기 말부터 대서양 양편에서 등장해, 19세기 후반에 아시아와 아프리카 여러 지역을 강타하며 지금까지도 위력을 발휘하는 민족주의 이념과 운동은 제국 지배와 긴밀히 얽힌 역사 현상이라는 것이지요.

　3부의 나머지 부분에서는 바로 이 문제를 잠시 살펴보겠습니다. 민족과 민족주의 개념도 제국만큼이나 논란이 분분한 주제지만, 여기서는 제국과 민족 사이의 복잡한 관계를 이해하기 위해 필요한 몇 가지 요소만 간단히 이야기하지요.

민족의 이름으로 결합된 공동체

한국어로 민족民族이라는 단어는 어떤 의미의 개념일까요. 물론 영어의 네이션nation을 한자로 옮긴 것이지요. 일본인들이 네이션을 민족이라고 번역하고, 그것이 중국과 한국으로 확산되었어요. 한국에서는 1900년대 초부터 민족이란 말이 쓰였는데, 이미 이때부터 요즘처럼 민족을 "동일한 혈통을 가지며, 동일한 토지에 거주하며, 동일한 역사를 가지며, 동일한 종교를 섬기며, 동일한 언어를 사용"《대한매일신보》, 1908년 7월 30일자하는 집단이라고 정의하기도 했어요.

　그런데 민족이라는 단어는 백성이나 국민을 뜻하는 '민民'과 종족을 뜻하는 '족族'을 합친 것이므로 좀 더 복잡한 생각을 담을 수 있습니다. '민'은 백성이나 국민이어서, 기본적으로 정치 공동체를 의미합니다. 이어서 살펴보겠지만 네이션에서 '민'이라는 정치 공동체의 측면을 강조하면 '국민', 즉 같은 법 아래에서 공통된 권리와 의무를 지니는 시민 공동체를 의미하게 됩니다.

하지만 네이션에서 '족'의 의미를 강조하면 인종이나 혈연, 문화, 언어, 역사를 공유하는 집단을 뜻하게 됩니다. 한국사에서는 오랫동안 정치 공동체로서의 '민'과 종족 공동체로서의 '족'이 거의 일치했으므로 혼란이 별로 없겠지만, 역사를 살펴보면 정치 공동체와 종족 공동체기 빈드시 같을 필요는 없었습니다. 수많은 제국의 역사가 보여 주듯이, 하나의 정치 공동체 안에 수많은 종족 공동체가 어울려 사는 일은 너무나 흔했지요.

그런 점에서 민족이라는 번역어는 반드시 일치할 이유가 없는 정치 공동체와 종족 공동체를 하나로 묶어 버린 셈입니다. 그런데 절묘하게도 바로 그 이유로 민족은 근대 현상으로서의 민족주의를 꽤 정확히 표현하기도 해요. 기본적으로 근대 민족주의는 하나의 종족이 단일하고 독립된 정치 공동체를 구성해야 한다는 이념과 이것을 실현하기 위한 정치 운동이니까요.

국민이 태어난 과정

원래 서양 역사에서 네이션이라는 단어는 "태어남"을 뜻하는 라틴어인 나티오natio에서 비롯됩니다. 같은 곳에서 태어난 사람들의 무리를 일컫는 데 쓰인 말이지요. 그런데 흥미롭게도 고대

로마 사람은 이 말을 로마인과는 구별되는 외국인 무리를 부르는 데 썼습니다. 원래는 외국인이 로마인보다 열등하다는 부정적인 의미가 담겨 있었어요. 예를 들어 로마 공화정 말기에 키케로가 유대인과 시리아인을 "노예로 태어난 민족들"nationes natate servituti이라 부른 데서 부정적인 용법을 확인할 수 있습니다.

반면 로마인은 자신들을 인민populus이라고 불렀는데, 로마인민이 로마법 아래에서 하나의 정치 공동체를 이루었음을 말하는 것이었죠. 그런데 로마가 제국이 되면서 속주와 식민지의 주민들에게 시민권을 주어, 이들을 로마인으로 구성된 정치 공동체로 흡수하려는 '로마화'가 진행되었어요. 키케로는 자신에게 두 개의 조국이 있으니, "하나는 태어난 장소에 따라 (부여되는) 조국이고 다른 하나는 (국가가 부여한) 시민권의 획득으로 속하게 된 조국"이라고 표현했습니다. 현재의 용어로 바꾸면 종족과 국민을 구별했다고 이해할 수 있는데, 키케로는 시민권을 준 조국이 무엇보다 중요하다고 이야기했지요.

서양 중세 때도 나티오는 공통의 출생지를 강조하는 말로 사용되었어요. 중세 대학에서 여러 출신지의 대표들을 나티오라 불렀던 것이 여기에 해당되지요. 이런 용법이 쭉 이어지다가 18세기에 들어서 네이션 개념에 중요한 변화가 일어납니다. 당시 프랑스 파리Paris의 고등 법원이 네이션을 고대 로마인이 사용한 인민과 가까운 뜻으로 쓰기 시작한 것이지요. 고등 법원은 절대주의 체제하에서 왕권을 견제하기 위해, 자신들이 왕에게는 프랑스 국민을 대변하고 프랑스 국민에게는 왕의 견해를 대변한다고 주장했어요.

이런 용법에 힘입어 네이션은 프랑스 정치 담론에서 중요한 어휘가 되었고, 1789년 프랑스 혁명에 이르면 한국어의 '국민'에 해당되는 개념으로 자리 잡습니다. 네이션이라는 개념이 키케로가 이야기한 인민이라는 의미로 쓰이게 된 것이지요.

신분 차별이 초래한 프랑스 혁명

프랑스 혁명은 아주 복잡한 사건이어서 한두 마디로 정리하기 어렵지만, 이 혁명의 한 가지 중요한 목표는 특권의 폐지였습니다. 혁명 이전의 프랑스를 '구체제'라고 부르는데, 이 구체제는 견고한 신분제가 지탱했어요. 세 개의 신분이 있었지요. 제1신분은 성직자, 제2신분은 귀족이었는데, 이 두 신분이 정부와 군대, 교회의 주요 직책을 차지하고, 평범한 프랑스인에게는 아주 큰 부담이었던 타이유taille와 같은 직접세를 면제받는 등의 특권을 누렸습니다.

이 두 신분에 속하지 않는 모든 사람, 즉 평민이 제3신분을 이루었는데, 이들도 자신이 속한 단체에 부여된 특권을 누렸어요. 이것을 프랑스를 비롯한 여러 국가에서 '자유'라고 불렀다는 사실은 1부에서 말씀드렸지요. 하지만 제3신분은 다양한 세금뿐만 아니라 봉건제의 잔재로 귀족 지주가 거두어들이는 현금이나 현물, 부역 같은 부과조를 짊어져야 했습니다. 이러한 신분 간의 불평등에 오랫동안 쌓인 불만이 혁명으로 폭발했고, 일체의 특권을 폐지하라는 요구가 나왔지요.

그렇다면 프랑스 혁명과 근대 민족 개념의 형성이나 민족주의 운동의 출현은 어떤 관계일까요. 이 물음에 답하려면 혁명이 어떻게 시작되었는지 잠시 되돌아보아야 합니다. 출발점은 1614년 이후에 한 번도 열린 적이 없었던 삼부회가 소집된 1789년입니다. 17세기 말부터 치른 여러 전쟁으로 재정 지출이 크게 늘면서 부채가 쌓여, 프랑스의 국가 재정은 1780년대에 이르면 거의 파산 지경에 이르렀어요. 이 문제를 해결하기 위해 국왕 루이 16세(Louis XVI, 1754~1793년)가 신분 의회, 즉 삼부회를 소집했지요.

삼부회 소집은 왕의 힘을 견제하려 한 제2신분인 귀족은 물론 구체제 개혁을 열망하던 제3신분에게 귀중한 기회였어요. 그런데 삼부회 운영 방식을 둘러싸고 이 두 신분의 대표가 대립합니다. 귀족들은 각 신분별로 한 표를 행사하는 예전 방식을 유지하려 한 반면에, 평민 대표들은 이런 방법을 거부했어요. 기존 방식이면 자신들이 원하는 개혁이 귀족과 성직자 대표의 반대 탓에 대개 무산되리라고 생각한 것이지요.

갈등이 끝날 기미가 보이지 않자, 1789년 6월 20일에 제3신분 대표들은 스스로를 '국민의회'라 부르면서 자신들의 요구가 수용될 때까지 해산하지 않겠다고 선언합니다. 이것을 '테니스코트의 선언'이라고 부르지요. 곧 국왕이 제3신분 대표들의 도발을 응징하기 위해 군대를 동원한다는 소문이 퍼졌고, 마침내 파리 민중이 봉기했습니다. 그해 7월 14일, 절대 군주 권력의 상징이었던 바스티유 감옥을 습격했지요. 혁명의 시작이었어요.

평등한 정치 공동체, 국민

여기서 눈여겨 볼 대목은 제3신분 대표가 '국민'의 의회를 자처했다는 사실입니다. 17세기 영국 명예혁명이나 18세기 후반 미국 독립 혁명에서는 국민이라는 말이 널리 쓰이지 않았는데, 왜 프랑스 혁명에서 유독 국민이라는 말이 쓰였는지 이해하려면 복잡한 논의가 필요하지만, 프랑스 혁명의 지도자들이 국민을 어떻게 이해했는지는 쉽게 답할 수 있습니다.

그 해답은 제3신분 대표들에게 큰 영향을 미쳤던 에마뉘엘 조제프 시에예스(Emmanuel Joseph Sieyès, 1748~1836년)의 『제3신분이란 무엇인가』Qu'est-ce que le Tiers État?라는 짧은 글에서 발견됩니다. 여기서 시에예스는 국민이란 한 마디로 "공통의 법 아래에서 살아가고, 공통의 입법 기관에 의해 대표되는" 사람들이라고 정의했습니다. 같은 글에서 그는 "나는 무한하게 큰 공의 중심에 있는 법률을 상상해 본다. 예외 없이 모든 시민이 원주 위의 동일한 거리에 있으며, 동일한 자리만을 차지하고 있다. 모든 시민이 동등하게 법률에 좌우되며, 모든 시민이 보호받을 자유와 재산을 법률에 드러낸다. 나는 이를 시민의 공통적 권리라 부르는데, 이를 통해 그들은 모두 서로 닮아 있는 것이다"_{장문석, 『민족주의 길들이기』,} ^{131쪽에서 재인용}라고 썼습니다. 즉 국민은 같은 법의 지배를 받고, 동일한 권리와 의무를 갖는 사람이라는 것입니다.

시에예스가 규정한 국민 개념은 1789년 8월 26일에 발표된 「인간과 시민의 권리에 관한 선언」에서 명확히 표현되었습니다. 이 문서는 인간의 여러 기본권을 제시하면서 특히 평등을 강조합니다. 구체제를 떠받치던 특권을 폐지하려는 결심이 반영된 것이지요.

예를 들어 이 선언의 제1조는 "모든 사람은 자유롭고 권리에 있어서 평등하게 태어나며 그 후로도 그러하다."라면서, "사회적인 차이는 공공의 유용성에만 의거한다."라고 규정했어요. 제6조는 "모든 시민들은 법 앞에 동등하므로 모든 공적인 지위, 장소, 자리에 자기들의 능력에 따라 그리고 그들의 덕성과 그들의 재능 이외의 어떤 차별도 없이 동등하게 들어갈 수 있다."라고 밝히며 평등의 원칙을 재확인합니다. 이렇게 평등한 정치 공동체가 네이션, 즉 국민을 뜻하게 되었지요.

민족 개념의 등장

오늘날에는 흔히 네이션이라는 개념과 혈통, 종족, 언어나 문화, 역사를 연관 짓지만, 프랑스 혁명의 지도자들은 국민의 평등을 강조할 때에 이런 요소를 전혀 언급하지 않았습니다. 네이션을 판별하는 기준은 어디까지나 공통의 법이나 권리, 의무였지 종족이나 문화가 아니었으니까요. 그런 까닭에 국민의회는 혁명의 대의를 열렬히 지지했던 영국 출신의 급진주의자 토머스 페인(Thomas Paine, 1737~1809년) 같은 외국인도 여러 명 받아들였어요. 네이션을 시민의 정치 공동체라는 뜻으로 사용했으므로, 이때는 민족이라 옮기는 대신에 대개 국민이라고 옮깁니다.

그렇다면 국민이라는 정치 공동체를 뜻했던 네이션에, 어떻게 종족 개념이 스며들었을까요. 이 물음에 답하려면 다시 한 번 프랑스 혁명 시대로 돌아가야 합니다. 프랑스 혁명의 지도자들은 인권의 보편성을 굳게 믿으면서, 자신들의 혁명이 절대 권력의 압제 아래에서 신음하는 모든 백성에게 희망을 줄 것이라고 확신했습니다.

실제로 혁명의 열기는 곧 유럽 전역으로 확산되었어요. 심지어 의회 제도가 비교적 잘 작동하던 영국에도 혁명의 기운이 퍼져서, 정치 개혁 요구가 뜨겁게 달아올랐지요. 이런 개혁 열망은 유럽의 여러 군주, 특히 프랑스 이웃의 독일이나 합스부르크 제국, 영국 같은 국가의 군주들에게는 아주 골치 아픈 문제였습니다. 어떻게든 혁명의 확산을 막아야 한다는 생각이 공감을 얻을 무렵, 프랑스에서 끔찍한 소식이 전해졌습니다. 프랑스 혁명 세력이 국왕 루이 16세와 왕비 마리 앙투아네트(Marie Antoinette, 1755~1793년)를 구체제 재건 음모에 가담했다는 혐의로 처형한 것이지요. 그러자 혁명 세력과의 전쟁이 불가피해 보였습니다.

프랑스 안에서도 혁명파와 반혁명파의 갈등이 전쟁으로 치달았어요. 방데Vendée 지방에서 일어난 대규모 반혁명 반란이 보여주듯 프랑스는 내전에 돌입한 것입니다.

프랑스 혁명과 국민 개념의 대두

프랑스 안팎에서 전쟁이 일어나자 반혁명파에 가담하지 않은 프랑스인은 자신들이 이제 운명 공동체라는 의식을 갖게 되었어요. 혁명 정부가 반포한 국민 총동원령은 프랑스인에게 프랑스 혁명 전쟁이 왕실의 위신과 명예가 아니라 국민 모두의 생존과 권리를 건 싸움이라는 새로운 인식을 심어주었습니다. 나중에 프랑스 국가가 될 군가 〈라 마르세예즈〉La Marseillaise는 "적이 우리 가까이 다가와서/우리 아이들과 동지들의 목을 조르고 있다."라고 노래하면서 반혁명 세력에 대한 적개심을 고취했습니다. 이제 적과 동지의 구별이 너무나 중요해진 것이지요.

한때 외국인을 의회에 받아들일 정도로 개방적이었던 프랑스가, 자국에 머무는 외국인들이 반혁명 음모에 가담했는지 의심하기 시작했습니다. 국민의회 의원이었던 영국 출신의 급진주의자 페인은 공포 정치에 반대하다가 투옥되었어요. 프로이센 귀족으로 1791년 헌법에 따라 시민권을 받았던 아나르시스 클루츠(Anacharsis Cloots, 1755~1794년)는 막시밀리앙 드 로베스피에르(Maximilien de Robespierre, 1758~1794년)의 독재를 비판하다가 반혁명 세력의 첩자로 몰려 처형되었습니다.

혁명이 급진화하면서 자코뱅Jacobin파가 공포 정치를 펼치게 된 것처럼, 프랑스 혁명 전쟁과 뒤이어 일어난 나폴레옹 전쟁은 혁명을 지킨다는 원래 목표에서 벗어나 혁명 원칙의 수출과 프랑스 제국의 확장을 위한 싸움이 되었어요. 그 과정에서 프랑스인들이 외국인을 점점 더 의심스러운 눈으로 바라보게 된 반면, 프랑스군에 맞선 유럽인들은 자신이 속한 국가와 민족의 정체성을 깊이 생각하게 됩니다.

특히 나폴레옹이 파죽지세로 세력을 확장하면서 유럽 여러 지역을 장악하자, 여러 국가의 백성들은 국가와 민족의 운명을 같은 것으로 보기 시작했습니다. 지식인 사이에서는 이런 움직임이 나폴레옹 전쟁 전부터 나타났습니다. 힘을 앞세워서라도 혁명 원칙을 전파하는 것이 인류 전체의 자유와 평등을 위한 길이라 확신했던 프랑스인에 맞서면서, 자국의 자율성을 지켜내야 한다고 생각하게 된 것이지요.

나폴레옹이 고취시킨 독일의 민족의식

특히 독일에서 이런 움직임이 뚜렷하게 나타납니다. 저명한 문필가인 요한 고트프리트 폰 헤르더(Johann Gottfried von Herder 1744~1803년)는 세계가 "숲과 산맥, 바다와 사막, 강과 기후는 물론이요, 특히 언어, 기질, 성격에 의해 …… 경이롭게 구별된" 무수한 민족으로 나뉘었고, "가장 자연스러운 국가는 하나의 민족성을 가지는 하나의 인민"이라는 주장을 내놓았어요. 그는 더 나아가서 "국가가 부자연스럽게 확대되거나, 다양한 족속들과 민족들이 하나의 권력 아래 거칠게 융합되는 것만큼 정부의 목적에 정면으로 반대되는 것도 없다."라고 주장하면서, 위계적인 국제 질서 구축을 지향하는 제국을 "사자의 머리, 용의 꼬리, 독수리의 날개, 곰의 발톱이 비애국적인 하나의 국가 형태 속에 결합된"장문석,『민족주의 길들이기』, 157, 161쪽에서 재인용 괴수라고 비난했습니다.

나폴레옹 전쟁의 전개 과정은 이런 주장에 설득력을 더해 주었어요. 예를 들어 1806년 10월의 예나Jena 전투에서 나폴레옹 군대에 대패한 프로이센이 나폴레옹 제국의 일부가 되면서 독일 지식인은 민족정신과 문화적 갱생을 외치기 시작했습니다. 요한 고틀리프 피히테(Johann Gottlieb Fichte, 1762~1814년)가 쓴 『독일 민족에게 고함』Reden an die deutsche Nation Addresses to the German Nation은 이런 움직임을 잘 보여 주었지요.

1813년에 이르면 프로이센에서도 총동원령이 선포되었고, 대학생과 지식인은 물론 수공업자와 상인이 대거 의용병으로 지원했습니다. 전쟁이 민족의식을 일으킨 것이지요. 프랑스에서 그랬듯이, 독일에서도 나폴레옹 제국이라는 외부의 적과 전쟁을 치르며 민족의식이 고취되었습니다.

민족주의의 성립

이탈리아에서도 비슷한 일이 일어났습니다. 프랑스 혁명의 열기는 이탈리아에도 그대로 전해져서, 정치 개혁을 요구하는 급진적인 운동이 활발해졌어요. 개혁 운동을 성공시키기 위해서 이탈리아인들은 프랑스 혁명 세력에게 도움을 구하기도 했습니다. 그랬기 때문에 나폴레옹 군대가 진주하자, 이탈리아의 개혁가들은 처음에 이들을 '해방군'으로 여기며 환영했지요.

하지만 이 환상은 곧 깨집니다. 다음의 지도가 잘 보여 주듯, 나폴레옹은 이탈리아 북부와 남부에 명목상으로는 독립된 두 국가를 만들고, 교황령을 포함한 중부는 나폴레옹 제국에 병합했어요. 이렇게 되자 이탈리아인은 프랑스 혁명의 근본 원칙에 공감하면서도 나폴레옹 체제에 저항하기 시작했습니다.

나폴레옹 제국에 저항하는 가운데, 이탈리아인은 스스로를 로마인이나 밀라노인이 아닌 이탈리아인으로 상상하기 시작합니다. 그 결과 이탈리아의 독립과 통일, 자유를 부르짖는 민족 운동이 시작되었어요. 저 유명한 민족 부흥 운동인 리소르지멘토Risorgimento는 이렇게 탄생했지요.

프랑스 혁명부터 나폴레옹 전쟁까지 거치면서, 유럽 각지에서 새로운 민족의식과 민족주의 운동이 모습을 드러냈습니다. 혁명을 거치며 프랑스에서는 국민을 뜻하는 네이션이 탄생했고, 혁명 전쟁 기간에 네이션의 종족적 바탕이 강조되었어요. 네이션이 지

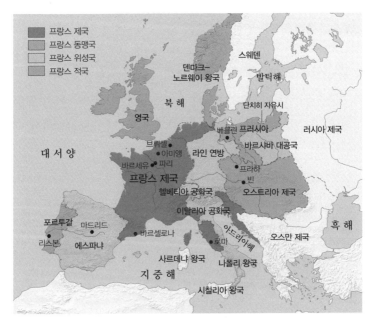

그림 3-4   나폴레옹 제국과 나폴레옹 전쟁

닌 두 측면, 즉 자유롭고 평등한 정치 공동체와 공통의 종족적 특
성을 공유하는 집단이 거의 동시에 나타난 것이지요.

혁명 전쟁에 끌려들어 가서 결국 나폴레옹 제국의 지배를 받
게 된 독일이나 이탈리아 같은 곳에서는 네이션의 종족적 측면이
더욱 강조되었습니다. 고유한 민족성과 민족 문화는 중요한 관심
사가 되었고, 같은 민족성과 민족 문화를 공유한 민족이 독립된
국가를 세워야 한다는 생각, 즉 민족주의가 나타났지요.

나폴레옹 몰락 이후의 민족주의 운동

그렇지만 네이션의 두 측면이 완전히 분리된 것은 아니었습니다. 이 점은 1815년 이후의 개혁 운동, 즉 나폴레옹 몰락 직후 혁명 이전의 질서를 복원하려 했던 빈 체제에 대한 거센 반발에서 나타납니다.

오스트리아의 총리였던 클레멘스 폰 메테르니히(Klemens von Metternich, 1773~1859년)가 주도한 빈 체제는 프랑스는 물론 포르투갈, 에스파냐, 교황령, 시칠리아 왕국, 독일 연방에서 구체제를 되살리려 했지만 민족주의 운동의 기세를 완전히 꺾지는 못했습니다. 독일에서는 대학생을 중심으로 한 민족주의 운동이 활발했고, 이탈리아에서는 카르보나리Carbonari라는 비밀 결사 단체와 공화주의자 주세페 마치니(Giuseppe Mazzini, 1805~1872년)가 주도하는 세력이 반란을 일으켰으며, 그리스에서도 독립운동이 일어났습니다.

이 운동들은 공통된 문화에 바탕을 두고 정치적으로 분열된 여러 지역을 통일하려는 민족주의 운동의 특징을 보이면서도, 헌법 제정과 대의 제도 수립과 같은 정치 개혁 운동의 성격을 함께 가졌어요. 다시 말해서 자유롭고 평등한 정치 공동체인 국민으로 이루어진 국민 국가 형성과 공통된 민족 정체성에 바탕을 둔 민족주의 운동이 긴밀히 얽혀 있었다는 것이지요.

8 밝고도 어두운 민족주의

자유주의 정치 개혁과 결합된 유럽의 민족주의 운동은 1815~
1848년에 대부분 실패로 끝났습니다. 옛 체제를 보전하려 했던
보수 세력, 즉 군주를 중심으로 교회와 토지 귀족, 관료, 군 장교
같은 부류가 결집한 세력은 여전히 힘을 유지했던 데 반해서 정
치 개혁과 민족 국가 수립을 열망했던 운동은 분열했습니다.

중간 계급과 노동 계급 사이에 분열이 일어나고 서로 다른 민
족이 반목하는 가운데 보수 세력의 탄압이 거세지자, 민족주의
운동은 애초의 기세를 유지할 수 없었던 것이지요. 그 결과 민족
주의 운동의 주도권은 그것을 이용해 국제 사회에서 자국의 힘
을 강화하며 기존 통치 엘리트로서의 권력을 유지하려는 보수 세
력에게 넘어갔습니다. 보수적 민족주의 운동이 나타났지요. 여러
사례 중에서도 이탈리아와 독일의 통일 운동이 19세기 중·후반
유럽의 역사, 더 나아가서 세계사의 흐름에 특히 큰 영향을 미친
보수적 민족주의 운동입니다.

이탈리아와 독일의 통일

정치 개혁과 통일 국가 형성을 하나의 과제로 여겼던 이탈리아의 민족주의 운동 세력은 1848년 혁명 때 잠시 기세를 떨치기는 했지만, 구체제 유지에 온 힘을 쏟았던 합스부르크 제국의 막강한 군사력 앞에 좌절하고 말았습니다. 그 후 통일 운동 세력은 이탈리아 반도에서 이 운동을 이어갈 만한 힘을 지닌 유일한 세력이었던 피에몬테 왕국을 중심으로 결집하기 시작했어요.

독일에서도 비슷한 상황이 나타났지요. 자유주의 개혁을 내세웠던 프랑크푸르트Frankfurt의회는 프로이센 국왕이 의회가 제안한 통일 독일의 제위를 거부하고 오히려 군사력을 동원해 혁명 운동을 진압해 버리자 아무런 힘도 발휘하지 못했습니다. 의회가 내세운 개혁은 그야말로 말잔치로 끝나고 말았어요.

이런 과정을 거치며 자유주의 개혁은 뒷전으로 밀려나고 그 자리에 보수적인 정치 지도자들이 나서게 되었습니다. 이탈리아의 카보우르 백작(Count di Cavour, 1810~1861년)과 독일의 비스마르크 같은 지도자가 각각 피에몬테와 프로이센을 이끌면서 군주와 귀족을 중심으로 한 보수 세력의 지지를 확보하고, 다른 한편으로는 통일을 열망하는 민족주의 운동 세력을 포섭했지요.

이렇게 지지 세력을 결집한 그들은 전쟁과 외교를 이용해서 각각 피에몬테와 프로이센 주변 지역을 통합해 갔습니다. 그 결과로 1871년에 이르면 통일된 이탈리아와 독일이 탄생했어요.

이탈리아와 독일의 통일은 민족주의 운동의 역사에서 중요한 분기점이 되었습니다. 애초에 자유롭고 평등한 주권자 국민의 형성이라는 정치 개혁과 긴밀히 얽혔던 민족주의 운동은 점점 더 보수적인 색채를 띠기 시작하지요. 이제 혈통과 문화, 언어, 역사가 강조되었고, 단일 민족이 지배하는 배타적인 영역이라는 의미의 민족 국가 건설은 역사적인 과업이 되었습니다.

특히 독일의 통일은 유럽 내 세력 균형을 뒤흔들고 유럽의 여러 제국이 제국주의 경쟁에 나서는 계기가 되었어요. 통일 독일은 서유럽과 중유럽에 걸친 넓은 영토와 빠른 산업화로 획득한 경제력, 그것에 바탕을 둔 막강한 군사력을 보유했습니다. 통일 과정에서 1867년 오스트리아, 1870년 프랑스와 치른 두 전쟁에서 독일은 산업화의 산물인 철도를 효과적으로 이용해, 누구도 예상치 못한 빠른 승리를 거두었지요. 그 후 독일은 당대 최강의 해군을 보유한 영국과 경쟁하면서, 해군력을 빠르게 확장했습니다. 그러면서 독일은 제국 확장의 야심을 드러내기 시작했어요.

독일이 빠른 속도로 군사력을 키워 나가자 다른 유럽 국가도 덩달아 군사력을 키우기 시작했습니다. 군사력 경쟁에서 뒤처지지 않아야 나폴레옹 전쟁 같은 전 유럽적인 규모의 전쟁을 막을 수 있다고 믿었던 것이지요. 이런 군비 경쟁은 유럽 내에서는 세력 균형 유지에 도움이 되었지만, 유럽 밖에서는 식민지 쟁탈전이 거세지는 결과를 낳았습니다. 다시 말해서 민족 국가 사이의 경쟁이 유럽 밖으로 번져, 식민지 쟁탈전이 격화된 것이지요.

배타적 민족주의의 등장

바로 이 무렵에 유럽 여러 국가에서 민족 만들기가 본격적으로 진행되고, 배타적인 민족주의가 모습을 드러낸 것은 우연이 아니었습니다. 인종주의가 널리 확산되었고, 외국인에 대한 차별이 강화되었어요. 하나의 민족이라는 일체감을 강화하려는 노력은 교육, 특히 초등 교육에 대한 관심을 불러일으켰지요. 표준어를 널리 가르쳐 국민 모두가 하나의 민족이라는 의식을 키우려 했습니다.

더 나아가 여러 국가에서 민족 고유의 전통을 발굴하는 노력이 진행되기도 했습니다. 스코틀랜드의 킬트kilt처럼 산업 혁명 시대에나 등장한 물건이 중세의 전통으로 포장되기도 하고, 일본의 전통 무술이 재조명받기도 했지요. 이 시대 민족주의의 확산을 전통의 발굴과 유포라는 시선에서 설명하려 한 어느 유명한 책의 제목처럼 '전통의 발명invention of tradition'이 활발하게 일어난 것입니다.

이런 복잡한 과정을 거쳐서 민족주의는 19세기 후반의 유럽 정치를 좌우하는 이념 체계, 즉 이데올로기가 되었습니다. 세계는 서로 구별되는 특성을 지닌 민족으로 구성되어 있고 민족의 이해관계와 가치는 다른 어떤 이해관계나 가치보다 우월하며, 하나의 민족은 다른 민족으로부터 독립된 주권 국가를 형성해야만 한다는 이념이 모여 하나의 체계를 이루고, 그것이 이런 믿음을 실현하려는 정치 운동을 뒷받침하게 된 것이지요.

그러면서 19세기 말이 되면 외국인에 대한 차별은 물론, 같은 국가에서 살아가는 소수 민족에 대한 억압이 곳곳에서 일어났습니다. 1890년대의 프랑스에서 일어난 드레퓌스 사건은 반유대주의가 얼마나 널리 퍼졌는지 잘 보여 줍니다. 유대인 장교였던 알프레드 드레퓌스(Alfred Dreyfus, 1859~1935년)는 유대인이라는 이유만으로, 날조된 증거에 따라 간첩으로 몰려 종신형을 선고받았는데 이 사건은 에밀 졸라(Émile Zola, 1840~1902년)와 같은 지식인의 고발로 유명해졌지요.

아시아와 아프리카의 민족주의

공격적이고 배타적인 민족주의 이데올로기가 널리 확산되면서 개인의 자유와 권리를 가장 소중히 여기는 자유주의는 나약하고 타락한 정치 이념으로 간주되어 버렸고, 그 대신 국제 사회에서 자국의 권위와 영광을 높이는 일이라면 폭력도 불사한다는 신념이 퍼졌습니다.

심지어 폭력을 찬미하는 사회 이론이 등장하고, 이것을 실천하려는 극우 단체가 유럽 각국에서 등장했습니다. 이런 이데올로기로 무장한 민족주의 운동의 기세는 이탈리아와 독일의 통일 이후 유럽 전역에 확산되었고, 이어서 서양 제국의 식민지 쟁탈전과 함께 아시아와 아프리카의 여러 국가와 지역으로 확산되었어

요. 그 결과로 독립된 민족 국가 건설을 열망하는 민족주의 운동
이 아시아와 아프리카에서도 속속 등장했습니다.

그러면서 민족주의 운동과 제국이 복잡하게 얽혀서 갈등하고
타협하는 역사의 새로운 국면이 시작되었습니다. 이미 19세기 중
반에 아시아와 아프리카의 민족주의 운동이 모습을 드러냈어요.
아편 전쟁을 겪은 중국과 문호 개방 이후의 일본에서는 각각 변
법자강變法自彊 운동과 메이지 유신 같은 민족주의 운동이 나타났
지요. 인도에서는 1857년 세포이 항쟁 이후 영국의 직접 지배가
시작되면서, 서양식 교육을 받은 전문직 종사자와 하급 관리, 지
식인을 중심으로 민족주의 운동이 시작되었고, 1885년 인도국민
회의가 결성되면서 더욱 힘을 얻습니다.

이집트에서도 오스만 제국의 지배에서 벗어나려는 민족주의
운동이 19세기 중반부터 서서히 진행되었어요. 군대를 근대화하
고, 경제 발전을 이끌 사회 간접 자본을 확충했으며, 면화 같은
수출 작물 재배를 독려했습니다. 이런 사업에는 대규모 정부 지
출이 필요해서, 이집트 정부는 영국 등에서 차관을 얻었어요. 그
런데 이 차관을 제대로 관리하지 못해 이집트는 결국 영국의 지
배를 받게 되었고, 그 때문에 민족주의 운동은 더 기세를 떨치게
되었지요.

근대화에 갇힌 민족주의

이렇게 민족주의 운동이 확산되었지만 일본을 제외하면, 아시아와 아프리카에서 독립 국가 건설의 열망은 대개 실현되지 못했습니다. 민족주의 운동이 분출한 19세기 말은 식민지 쟁탈전이 가장 치열했던 시기인 탓이지요. 아프리카 분할에서 드러나듯이, 몇몇 제국 간의 갈등과 타협으로 하루아침에 나라가 사라지기도 하는 그야말로 '제국의 시대'였습니다.

일본처럼 근대화와 민족 국가 형성에 어느 정도 성공을 거둔 국가에서는 국제 경쟁에서 살아남기 위해서라도, 식민지 쟁탈전에 뛰어들어야 한다는 생각이 널리 퍼졌습니다. 그러다 보니 민족주의 운동에 내재되었던 정치 개혁의 열망은 뒷전으로 밀려나고 말았습니다.

일본의 메이지 유신도 입헌 체제를 비롯해서 광범위한 정치·사회 개혁을 지향했지만, 부국강병에 바탕을 둔 자주 독립과 세력 확장이라는 목표에 비하면 부차적이었어요. 즉 민족주의 운동은 유럽과 같이 일본에서도 민족 국가의 안녕과 이익을 위해서라면 다른 민족의 주권 같은 것은 무시해도 좋다는 공격적이고 배타적인 면모를 보이게 됩니다. 결국 이런 열망이 타이완과 한국의 식민화, 더 나아가서 만주와 동남아시아를 겨냥한 침략 전쟁으로 이어졌지요.

19세기 후반에 등장한 민족주의 운동은 어려운 딜레마에 빠진 상태였다고 볼 수 있습니다. 제국의 발호에 대항해 민족의 생존을 도모하고 민족 국가의 독립을 유지하거나 성취하려면, 제국의 위협을 억제하거나 극복할 만한 힘을 길러야 했습니다.

그런데 결국 힘을 기르는 방법은 서양 여러 제국이 지배의 근거로 제시한 문명화, 즉 근대화뿐이었습니다. 문명화는 국민 주권 원리에 바탕을 둔 입헌 체제의 수립도 포함하지만, 하루빨리 경제력과 군사력을 기르는 일이 그보다 더 시급한 과제였습니다.

이런 과업의 수행은 어떤 의미에서는 서양 제국이 종속민에게 강요한 문명관을 그대로 따르는 것이었어요. 아시아와 아프리카에서 민족주의 운동을 위해 헌신했던 이들조차도 문명과 미개·야만이라는 세계 구분법을 그대로 차용해 자국의 현재 위치를 점검하고 미래를 전망했으며, 서양의 제도와 문물을 하루속히 도입하려 했지요.

이 생각을 따르다 보면 어려움에 빠질 수 있었습니다. 서양을 극복하기 위해 그 문물, 제도와 문명관을 받아들이는 차원을 넘어서, 문명화를 위해서라면 제국의 지배까지도 받아들이는 편이 옳다는 생각까지 하게 되었던 것이지요. 이런 극단적인 주장까지 이르지는 않더라도, 민족의 역량을 키우는 일이라면 다른 모든 과제는 잠시 잊어도 좋다는 식의 생각에 쉽게 빠지기도 했어요.

민족주의에 필요한 비판적 성찰

한국의 민족주의 운동 세력 중에서도 이런 생각이 등장합니다. 19세기 말 개화기에 일부 지식인은 문명개화를 절체절명의 과제로 여기면서, 이것을 실현할 수만 있다면 서양이나 일본의 힘을 빌려도 좋다고 생각했어요. 심지어 일부는 한국을 식민 지배로 이끈 을사늑약이나 일본의 조선 병탄조차도 스스로 문명개화를 이룰 수 없는 한국인의 운명이라고 체념하며 일본의 지배에 협력했지요. 어느 역사학자가 '협력주의적 민족주의'라고 부른 길을 걸었던 것입니다.

일본과 협력하자는 이런 생각에는, 협력을 단호히 거부한 민족주의자들의 생각과 통하는 구석이 없지 않았다는 점이 묘합니다. 나라는 빼앗겼어도 공통된 혈통과 문화, 언어, 역사에 바탕을 둔 민족정신은 살아 있으니 민족의 역량만 기르면 언젠가 독립된 민족 국가를 세울 수 있겠다는 희망 말이지요.

물론 이런 이야기는 협력과 저항 사이에 아무런 차이도 없다는 뜻이 아닙니다. 다만 협력과 저항을 자로 잰 듯 구별하는 데만 집착하면, 한국이나 다른 여러 지역의 민족주의 운동이 직면했던 어려움을 제대로 이해하기 어렵다는 것이지요. 이 어려움을 이해하는 일은 중요합니다. 서양 민족주의가 19세기 후반에 점점 더 배타적이고 공격적인 성향으로 바뀌었듯이, 아시아와 아프리카의 민족주의 운동도 그와 유사한 배타성을 보였기 때문이에요.

유럽인이 식민지에 심어 놓은 우승열패의 논리를 그대로 받아들인 경우도 많았어요.

민족주의에 깔린 폭력성을 우려한 이들도 있었습니다. 중국에서 신해혁명辛亥革命을 이끌었던 쑨원(孫文, 1866~1925년)이 "약한 것을 구하고, 위기는 더는" 국가를 세워야 한다고 역설했던 것이나, 한국의 안중근(安重根, 1875~1910년)이 『동양 평화론』東洋平和論을 저술해서 일본 민족주의의 공격성을 엄히 비판한 일이 단적인 예일 것입니다. 히지만 이런 비판적인 성찰은 어떤 수단을 쓰더라도 우선 민족 국가부터 만들고 보자는 강렬한 열망에 함몰되기 쉬웠지요.

9 맺음말

민족주의 운동이 지상 과제로 제시했던 민족의 단일 민족 국가 건설 과정은 엄청난 갈등과 희생을 동반했습니다. 제1차 세계 대전이 끝날 무렵에 미국의 우드로 윌슨(Woodrow Wilson, 1856~1924년) 대통령이 제시한 '민족 자결주의'가 널리 영향을 미치고, 실제로 몇몇 제국이 해체되면서 여러 독립 국가가 건국되었을 때에 벌어진 일은 앞으로 다가올 어려움의 예고편 같았지요.

세르비아와 그리스에서는 순수한 민족성을 회복한다는 명분으로 타민족 출신은 이름을 바꾸어야 한다고 강요하는 일이 벌어졌고, 오스만 제국이 해체되며 건국된 신생국 터키에 살던 100만 명의 그리스인을 포함해 거의 200만 명에 이르는 사람들이 강제로 이주되었는가 하면, 터키에서는 아르메니아인 학살이라는 '종족 청소'가 일어나 100만 명 이상이 목숨을 잃기도 했습니다.

제2차 세계 대전이 끝난 후에 서양 여러 제국과 일본 제국이 해체되면서 속속 탄생한 신생 민족 국가들도 큰 희생을 치러야 했습니다. 1930년대에 인도의 민족 운동 지도자였던 마하트마 간디(Mahatma Gandhi, 1869~1948년)가 그토록 화합을 역설했는데도, 인도는 독립하자마자 종교 갈등 때문에 인도와 파키스탄, 방글라데시의 세 국가로 나뉘었어요.

한국처럼 오랫동안 근대 민족 국가와 유사한 체제를 유지했던 곳에서조차, 새로운 국가의 이념 지향을 두고 격렬한 내전과 분단이 일어났습니다. 한국과 북한은 한국 전쟁 이후에도 민족 통일을 지상 과제로 내세우면서 치열한 체제 경쟁에 돌입했고, 그 상처는 아직도 남아 있어요.

한국으로만 시선을 좁혀 보면, 체제 경쟁 때문에 민주주의 체제의 수립과 같은 더욱 중요한 근대 기획이 심하게 훼손되는 문제가 일어났습니다. 국력 신장을 이루어 민족 국가의 독립을 지켜 내야 한다는 주장에 밀려서 자유롭고 평등한 주권 국민의 형성, 민주적 정치 문화의 안착과 같은 과제를 제대로 수행하지 못한 것이지요. 제2차 세계 대전 이후에 탄생한 여러 신생 국가와 그 국민들이, 제국의 지배를 받았던 과거만큼 심각한 독재와 권위주의로 억압당한 경우가 많다는 사실은 이런 어려움을 잘 보여 줍니다.

제국과 민족, 제국주의와 민족주의 운동의 복잡한 상호 작용은 근대 세계를 형성하는 중요한 원동력이 되었습니다. 3부의 서두에서도 언급했듯이 1990년대부터 지금까지도 세계 곳곳에서 계속되는 민족 갈등은, 이 복잡하고 중요한 문제가 여전히 진행 중이라는 사실을 일깨워 주지요.

경제력과 군사력을 내세워 국제 사회에서 자국을 정점으로 하는 위계적인 구조를 수립하려는 욕구, 다시 말해 제국을 향한 열망은 식민지가 대부분 사라진 지금도 살아 있을지 모릅니다. 미국이 과연 제국인지에 대한 논쟁에 이어, 이제는 중국이 제국 건설을 열망하는지를 둘러싼 논란도 치열하게 전개되는 것을 보면, 제국은 현재도 세계사의 중요한 동력이 아닐까요.

한때 민족주의 운동은 제국 지배에 대항하는 가장 강력한 원천 가운데 하나였지요. 제2차 세계 대전 이후에 급격히 진행된 제국 해체가 민족주의 운동의 결과인지에 대해서는 더 따져 볼 여지가 있지만, 세계가 평등한 주권 국가의 공동체가 되어야 한다는 이념에 많은 사람이 동의한 데는 민족주의 운동도 공헌한 것으로 보입니다.

그런 까닭에 민족주의 운동의 역사적 과제는 어느 정도 성취되었다고 볼 수 있지만, 동시에 민족주의는 여전히 살아 있어요. 세계화가 꾸준히 확산 중인 까닭에 순수한 민족 국가 건설에 대한 열망은 오히려 더 활발해졌고, 이 과제를 일찌감치 해결한 국가도 외국인 혐오와 같은 배타적 민족주의의 부정적인 유산과 맞서야 하는 상황이니 말이지요. 바로 이것이 제국과 민족의 문제를 찬찬히 살펴보고 깊이 생각해야 할 이유입니다.

찾아보기

ㄱ

가톨릭 64, 72, 146, 230
가톨릭교회 72, 100, 251, 252
간디, 마하트마 325
갑신정변 92, 291
갑오개혁 93
강대국 227, 246, 247, 254
강화도조약 198, 200
개발 도상국 214, 220
개신교 146, 152
개인 35, 42, 67, 68, 71~73, 75, 78~
  82, 84, 85, 95, 98, 99, 120, 121,
  123, 124, 129, 170, 171, 194, 196,
  291, 319
개인주의 281
개항 24, 197, 198, 253, 258
격쟁 58
경인선 190
경제력 55, 102, 233, 246, 253, 254,
  271, 286, 317, 322, 326
경제 발전 103, 104, 172, 267, 270,
  320
경제 성장 11, 104, 111, 112, 115,
  122, 124, 176, 210, 212, 217, 222,

269
계몽사상 61, 283
고려 54
고립주의 206
고아 137
고종 93, 94, 239, 253
공공선 36, 41, 49, 80, 81
공동체 22, 28, 33, 35, 36, 38, 44, 48,
  80, 81, 83, 99, 121, 168, 170, 243,
  302, 303, 307~309, 313, 314, 327
공산주의 89, 99, 207
공산품 162, 185, 200, 213, 214, 246,
  264, 279, 280
공업화 215, 216
공포 정치 47, 86, 309, 310
공화국 10, 23, 47~51, 246, 248
공화정 51, 63, 72, 80, 83, 88, 100,
  255, 303
공화주의 89
과거(제) 53~57
관등제 54
관료 53~55, 57, 58
관료제 53, 54, 57, 58, 60, 61, 73, 74,
  100, 290, 295, 297

관세 192, 193, 210, 212, 219
관세 및 무역에 관한 일반 협정(GATT)
   210, 219
광무개혁 291
교육 72, 102, 268, 298, 318, 320
교황 249~251
교회 68, 249
「95개조 반박문」 72
9.11 테러 229, 237
구제 금융 114, 219
구조 조정 114, 115, 220
구체제 68, 304, 305, 307, 316
국가 자본주의 119
국교회 76, 251
국민 7, 23, 65, 67, 83, 84, 95, 101,
   103, 104, 106, 107, 114, 204,
   207, 211, 236, 255, 286, 292, 301
   ~304, 306~309, 312, 314, 317,
   318, 322, 326
「국민교육헌장」 103
국민의회 67, 305, 309
『국부론』 83, 84, 212
국제 관계 38, 229~231, 251, 254,
   256, 257, 259, 271, 286, 292, 294
국제연합(UN) 227~229
국제통화기금(IMF) 114, 209, 219,
   228
군사력 48, 50~52, 60, 70, 97, 102,
   131, 139, 146, 149, 150, 163, 171,
   172, 197, 202, 233, 253, 254, 257,
   286, 294, 296, 316, 317, 322, 326

군사 혁명 146
군주 52, 53, 56~58, 60, 61, 68, 74,
   75, 77, 78, 86, 92, 94, 95, 138,
   139, 315
군주정 31, 43, 47, 52
권리 7, 9, 22, 32, 37, 46~48, 51,
   64~69, 75, 78, 85, 92, 93, 95, 98,
   103, 106, 124, 139, 155, 211, 245,
   302, 306~309, 319
「권리장전」 64, 66, 69, 76, 88, 245
귀족 30, 32, 45, 47~50, 60, 68, 70,
   74, 87, 91, 139, 171, 304, 305,
   316
귀족정 31, 43
규장각 59
그라쿠스 형제 50, 51
그리스 21, 25, 27, 28, 38, 39, 43, 63,
   71, 121, 255, 283, 314, 325
극동 191
근대성 61, 267, 281
근대화 267~270, 290, 298, 300, 320
   ~322
근린 궁핍화 209
근면 혁명 176
금융 위기 222, 223
금융 자본주의 119
기니만 136
기독교 72, 82, 140, 244, 255, 283,
   284, 286
기본권 66, 77, 78, 88, 95, 101
길드(동업 조합) 174

ㄴ

난징조약 197
남성 25, 28, 29, 37, 44, 54, 106, 161,
    204, 285
남아라비아 272
남아메리카 186, 246, 264
남아프리카 264, 266, 273, 277
네덜란드 26, 65, 74, 146, 148, 149,
    152, 154, 172, 173, 266
네덜란드 동인도회사 148~150
네이션 301~304, 307, 308, 312~314
노동 12, 68, 82, 106, 111, 116, 118,
    119, 123, 124, 131, 156, 161, 162,
    171, 176, 177, 215, 220, 277, 315
노동력 45, 115, 119, 120, 124, 131,
    139, 141, 144, 155, 162, 165, 169,
    173, 175, 177, 187, 201, 215, 220,
    244, 260, 267
노동자 87, 90, 103, 117~119, 123,
    127, 130, 131, 162, 166, 168, 175,
    177, 187, 269, 288
노동조합 89, 211
노예 35, 43, 50, 86, 128, 143, 155~
    158, 161~163
노예 무역 155~159, 161~163, 284
노예제 162, 163, 288
농노 45
농민 28, 45~52, 70, 73, 74, 90, 131,
    165, 166, 169, 175
농산품 185, 200, 201, 214
농업 45, 51, 131, 134, 145, 147, 155,

165, 166, 169, 172, 175, 183, 185,
    188, 194, 198, 208, 263, 283
농업 자본주의 119
농업 혁명 45
뉴욕 201
뉴욕시 189
뉴욕주 189
뉴질랜드 25, 264, 284
뉴턴, 존 헨리 284
뉴햄프셔주 209

ㄷ

다가마, 바스쿠 136
다국적기업 114, 223
다빈치, 레오나르도 71
담배 153, 162, 175
당唐 53
대공황 201, 204, 206, 210, 211
대동아 공영권 258
대분기 180, 181
대서양 69, 86, 138, 153, 155, 156,
    158, 159, 162, 163, 188~191, 301
대의 민주주의 25, 87, 88
대의제 79, 87
대통령 103
「대한국국제」 94, 95
《대한매일신보》 98
대한민국 7, 10, 21, 23, 99, 102, 103
대한민국 임시정부 23
대한 제국 94, 95, 190, 239, 253
대항해 시대 134, 244

덜레스, 앨런 207
데모스 29~31
데모크라티아 29
덴마크 26
델로스동맹 38, 39
도광제 197
도미니카 246
도버 해협 191
도시 국가 28, 29, 38
도시화 166, 173, 281
도쿄라운드 219
도편 추방법 40
독립 38, 48, 49, 51, 64, 66, 76, 85, 91, 97, 99, 102, 120, 147, 227, 233, 235, 238, 241, 247, 253, 261, 264, 279, 280, 291~293, 300, 302, 312, 313, 318, 320~323, 325, 326
독립국 94, 179, 186, 253
「독립선언서」 64~66, 93
《독립신문》 92, 96
독립운동 98, 99, 292, 314
독립협회 93, 94
독일 72, 105, 118, 179, 182, 187, 194, 195, 202~204, 206, 208, 212, 213, 232, 233, 249, 257, 261, 274~276, 308, 310, 311, 313~317, 319
『독일 민족에게 고함』 311
독재 309, 326
독점 자본주의 119

동남아시아 126, 127, 136, 258, 276, 321
동로마 제국 231, 249
『동방견문록』 140
동아시아 11, 53, 54, 56, 61, 73, 91, 96, 126, 208, 214, 222, 231
동아프리카 126
동양 전제주의 53, 57, 61
『동양 평화론』 324
동업조합 68, 70, 71, 174, 175
동유럽 206, 242
동인도회사 273, 288
동학 농민 혁명 93, 258
드레퓌스 사건 319
디거스파 168
디아스, 바르톨로메우 136
디프테리아 143

ㄹ
〈라 마르세예즈〉 309
라오스 276
라이베리아 175
라틴 아메리카 106, 214, 219, 221, 223
러시아 93, 182, 188, 204, 231, 232, 241, 242, 257, 262, 264, 275, 276
러일 전쟁 261
런던 188, 191, 192
레닌, 블라디미르 262
레오 3세 249
레지스탕스 207

로마 35, 46~49, 50, 51, 63, 71, 72, 83, 121, 231, 237, 241, 243, 247~250, 255, 260, 270, 283, 294, 295, 303
로베스피에르, 막시밀리앙 드 309
로즈, 세실 277
로크, 존 79~83
루이 14세 60, 74, 75, 94
루이 16세 305, 308
루터, 마르틴 72, 230, 251
르네상스 71, 72, 78
『리바이어던』 80
리버풀 190
리소르지멘토 312
리스본 147

□
「마가복음」 82
마닐라 144
마데이라 156
마라톤 전투 38
마르크스, 칼 118, 131, 164, 166
마르크스주의 131, 265, 270
마리우스, 가이우스 51
마셜플랜(유럽부흥계획) 208
마치니, 주세페 314
만민공동회 93
만주 188, 258, 276, 281, 321
만주 사변 266
「만천명월주인옹자서」 59
말라야(말레이) 276

말라카 136, 138
말레이 191, 276, 296
말레이시아 263, 264
말루쿠 제도 150
맨체스터 190
맨해튼 프로젝트 205
메디나 127
메리 2세 65
메이지 유신 253, 279, 290, 320
메카 127
메테르니히, 클레멘스 폰 314
멕시코 144
면벌부 72
면직물 151, 162, 182, 183, 200, 264, 273, 279
면직업 177, 183
면화 162, 320
명明 53, 126, 231, 256, 257
명예혁명 173, 245, 306
모나키아(군주정) 31
모로코 275
모스, 새뮤얼 191
모스 부호 191
모어, 토머스 167, 168, 244
몽골 제국 238, 243
무굴 제국 231, 242
무산 시민 50
무역 71, 116, 126, 127, 129, 132~ 136, 145~155, 161, 162, 170, 171, 173, 182, 183, 186, 190, 192, 193, 196, 197, 200~202, 206,

209, 210, 213, 217, 219, 220, 223, 246, 264, 273
무정부 상태 43, 63
무정부주의 89, 99
문명 96, 112, 164, 281, 283~286, 290~292, 295, 322
문명화 96, 97, 281, 283, 284, 286, 288~291, 300, 322
미개 284, 285, 322
미국 24, 25, 64, 67, 88, 89, 93, 99, 106, 107, 116, 179, 181, 182, 184~191, 194~198, 202, 204~ 213, 215, 217~219, 222, 223, 228, 229, 232, 234, 237, 238, 261~263, 265, 275, 276, 279, 289, 291, 306, 325
미노-오와리 지진 192
미일안보조약 208
미일화친조약 197
민국 59
민권 96~98
민본 사상 59
민족 자결주의 325
민주공화국 10, 21, 23
민주정 32, 36, 37, 39, 40, 41, 43, 44, 63, 83, 88, 100
민주화 101, 104
민회 32, 33, 37, 40, 47
밀, 존 스튜어트 287

ㅂ
바르바로스 283
바스티유 감옥 306
「바이마르헌법」 105
박영효 92, 93
반다 제도 149
반둥 214
반란 38, 46, 47, 187, 233, 273, 288, 296, 309, 314
발진 티푸스 196
발트해 189
방글라데시 325, 326
방데 309
방적기 182, 183
방직기 177
「백인의 부담」 289
백제 238
버마 276
버지니아 152, 153
버펄로시 189
베를린 회의 275
베스트팔렌조약 230
베이징 257
베트남 257, 276, 283
베트남 전쟁 217
벤팅크, 윌리엄 288
벨기에 26, 146, 179, 261, 275
벵골 287
병인양요 199
보나파르트, 나폴레옹 87, 310, 311, 313, 314, 317

보자도르곶 136
보호국 254, 280, 291
보호 무역(주의) 209, 215, 219, 265
보호주의 193, 194, 198
복지 국가 107
볼리비아 144
봉건제 100, 304
봉기 157, 158, 187, 306
부국강병 96, 97, 233, 321
부르주아 60
부산 198
부오나로티, 미켈란젤로 71
북대서양조약기구 208
북아메리카 64, 65, 76, 77, 86, 152~
155, 161, 240, 241, 244, 245, 260,
264
북아메리카 독립 전쟁 241, 245
북아프리카 49
북한 326
북해 147
불린, 앤 251
불평등 22, 43~45, 50, 64, 101, 107,
111, 112, 124, 132, 278
불평등 조약 198, 279, 280
불황 198, 201, 202, 262, 263
브라질 156, 161
브레턴우즈 209, 218
『브리태니커 백과사전』 118
블라디보스토크 188
블랑, 루이 118
비교역사학 6~8, 12, 13

비교 우위 185
비동맹 운동 214, 220
비스마르크, 오토 폰 274, 277, 316
비텐베르크 72
빅토리아 여왕 241
빈 체제 314

ㅅ
사대부 58, 60
사림(파) 55, 58
사제 요한 140, 141
사카테카스 144
사탕수수 138, 142, 153, 156, 161,
162
사티 287
사하라 사막 133, 273
사회 간접 자본 269, 320
사회 보장 제도 211
사회 복지 101, 211
사회 제국주의 278
사회주의 87, 89, 99, 207, 220, 221,
223, 234, 277, 300
사회 진화론 286, 291
산둥반도 276
산업 자본주의 119
산업 혁명 176, 178, 179, 181~184,
193, 195, 246
산업화 11, 87, 106, 162, 165, 179,
180, 183~185, 187, 190, 195,
200, 201, 208, 214, 220, 223, 257,
258, 265, 270, 279, 281, 317

삼각 무역 160, 162
삼두 정치 51
삼부회 305
3.1 운동 292
상비군 60, 230
상언 58, 59
상업 68, 70, 84, 283
상업 자본주의 119
상업 혁명 126
상품 경제 119, 120, 123, 173
상품화 119, 120, 165, 169, 175
생도맹그 86
생산력 177, 181~184, 194, 195, 205, 246, 262
생산성 45, 124, 169, 171, 177, 178, 180, 181, 183, 184, 198, 205, 211~213, 217, 220
생활 수준 논쟁 178
샤를마뉴 249
서남아시아 238, 243
서로마 제국 52, 54, 73, 129, 249, 255, 283
서아시아 126
서아프리카 156
서양사 113
서유럽 52, 54, 107, 116, 180, 191, 206~208, 210, 212, 213, 217~219, 238, 317
서인도 제도 86, 141, 152~155, 161, 187, 240, 244, 245, 260
석유수출국기구(OPEC) 217

석탄 177, 189, 190, 268
선거 65
선거권 26, 87, 101
선대제 130, 175
선진국 212~214, 219~221, 223, 228
설탕 161, 162, 175
『성경』 82
성공회(국교회) 76
성리학 56
성왕 238, 239
성직자 45, 57, 68, 91, 304, 305
세계 경제 107, 115, 116, 173, 180~182, 192, 194, 198, 201, 203, 206, 207, 210, 212~214, 216, 217, 220, 222, 223
세계 대전 10, 105, 202, 239
세계무역기구(WTO) 219
세계사 6, 9, 99, 315, 327
세계은행 209, 210
세도 정치 61
세르비아 325
세종 60
세포이 항쟁 191, 273, 288, 320
세풀베다, 후안 284
소련 99, 203, 206, 207, 217, 234
소수 민족 234, 319
소수자 12
소크라테스 40~42, 63
소피스트 41
솔론 32
솔즈베리 후작 274

송宋 56, 126
수隋 53
수에즈 운하 189, 246
수입 대체 공업화 214
「수정헌법」 66
슘페터, 조지프 123
스미스, 애덤 83, 84, 121
스웨덴 26
스위스 26
스코틀랜드 18, 83, 318
스태그플레이션 218
스트라테고스 34
스파르타 31, 39
『시간의 지도』 181
시리아 129
시민 6, 9~11, 13, 14, 22, 24, 25,
    30~32, 34, 36~38, 41, 42, 44,
    47~51, 63, 64, 79, 85, 88, 89, 95,
    103, 106, 107, 211, 232, 235, 243,
    248, 278, 302, 306~308
시민 사회 82, 281
시민 혁명 25, 67, 79, 85, 86, 278
시아파 128
시에예스, 에마뉘엘 조제프 306, 307
시장 50, 82, 113, 115, 116, 119, 120,
    123, 126~128, 131, 145, 147,
    149, 152~154, 156, 163, 165,
    168~170, 172~176, 179, 183~
    185, 192~195, 197, 198, 201,
    202, 206, 207, 209, 212, 213, 215,
    218, 220, 258, 260, 263~265,

267, 270, 279
시장 경제 126, 132, 168, 220
시칠리아 49, 314
식민지 64, 65, 76, 85, 86, 105, 134,
    149, 152~156, 161, 162, 163,
    170, 171, 173, 191, 192, 198, 202,
    203, 206, 234, 238, 240, 241,
    243~246, 254~256, 260~262,
    264~268, 270, 275, 277~281,
    296, 297, 299, 300, 317, 319, 321,
    324
식민지 근대성 267
식민지 근대화 268, 270
식민 지배 11, 235, 266, 286, 297,
    300, 323
식민화 256, 258, 260, 321
신권 24, 61
신라 239
신분제(신분 제도) 28, 68, 70, 86, 93,
    304
신석기 혁명(농업 혁명) 45
신성 로마 제국 249, 250, 252
신자유주의 107
신해혁명 324
싱가포르 272
쑨원 324

ㅇ
아관파천 93
아라곤 135
아라곤의 캐서린 251

아라비아 127
아랍 126, 127, 133, 217
아르콘 34
아르헨티나 185, 194, 264
아리스토크라티아(귀족정) 31
아리스토텔레스 30, 31, 33, 43, 88
아메리카 70, 85, 125, 133, 139, 141,
   142, 144, 146, 152, 157~159,
   161, 162, 165, 171, 231, 239, 243,
   284
아시아 10, 45, 53, 125, 135~137,
   140, 141, 144, 147~150, 152,
   162, 165, 171, 173, 175, 180~
   182, 185, 189, 190, 198, 206, 208,
   214, 219, 221, 222, 231, 232, 239,
   245, 254, 264, 275, 276, 278, 279,
   285, 286, 290, 301, 319~323
아일랜드 196, 252
아즈텍 제국 142
아차이올리은행 129
아카풀코 144
아크로폴리스 37, 39
아테네 21, 25, 28~34, 37~39, 43,
   44, 63, 83, 100
아편 197
아편 전쟁 197, 246, 320
아프가니스탄 237
아프리카 10, 49, 96, 125, 135, 136,
   138, 155~157, 159, 162, 185,
   187, 189, 214, 221, 231, 232, 238,
   243, 245, 254, 263, 264, 266,

272~276, 278, 284, 290, 296,
   301, 319~323
안전보장이사회 228
안중근 324
안트베르펜 147
암본 150
암스테르담 147
앙투아네트, 마리 308
야경국가 106
야만 255, 283~286, 295, 322
약소국 246
양극화 222, 223
양반 55, 60
〈어메이징 그레이스〉 284
에게해 38
에도 막부 197
에스파냐 74, 129, 138, 139, 144,
   146, 147, 152, 156, 162, 163, 171,
   172, 244, 251, 252, 260, 276, 283,
   314
에스파뇰라섬 141
에퀴아노, 올라우다 158
에트루리아 47
에티오피아 275
엔코미엔다 244
엔히크 135, 136
엥겔스, 프리드리히 118
여성 25, 43, 90, 101, 106, 285, 287
역직기 177
영국 18, 24~26, 64, 65, 76, 84, 86,
   87, 91, 92, 118, 154, 156, 158,

161, 176, 178~184, 186~188,
191~197, 202~204, 206,
209, 211, 218, 232, 239~241,
244~247, 257, 261, 272~276,
278, 283, 286~288, 298, 308,
309, 317, 320
영국 혁명 168
영 연방 202
영 제국 233, 238, 240, 243, 245, 258,
266, 268, 272~274, 278, 288,
294, 296, 297
엔벤 188
오세아니아 133
오스만제국 231, 233, 320, 325
오스트레일리아 185, 194, 264, 284
오스트리아 123, 146, 314, 317
오스트리아-헝가리 233
오일 쇼크 217
오키나와 257
오토 1세 249
『옥스퍼드 영어 사전』 250
옥타비아누스 248
왕 28, 47, 48, 52, 65, 92, 241, 244,
248, 250, 303, 305
왕권 24, 60, 61, 303
왕권 신수설 74
외국인 12, 43, 220, 303, 308~310,
318, 319, 327
외환 위기 114, 115
우루과이 264
우루과이라운드 219

우마이야 왕조 127
원로원 47, 49, 249
원산 198
원元 54, 126
원자 폭탄 205
원주민 138, 139, 141, 143, 144, 149,
153, 155, 171, 243, 244, 260, 284,
287, 289
윈스턴리, 제라드 168
윌리엄 3세 65
윌슨, 우드로 325
유교 53, 55~57
유구(오키나와) 257
유라시아 127, 133, 134, 243
유럽 26, 45, 53, 71~74, 83~88,
106, 113, 125, 129~136, 138,
144, 146, 150, 152~154, 156,
162, 163, 165, 166, 171, 173, 174,
179, 181, 182, 184~187, 189,
190, 195, 196, 198, 201, 206, 207,
218, 230~232, 239, 240, 243,
246, 249~251, 258, 262, 265,
270, 274, 275, 283, 308, 318, 319,
321
유럽부흥계획 208
「유신헌법」 103
『유토피아』 167, 244
육군 146, 273, 274
윤치호 254, 291~293, 298
은 49, 144, 146, 162, 163, 172, 182,
260

을사늑약 97, 200, 323
음서 54
의무 9, 48, 68, 282, 286, 302, 307,
  308
의회 25, 65, 76, 77, 86, 88, 91, 161,
  173, 192, 245, 308, 309
이라크 237
이란 183
이리 운하 189
이민 116, 187, 188
이베리아반도 49, 135, 139
이사벨 1세 138, 139
이스파한 183
이슬람 125, 127, 129~131, 135, 136,
  139, 180, 256, 272
이오니아 38
이질 196
이집트 126, 129, 246, 320
이탈리아 48~50, 71, 129, 133, 135,
  146, 232, 238, 243, 261, 275, 312,
  313, 315~317, 319
「인간과 시민의 권리에 관한 선언」
  (「인권선언」) 66, 67, 307
인권 64~66, 69, 73, 96, 99
인도 126, 127, 136, 137, 151, 162,
  163, 180~183, 190, 191, 220,
  231, 233, 240, 242, 245, 266, 268,
  272~274, 276, 285, 288, 296~
  299, 320, 325
인도네시아 214, 266
인도양 127, 133, 136, 191

인도차이나 276
인종주의 291, 318
인지세 76, 77
인천 198
인클로저 166, 168~170, 172
인플루엔자 143
일본 24, 93, 116, 140, 141, 192,
  197, 198, 200~204, 206, 208,
  210, 212, 213, 217, 219, 232, 233,
  238, 239, 253, 254, 257, 258,
  261~264, 266, 269, 276, 279,
  280, 290~292, 297, 298, 320,
  321, 323, 325
일제 23, 98, 99, 102, 268
임페리움 248
입헌 군주제 95
입헌주의 78, 79, 85
잉글랜드 18, 64, 69~71, 74~76,
  119, 146, 151~156, 161, 166, 168
  ~170, 172, 174~177, 251, 252
잉글랜드 동인도회사 150~152
잉카 제국 143

ㅈ
자메이카 288
자바(섬) 136, 150
자본 12, 22, 111, 112, 115~119,
  122~124, 128~132, 135, 149,
  150, 164, 165, 169, 175, 176, 186,
  193, 195, 201, 209~212, 216,
  218~220, 223, 262~265, 268,

269, 273

자본가 117~119, 131, 166, 262, 266, 269, 271

자본 투자 148, 201, 220, 268

자유 23, 33, 34, 48, 64, 66~73, 76, 78~80, 82, 83, 85, 86, 92, 93, 95, 99, 103, 107, 168, 170, 173, 194, 246, 270, 285, 287~291, 304, 306, 310, 312, 319

자유 무역 192~194, 196, 198, 207~ 210, 214, 219, 220, 258

자유 무역 제국주의 246, 258

자유무역협정 193

자유주의 11, 78~82, 85, 86, 89, 93, 95, 98, 105, 106, 170, 194, 196, 300, 315, 316

자이레 264

자코뱅파 310

작센 249

잠비아 264

재산권 66, 77, 119, 120, 131, 170, 171, 173, 269

재정복 운동 139, 141

적도 136

전리품 49, 50

전신 189, 191, 268, 269

전인 71

전쟁 10, 31, 39, 48, 49, 51, 72, 73, 83, 99, 102, 134, 143, 146, 147, 197, 201, 203, 205~207, 210~ 212, 230, 233, 237, 240, 245, 248,

255, 257, 269, 271, 274, 278, 280, 305, 308~313, 316, 317, 321

전제 정치 94, 285

전체주의 106

절대주의 74, 100, 303

『정글북』289

정무관 47, 50

정실 자본주의 119

정의 67

정조 58~61

정치 개혁 86, 87

정치권력 37, 46, 54, 73, 100, 129, 171

『정치학』30, 33

제1차 세계 대전 26, 105, 187, 201, 203, 205, 206, 233

제2차 세계 대전 101, 107, 115, 203, 206, 211, 213, 233, 258, 266, 325~327

제임스 3세 65

제임스타운 152

제정 100, 248

제조업 130, 134, 145, 154, 163, 172~175, 177, 183, 185, 193, 213

「제헌헌법」 23, 101

조선 24, 54, 55, 57~59, 91, 93, 96, 97, 100, 102, 198~201, 213, 233, 253, 254, 257, 258, 261, 263, 264, 279, 280, 283, 285, 290, 323

조선 반도 292

조지 3세 240

졸라, 에밀 319
종교 개혁 72, 78, 146, 230, 251
종군 위안부 235
주권 23, 67, 75, 95, 222, 223, 227, 229, 232, 247, 321, 326
주권 국가 94, 95, 99, 227, 230, 231, 318, 326, 327
주권자 79, 250, 317
주식회사 149
주자학(성리학) 56
주희 56
중국 24, 53, 55, 56, 91, 125~127, 129~131, 137, 140, 152, 163, 180~183, 188, 197, 206, 208, 220, 229, 231, 233, 242, 256, 265, 272, 279, 281, 285, 290, 291, 295, 296, 301, 320, 327
중동 263, 272
중무장 보병 48, 49, 294
중앙 정부 53
중유럽 317
중일 전쟁 266
중화주의 256
중화학 공업 195
증기선 189, 190
지구 140, 261
『지구전요』 91
지중해 49, 127, 129, 133~136, 189, 242
직조기 182, 183
진시황 57

진秦 53
집정관 47, 248

ㅊ

차 152, 162, 175, 182
차르 94, 242
찰스 1세 76
참정권 96
참주 39, 40
천명 53, 57, 61
천연두 143
천자 57, 256
철도 189, 190, 268, 269, 317
청淸 24, 53, 93, 95, 197, 199, 231, 233, 242, 246, 253, 256~258, 276, 280~282, 296
청원권 65
청일 전쟁 261, 276, 280
초기 민주주의 29
최치원 239
최한기 91, 92
최혜국 대우 193
7년 전쟁 76, 239, 241, 244, 245
칠레 264

ㅋ

카나리아 제도 138, 139
카르보나리 314
카르타고 49
카르타스 제도 138
카를 5세 252

카보우르 백작 316
카스티야 135
카이사르, 율리우스 51, 248
카이사르 242
카탈루냐 129
캄보디아 276
캐나다 155, 194, 240, 245
케인스, 존 메이너드 222
『코란』 127
코르테스, 에르난 142
콘스탄티노플 129
콜럼버스, 크리스토퍼 70, 139~141,
    143, 260
콜롬보 138
콜카타 151
콥든-슈발리에조약 193
콩고강 136
쿠바 261
쿡, 윌리엄 191
쿤, 얀 피터스존 149
크라토스 30
크리스천, 데이비드 181
클레이스테네스 29, 30
클루츠, 아나르시스 309
키케로 255, 303, 304
키플링, 조지프 러디어드 289

ㅌ

타르퀴니우스 47
타이완 220, 258, 261, 276, 280, 321
탕평책 58

태평양 187
터키 325
토지 45, 50, 54, 55, 119, 132, 138,
    167, 187, 252, 257, 268, 301, 315
토호국 297, 298
통일 신라 54
『통치론』 81
투시, 나시르 알딘 128
투표권 25
튀니지 275
트리뷰스 30
특권 68~70, 86, 149, 304, 305
티무르 왕조 127

ㅍ

파리 303, 306
「파붕당」 58
파시즘 106, 207
파키스탄 325
팔레스타인 129
페루 264
페르난도 2세 139
페르시아 38, 127, 283
페르시아만 127, 272
페르시아 전쟁 38, 39
페리클레스 31, 32, 34~36, 39
페이시스트라토스 40
페인, 토머스 308, 309
펠로폰네소스 전쟁 31, 39
평등 23, 44, 64, 66, 73, 76, 78, 86,
    87, 92, 93, 105, 228, 230~232,

307, 310
평등주의 28, 29
평민 32, 47, 68, 304, 305
포르투갈 135~138, 146, 147, 149, 155, 156, 159, 163, 171, 172, 275, 314
포에니 전쟁 49
포토시 144
폭정 75~78
폴란드 230
폴로, 마르코 140
폴리스 28
폼페이우스 255
프닉스 언덕 37
프랑스 25, 60, 65~67, 74, 84, 86, 89, 118, 129, 146, 157, 182, 187, 191, 193, 194, 206, 232, 233, 239, 240, 243, 245, 249, 252, 257, 261, 274~276, 303~305, 308~310, 312, 314, 317, 319
프랑스 혁명 60, 67, 86, 87, 304~308, 312
프랑크푸르트의회 316
프로이센 311, 316
프로타고라스 41
프로테스탄트(개신교) 230
프린켑스 248
플라톤 42, 43, 88
플랑드르 130
플랜테이션 138, 142, 153, 155, 156, 161, 162, 187, 244, 288

피렌체 129, 130
피사로, 프란시스코 143
피에몬테 왕국 316
피히테, 요한 고틀리프 311
필리핀 137, 162, 261, 276, 289

ㅎ
하와이 188, 261
한漢 53, 126
한국 7, 8, 10, 11, 21, 23, 24, 27, 94, 98, 102~104, 107, 114, 115, 215, 220, 234, 235, 264, 266, 269, 291, 297~299, 301, 321, 323, 324, 326
한국사 7, 238
한국 전쟁 99, 102~104, 208, 326
한반도 14, 54, 90, 91, 99~101, 190, 206, 234, 279, 280, 291, 292
《한성순보》 92
할둔, 이븐 128
합스부르크 제국 308, 316
『해국도지』 91
해군 24, 38, 39, 146, 246, 273, 294, 317
해금 정책 126
해외 투자 186, 187, 201, 212, 217, 268
향료 126, 127, 133, 136, 138, 144, 147, 148, 150~152, 162
헌법 21, 66, 67, 79, 85, 88, 89, 314
헤르더, 요한 고트프리트 폰 310
헨리 8세 251, 252

혁명 65, 67, 68, 88

형제단 29

호르무즈 138

호민관 47

혼합 정체 43

홀바인, 한스 168

홉스, 토머스 79

홍해 272

황제 57, 238~242, 247, 249~251, 255, 295

후쿠자와 유키치 290

훈구파 58

휘트스톤, 찰스 191

희망봉 136, 272, 273

히틀러, 아돌프 105

히파르코스 40

힌두교 287